应用型本科智能物流管理与工程类专业系列教材

企业智能物流系统仿真

薛立立 编著

张玉洁 参编

西安电子科技大学出版社

内 容 简 介

本书主要包括基础认知和综合实践两篇。基础认知篇详细介绍了物流仿真相关基础知识和FlexSim仿真软件；综合实践篇主要包括三大类物流系统仿真，分别是入库作业流程仿真、出库作业流程仿真和出入库整体流程仿真，基于工作过程系统化理念，每大类物流系统仿真又包括三个实践任务，由易到难、循序渐进地对各类物流系统进行仿真实践和认知讲述。

综合实践篇中的九个任务涵盖了传统的人工物流系统、半自动物流系统和智能物流系统，使学习者可以全面了解各类企业物流系统的配置情况，并通过横向比较初步形成根据企业实际需求进行物流系统规划和设计的能力。

本书可供应用型本科院校、职业技术大学物流仿真类理实一体课程或实践类课程使用。相关企业也可以使用此书对物流系统仿真岗位相关人员进行技能培训。

图书在版编目(CIP)数据

企业智能物流系统仿真/薛立立编著. —西安：西安电子科技大学出版社，2021.1(2021.11 重印)
ISBN 978-7-5606-5969-5

Ⅰ. ①企… Ⅱ. ①薛… Ⅲ. ①智能技术—应用—企业管理—物流管理—系统仿真
Ⅳ. ①F273.4-39

中国版本图书馆 CIP 数据核字(2021)第 010782 号

策划编辑　明政珠
责任编辑　明政珠　成毅
出版发行　西安电子科技大学出版社(西安市太白南路 2 号)
电　　话　(029)88202421　88201467　　邮　　编　710071
网　　址　www.xduph.com　　电子邮箱　xdupfxb001@163.com
经　　销　新华书店
印刷单位　陕西天意印务有限责任公司
版　　次　2021 年 1 月第 1 版　　2021 年 11 月第 2 次印刷
开　　本　787 毫米 × 1092 毫米　1/16　　印　张　11
字　　数　259 千字
印　　数　1001～4000 册
定　　价　29.00 元
ISBN 978-7-5606-5969-5 / F
XDUP 6271001-2

前　言

物流虚拟仿真技术发展迅速，现在运用合适的虚拟仿真技术可以实现在真实企业内部巡游参观和操作设备，也可以实现物流节点内部场景从无到有的搭建。运用虚拟仿真技术进行专业实验及实践教学，是很多高校弥补理论教学脱离工作场景缺陷的重要技术，也是解决人才培养过程中企业实践环节存在的企业难以提供充分的、无条件的现场支持的补充性方案。教育部发布的《教育部办公厅关于 2017—2020 年开展示范性虚拟仿真实验教学项目建设的通知》(教高厅〔2017〕4 号)，很好地说明了借助虚拟仿真技术开展实验及实践教学的必要性。

物流系统仿真是物流管理与工程类专业的主干课程，具有较强的实践性。本书的编写从教学角度出发，主要为满足物流系统仿真相关课程的理论和实验实践教学需要。本书主要有以下四个方面的特点。第一，在内容上，坚持一切从学习者的需求出发，注重对学生创新精神和实践能力的综合培养，注重知识传授和能力培养同步实施，调动学生参与实践教学的积极性和主动性，激发学生的学习兴趣和潜能，增强学生创新创造能力。第二，在结构上，支持教师实行基于案例的互动式教学，并支持学生开展合作式学习和自主探究式学习。第三，坚持问题导向，重点设计了大型配送中心和物流中心等复杂模型，解决学生物流系统规划方面大型综合训练对象缺乏的问题。第四，坚持需求导向，紧密结合物流行业发展对高校物流人才培养的需求，紧密结合专业特色和行业产业发展最新成果，紧密结合人工智能背景下物流人才培养的特点，整体设计了虚拟仿真实践教学项目。

本书以物流仿真软件 FlexSim 为工具，对各类物流系统进行模拟仿真，从而使学习者能更系统、更全面地了解和分析各类物流系统存在的问题并提出解决方案。仿真技术可以帮助物流系统规划和设计人员降低失败的风险，帮助决策者验证设计的可行性，从而做出正确决策。复杂的物流系统建模与仿真任务需要学生进行持续而深入的讨论，以得出不断优化的模型，从而培养学生的沟通交流能力和团队协作精神。仿真结果的分析与优化可以锻炼学生的数据分析能力和理论联系实际的能力，对学生综合素质的培养具有重要作用。

作者在本书编写过程中参考了很多文献资料，借鉴和吸收了众多物流行业专家在物流系统仿真方面的实践项目设计经验，在此对他们的辛勤劳动深表感谢。

为了能够完成本书，本人付出了很多的时间和精力，但由于水平所限，本书难免出现一些问题或疏漏，诚恳希望得到物流同行和广大读者的批评、指正。

薛立立
天津中德应用技术大学
2020 年 9 月

目 录

基础认知篇

综合实践篇

基础认知篇

一、物流系统仿真概述

(一) 物流系统仿真定义

物流系统仿真是指借助计算机仿真技术，对现实物流系统建模并进行实验，得到各种动态活动及其过程的瞬间记录，进而研究物流系统性能的方法。在进行物流系统仿真作业之前，需要在电子计算机上编制相应应用程序，模拟实际物流系统运行状况，并统计和分析模拟结果，用以指导实际物流系统的规划设计与运作管理。常使用的建模方法有排队理论、Petri 网以及线性规划等。

(二) 物流系统仿真发展概述

美国人冯·诺依曼于 20 世纪 40 年代首次提出仿真概念。美国在 1952 年成立了仿真学会，并在 1963 年出版了《SIMULATION》一书。20 世纪 60 年代，国际商业机器公司(International Business Machines Corporation，IBM 公司)提出了离散系统概念模型。20 世纪 70 年代中期，Zeigler 提出了离散事件动态系统的形式化理论，随着离散系统仿真理论的成熟，离散系统仿真逐渐走上实际应用的正轨。随后开始出现有模块和建模界面的物流系统仿真软件，如 Arena、Extend、Witness、AutoMod 等。这些物流系统仿真软件可通过拖拽仿真模块实现建模，极大地推进了仿真的研究和应用，并降低了仿真建模的难度。进入 21 世纪以后，常用的一些物流系统仿真软件主要包括 FlexSim、Plant Simulation 以及 AnyLogic 等，这些软件经过几十年的发展，软件稳定性高，应用广泛，有较高的市场占有率。

(三) 物流系统仿真分类

根据特性，可将物流系统仿真分为连续型物流系统仿真和离散型物流系统仿真。

1. 连续型物流系统仿真

连续型物流系统指物流系统的状态在时间上是平滑变化的。为了反映连续系统的特征，仿真模型建立一组由状态变量组成的状态方程，可以是代数方程、微分方程、函数方程、差分方程等。这些方程描述了各状态变量与主要变量——仿真时间的关系。在此基础上，按一定的规则将仿真时间一步一步向前推移，对方程进行求解与评价，计算和记录各个状态变量在各个时间点的具体数值。通过连续型物流系统的仿真模型，可对物流系统状态在整个时间序列中的连续性变化进行动态描述。

2. 离散型物流系统仿真

离散型物流系统是指系统状态在某些随机时间点上发生离散变化的物流系统。这种引起状态变化的行为称为“事件”，因而这类系统是由事件驱动的。事件发生是随机的，因而离散系统一般都具有随机特征。系统的状态变量往往是离散变化的。离散物流系统仿真方法主要分为以事件为基础、以活动为基础和以过程为基础的仿真方法。以事件为基础的仿真方法模型是通过定义系统在事件发生时间的变化来实现的。以活动为基础的仿真方法模型是通过描述系统的实体所进行的活动，以及预先设置导致活动开始或结束的条件，这种仿真模型适用于活动延续时间不定，并且由满足一定条件的系统状态而决定的情况。以过程为基础的仿真模型综合了以事件为基础的仿真和以活动为基础的仿真两者的特点，描述了作为仿真对象的实体在仿真时间内经历的过程。

二、物流系统仿真模型的组成

常见的物流系统仿真模型主要包含以下内容。

(1) 事件：在某个仿真时刻发生的事情，它可以改变属性、变量或统计累加器的值。例如客户到达银行营业厅、账单处理完、原材料数量达到最低水平等都属于事件。

(2) 事件日历：处理和跟踪事件的机制。仿真在执行过程中，必须要跟踪未来时间发生的各种事件信息。仿真系统把每个新生成的未来事件存入未来事件表，且对表中的事件按发生时间的升序加以排列，也即下一个马上要发生的事件总是被置于事件表的顶端。当处理下一个事件时，事件表中的顶端记录被移出，记录中的相关信息被用于执行该事件逻辑，更新系统状态。

(3) 仿真时钟：仿真过程中的当前时间值记在一个特殊变量中，称为仿真时钟。仿真时钟的取值与实际时间不同，不是连续推进、均匀取值的，而是从当前事件的发生时间跳跃到下一个事件的发生时间。

(4) 流动实体：被加工、处理或服务的对象，它们在系统中随时处于移动、静止或变化状态，并影响着系统性能。

(5) 属性：对实体特性的描述。如产品实体可以具有类型、重量等属性，并在建模全过程中对其进行命名、赋值和使用。

(6) 资源：对实体进行加工处理时需要的所有事物，如人员、设备或有限存储区域中的空间。当有可用资源时，实体会占用该项(可能同时占用多项)资源，并在完成服务后将其释放。

(7) 队列：各类实体在模型中需要调用资源进行服务，如果被调用的资源已被占用，则实体需要在队列中等候。在仿真系统中一般会提供队列模块来模拟有限的存放空间。

(8) 活动：对实体执行的某种操作，需要消耗一定的时间，多数情况下，完成一项活动还需要调用相应的资源。例如洗车店提供洗车服务、银行提供取款服务、工厂加工零件等都属于活动。

(9) 控制：仿真模型运行要遵循各项逻辑规则或控制规则，如实体移动路径规则、实体排队队列规则等。

(10) 系统变量：包括输入变量、响应变量和状态变量三种类型。输入变量是系统中不依赖于其他变量的变量，所以又称独立变量，顾客到达时间间隔的均值、某种资源的数量、队列的最大容量等都是输入变量，改变输入变量的取值会影响系统行为和性能；响应变量又称输出变量或绩效指标，主要用来测度系统性能或绩效，例如一段时间内队列的平均队长、某个资源的利用率、系统服务的顾客总数等都是响应变量；状态变量反映某一特定时点的系统状态，如队列当前长度、机器当前忙闲状态以及系统当前实体总数等。

三、物流系统仿真事件处理方法

物流系统仿真事件处理方法主要包括以下三种。

1. 面向活动的建模方法

以排队活动为例，在离散型物流系统仿真模型的排队活动中，可以依照排队活动，将时间分割为非常小的时间区间，在每个区间当中确认每个活动的状态，从而找出活动状态的规律，这种建模方法就是面向活动的建模方法。面向活动的建模方法计算过程复杂且资源占用量大，而且大部分状况下，活动的状态并不会改变，因此计算活动状态有时意义不大。

2. 面向事件的建模方法

面向事件的建模方法由于计算量相对较小且资源占用量少，因此应用更加广泛。面向事件的建模方法，主要是通过对事件发生时间进行解析，然后决定活动的持续时间，从而确定下个事件发生的时间。这种方式避免了在每一个时间分割内进行活动的查询，提高了模型计算效率。

3. 面向进程的建模方法

面向进程的建模方法将整个进程作为一个基本的数据单位进行模型构造，与面向事件的建模方式类似，但是由于一个进程往往要包含多个事件，所以相对于面向事件的建模方式来讲，面向进程的建模方法相对比较复杂，其可变性也较低。

四、物流系统仿真的应用领域

1. 物流系统重构

在实际生产过程中，产品生产中90%的时间都用于储存、装卸、搬运等流转过程，这些物流活动严重牵制了整个生产过程，因此物流系统的重构是企业生产系统优化的关键。

要实现物流系统的重构，主要是寻找对物流资源进行科学控制和调度的方法。常见的对物流资源进行控制的方法有两种：一是数学规划，但对于庞大、复杂且随机性强的物流系统来说，建立一个完备的数学模型难度较大；另一种是将物流资源的流动看作是无计划的，物流资源控制相关的决策完全根据物流系统当时的状态来确定，但这种控制方法缺乏理论基础，可以考虑将物流资源控制系统独立起来并将计划调度作用于控制系统，即在计划调度层就开始保证其最终解的合理性，并利用仿真的手段来验证调度方案。在这一思想的指导下，有关学者提出了一种基于时间的任务队列方法而建立的面向可重构物流系统的仿真平台，在物流资源重构和调度策略的基础上分析各种物流方案的性能，为物流系统重构提供了有效的决策途径。

2. 物流系统优化

一般物流系统仿真都可以归类于离散事件仿真，系统优化人员可采用面向对象方法，利用三维可视化仿真软件完成从系统建模到仿真模型的构建，通过运行仿真模型并观察其效果，直观地通过仿真画面或是仿真后得到的数据图表等形式发现物流系统中存在的问题，然后分析问题的原因进而对物流系统进行优化。

3. 瓶颈资源判定

依据约束理论(Theory of Constriant，TOC)，企业的产出是由它的瓶颈资源决定的。在“按订单”生产方式下，较早且准确地确定瓶颈资源能大大缩短生产周期，在时间方面能更好地满足订单的要求。通过物流系统仿真，能使决策者充分认识生产物流系统的复杂性和随机性，在生产之前较为准确地确定瓶颈工序，从而指导生产，使企业在保证较短的生产提前期的同时，大大节省人力和物力。

4. 库存管理

传统的库存管理往往是依靠预测来安排生产。由于预测和实际存在差距，会造成不同程度的损失，如库存不足或过剩、仓库空间紧缺、设备超负荷工作等。使用仿真技术可以确定企业何时需要再订货、订多少货，仓库的选址、布局和容量大小，各种运输、装卸设备的数量及分配规则，货物的配送方案等。可以通过先建立企业库存系统的模型，在此基础上对各种库存管理模型进行仿真，对仿真结果进行分析评价，从而确定最优策略。使用仿真技术不仅可以动态地模拟入库、出库、库存及各种设施、资源的使用情况，避免资金、人力和时间的浪费，更重要的是，它可以为库存管理提供科学依据，使企业根据需要准确地掌握入库、出库的时机和数量，合理地规划和安排仓库及各类设施、资源，实现库存成本的最小化。

五、FlexSim 对象

FlexSim 软件中的对象共有 40 多种，下面重点对物流系统仿真需要用到的 17 种对象实体的基本功能进行介绍。

1. 发生器(Source)

图 1 所示为发生器的三维形状。发生器用于在模型中创建临时实体。临时实体的到达速率基于到达的时间间隔、到达时间表/序列。所有模型的开始都是由发生器来建立。

图 1　发生器形状

2. 处理器(Processor)

图 2 所示为处理器的三维形状。处理器可以代表任何类型的机器、加工站或是挂号

处等任何消耗时间进行作业的岗位。临时实体在处理器停留的时间必须涵盖预置时间、加工时间和阻塞时间。停留时间有时也包含等待人员操作、叉车和维修处理器的时间(如果发生故障)。

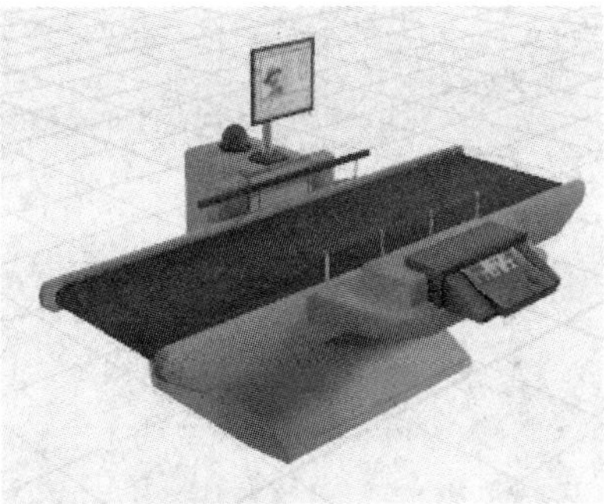

图 2　处理器形状

3. 吸收器(Sink)

图 3 所示为吸收器的三维形状。吸收器是临时实体离开模型的出口。临时实体只能通过吸收器“离开”。吸收器的进入触发器是记录数据的最后一个地方。

4. 暂存区(Queue)

图 4 所示为暂存区的三维形状。暂存区用于堆放等待进入下游工站的临时实体。凡是两个工站间有在制品(Work-in-process，WIP)的地方都会用到暂存区。暂存区可能会是原料暂存区、队列，或者是银行、医院等的等待区。

图 3　吸收器形状

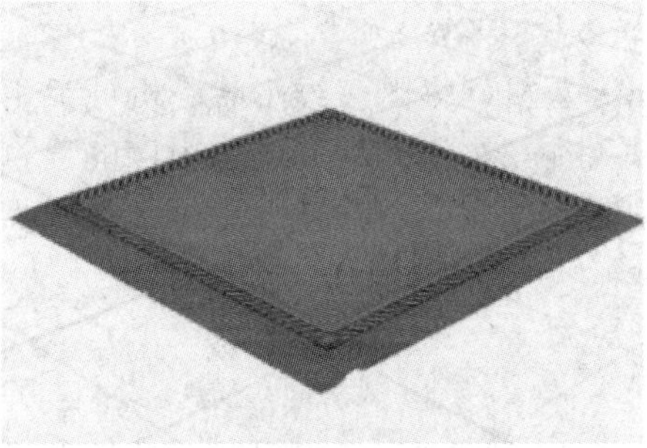

图 4　暂存区形状

5. 传送带(Conveyor)

图 5 所示为传送带的三维形状。传送带负责完成实体的传送，传送带的形状可根据作业现场的不同形成不同的形状，如旋转、上升、下降及弯曲等。

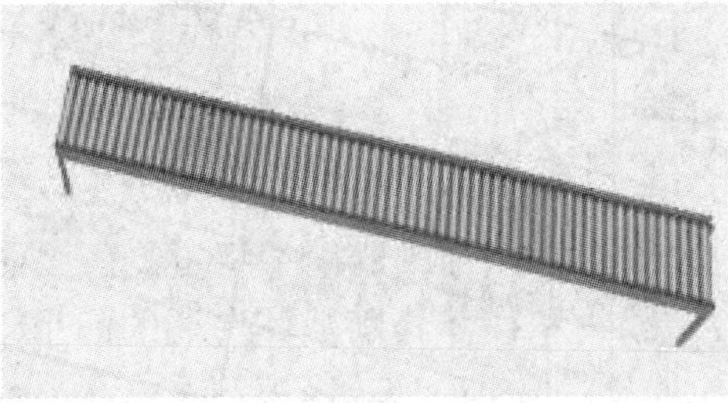

图 5　传送带形状

6. 任务分配器(Dispatcher)

图 6 所示为任务分配器的三维形状。当某一资源(例如处理器、传送带等)需要调用的移动资源(人员、叉车、机械手等)超过两个时，需要通过分配器的统一调度，相当于装卸搬运队队长的角色。

7. 货架(Rack)

图 7 所示为货架的三维形状。货架可存储货物，可作为传统货架，由人或叉车存取货物，也可以与堆垛机一起建立自动化立体仓库模型。

图 6　任务分配器形状

图 7　货架形状

8. 堆垛机(ASRS vehicle)

图 8 所示为堆垛机的三维形状。堆垛机为自动化立体仓库内部的专用设备，其应用模式目前主要是与货架一起使用，组成自动化立体仓库的存取系统。

9. 机器人(Robot)

图 9 所示为机器人的三维形状。机械手用于在模型中进行流动实体的搬运。其可实现与真实机械手在三维空间相同的自由度的运行动作，实现对物料的抓取，与网络节点结合使用可实现其移动作业。

图 8　堆垛机形状

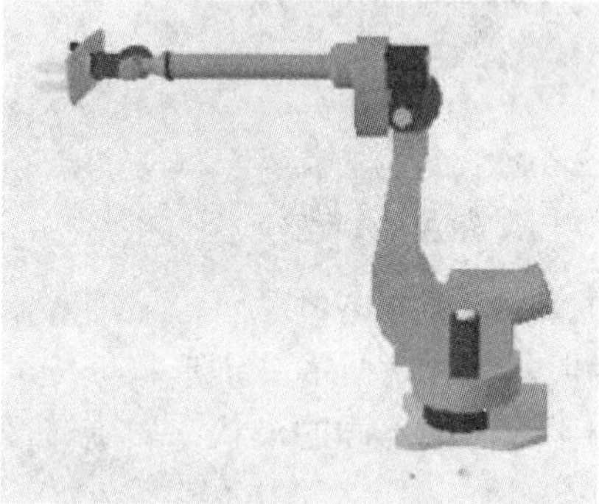

图 9　机器人形状

10. 合成器(Combiner)

图 10 所示为合成器的三维形状。合成器用于将货物与装载的载体相结合，例如将箱子码放到托盘上等操作，被装载物和载体分别从其左边的两个入口进入，结合后从右边大的出口出来。

11. 任务执行器(TaskExecuter)

图 11 所示为任务执行器的三维形状。任务执行器主要作为自动导引小车(Automated Guided Vehicle，AGV)使用，可实现在无人驾驶的情况下，自动在存取点之间运行，一般用于自动化装卸搬运系统。

图 10　合成器形状

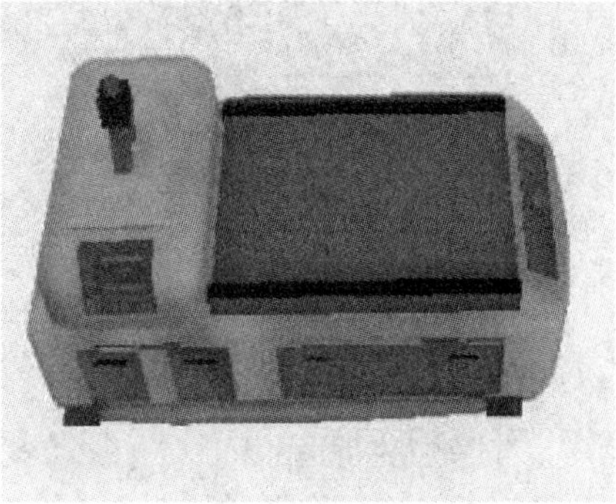

图 11　任务执行器形状

12. 分解器(Separator)

图 12 所示为分解器的三维形状。分解器在使用时一般与合成器同时出现，用于分解通过合成器打包成的整箱和整托盘货物。

13. 分拣传送带(Mergesort)

图 13 所示为分拣传送带的三维形状。分拣传送带主要用于仓库或配送中心内的分拣作业。通过设置可在一条传送带上设定若干个分拣口，并可设置分拣传送带的形状，如上升、弯曲等形状。

图 12　分解器形状

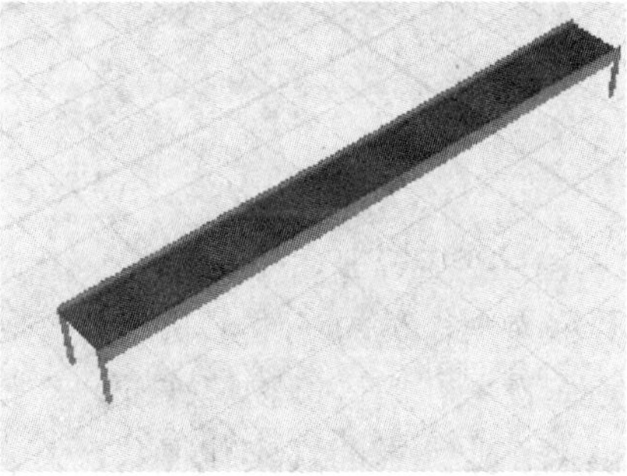

图 13　分拣传送带形状

14. 复合处理器(MultiProcessor)

图 14 所示为复合处理器的三维形状。复合处理器主要用于对临时实体的加工。复合处理器与处理器一样可以代表任何类型的机器、加工站或是挂号处等任何消耗时间进行作业的岗位，而且一个实体可以模拟同一工位的多阶段工作，临时实体在处理器停留的时间必须涵盖预置时间、加工时间和阻塞时间。

15. 网络节点(NetworkNode)

图 15 所示为网络节点的三维形状。网络节点主要用于设置行走路径，通过设置可定

义如叉车、操作员、AGV 及机械手等任务执行器的行走路径，还可通过设置定义该路径是双向通行还是单向通行，还可规定线路长度及宽度等信息。

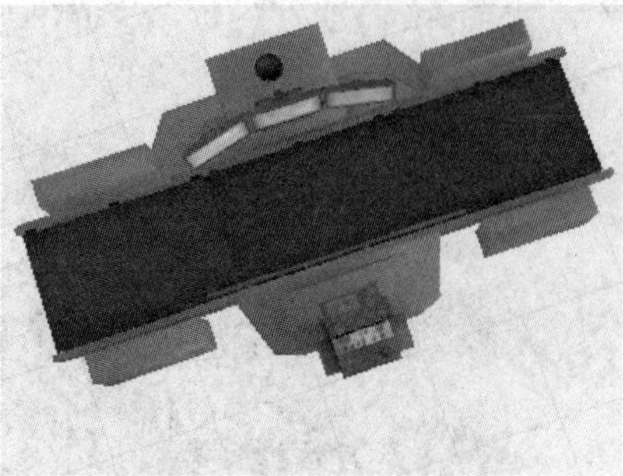

图 14　复合处理器形状

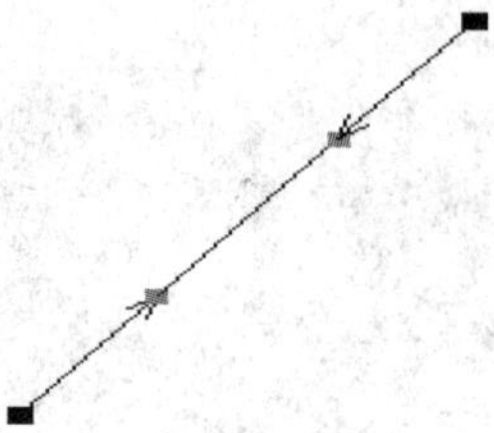

图 15　网络节点形状

16. 升降机(Elevator)

图 16 所示为升降机的三维形状。升降机主要用于在楼层式仓库中的楼层间进行货物的升降传送，同时还可定义将货物装载到电梯及从电梯卸下需要的作业时间。

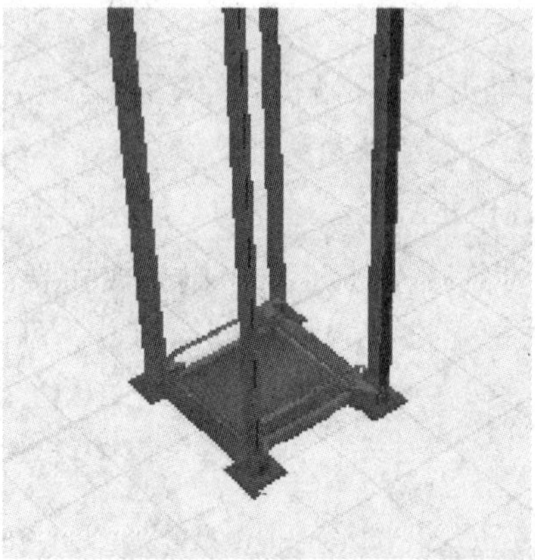

图 16　升降机形状

17. 操作员(Operator)

图 17 所示为操作员的三维形状。操作员在模型中可以模拟人在实际系统中进行的各种操作，如操作设备、搬运货物等作业，在操作员的设置中可设置操作员执行各项作业的时间，实现模拟作业人员的真实化操作。

图 17　操作员形状

六、FlexSim 仿真软件界面介绍

如图 18 所示，FlexSim 软件主窗口由菜单栏、工具栏、实体库、模型视图区及仿真控制栏五部分构成。

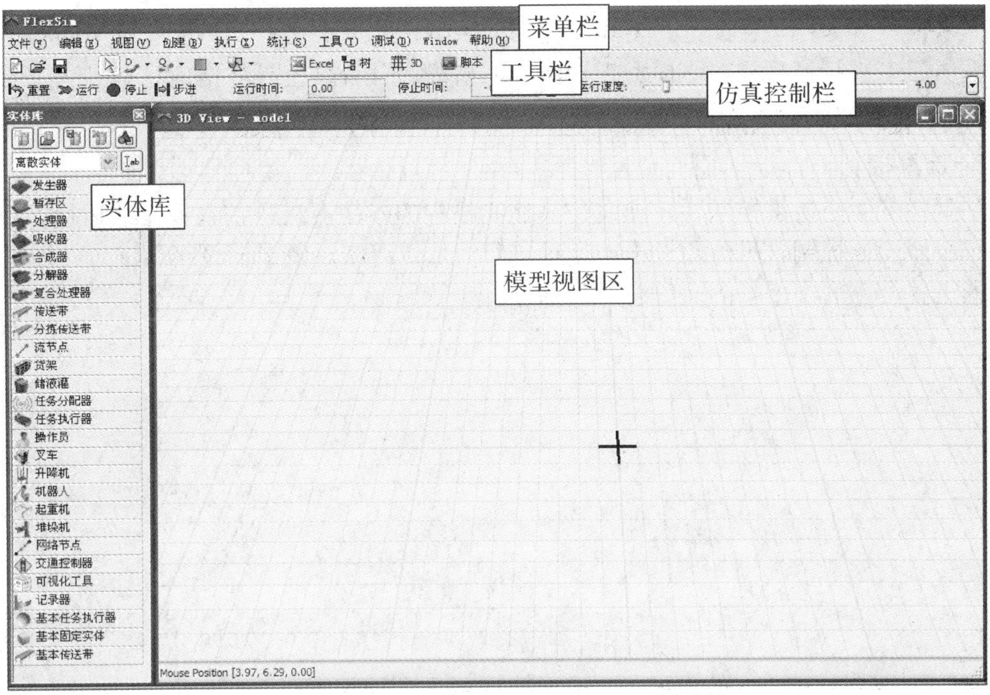

图 18　FlexSim 软件操作界面

1. 菜单栏

通过菜单栏中的“文件”选项，可以进行建模前的全局设置，包括模型中的字体及颜色设置等；通过“统计”选项可以生成模型运行结果的统计报告等信息；通过“帮助”选项可查看用户手册，手册中包含了仿真软件相关的所有功能和命令的介绍和说明；其他选项卡在后续仿真中用到后再进行详述。

2. 工具栏

通过工具栏中的按钮可快速“新建”“打开”或“保存”模型，并可以快速更改鼠标操作状态，实现快速建模；通过其中的 3D 按钮可将模型视图快速切换到 3D 状态；通过其中的“快速选中”和“快速复制”按钮可一键选中或复制模型中的实体。

3. 实体库

实体库也可称为对象库，建模所需的各类功能实体从此处拖拽到模型视图区，主要包括离散类(Discrete Objects)、连续类(Fluid Objects)两大类实体。

(1) 离散类实体又包括资源类(Fixed Resources)、执行类(Task Executers)、网络类(Node)和图示类(Visual Object)实体。资源类实体主要包括发生器、暂存区、处理器、吸收器、合

成器、分解器、复合处理器、传送带、分拣传送带、流节点、货架、储液罐；执行类实体主要包括任务分配器、任务执行器操作员、叉车、升降机、机器人、起重机、堆垛机；网络类实体主要包括网络节点、交通控制器；图示类实体主要包括可视化工具和记录器。

(2) 连续类(Fluid Objects)实体包括流体储罐、流体发生器、流体吸收器、流体混合器、流体混合管、流体分离管、流体输送管、流体处理器、流体转换器、实体转换器、流体钟。

4. 模型视图区

网格空白区为模型视图区，仿真模型在此区域内构建并运行，将对象库中的实体拖拽到此区域即可进行模型构建，模型视图区的网格线、背景颜色等基本信息都可通过右击模型视图空白区进行设置。

5. 仿真控制栏

工具栏下面为仿真控制栏，通过仿真控制栏中的按钮可进行仿真模型的运行、停止、步进等模型运行控制。另外通过拖动运行速度滑块，可实时调节模型运行速度；通过停止时间的设置，可固定模型的运行总时长。

综合实践篇

项目一　入库作业流程仿真

任务 1　散装货物人工入库流程仿真

【实践目的、要求、准备】

◇ 目的

(1) 了解散装货物人工入库作业系统的基本构成；

(2) 了解散装货物人工入库作业的基本流程；

(3) 掌握 FlexSim 仿真软件在人工入库作业系统仿真方面的应用方法。

◇ 要求

在实践前认真阅读实践知识链接部分内容，并标记不理解的关键词，通过小组合作的形式进行讨论和交流，完成理论知识的学习。实践学时：建议 2 学时。

◇ 准备

· 任务布置

(1) 教师提前布置。教师提前 1～3 天通知学生进行实践知识链接中的理论内容学习，明确实践目的和要求。

(2) 学生提前准备。学生提前阅读本书，以学习小组的形式学习掌握实践相关理论知识，不理解的内容进行重点标记。

· 任务工具

任务工具包括 FlexSim 仿真软件、电脑、纸笔等。

· 任务分组

由学生自行分组，教师从中调配，3～5 人为一组。

【实践知识链接】

散装是相对于集装而言的概念。当货物到达仓库入库口并以单个非集装的形式进行检验和入库时，称为散装货物入库。散装由于没有集装单元装载，一般要依靠人进行收货检验和搬运入库。

散装货物人工入库作业的基本流程如下。

(1) 制订入库计划。入库计划主要包括了解货物到达的时间、数量、包装形式和规格，计算货物所需仓容大小，计划车辆的停放位置，计划货物的临时存放地点，确定入库作业的相关部门和人员等工作内容。

(2) 入库准备。入库准备主要包括信息准备、场地准备、设备准备、人员准备、货位准备、单证准备以及苫垫准备等工作内容。

(3) 货物接收。货物接收的主要任务是及时而准确地向负责运输部门提取入库货物，要求手续清楚、责任分明。

(4) 审核单据。核对入库凭证，然后核查供货单位提供的发票、产地证明书、质量合格证书、装箱单、磅码单等，最后核查承运部门的运单。若有货损还需索取货运记录或普通记录。需要注意的是：单据的合法性、真实性、有效性以及相符性。

(5) 初步验收。初步验收主要有两个方面：数量验收和包装检验。数量验收是指大数验收，只是清点货物大包装的数量是否与单证相符；包装检验是指检查外包装是否存在异常，若有异常必须做好记录。

(6) 货物交接。交接双方包括收货人员与送货人。收货人以送货单为依据，接收货物、单据以及随货同行的相应证明文件，最后双方在送货单、交接清单上签字和批注并留存凭证。

(7) 货物验收。在办理货物交接手续后，在正式入库之前还需要对货物进行验收，此时需要注意的是验收时间和效率，若验收发现问题要填写验收报告。

(8) 办理入库手续。手续包括信息录入、建立货物明细卡、货物登账、建立仓库工作档案、签单。如果仓库配有仓库管理系统(Warehouse Management System，WMS)，可以直接在系统上进行入库操作，免去很多不必要的纸质单据和档案资料。

(9) 分配货位。根据货物的性质和仓库内货位分配原则，为货物安排合适的存放位置，一般要根据实际情况考虑货物的物理化学属性、价值以及出入库频率等指标进行货位分配。

【任务实施】

一、任务描述

1. 任务背景

某小型生产企业是智能手机的零部件供应商，以制造小型电子零部件为主，其零部件主要存储于轻型平板货架。公司从其上游供应商处采购的四种原料将于上午 10:00 左右到货，得知该批货物将以单件散货的形式分两批次送达该公司库房入库口，公司安排两名仓库收货作业员负责原材料的收货检验和入库上架工作。

2. 流程和参数要求

该公司采购的四种原材料入库作业流程如图 1-1 所示。各供应商将送达的载有原材料 A、B、C、D 的货车停靠在该公司仓库入货口进行卸货。原材料 A、B 在入库暂存区 1 区域进行暂存，由作业员 1 在检验台 1 上进行抽样检验，检验合格的原材料送至对应的原材料存储区；原材料 C、D 在入库暂存区 2 区域进行暂存，由作业员 2 在检验台 2 上进行抽样检验，检验合格后送至对应原材料存储区。每个检验员对每箱货的随机抽样检验比例为 20%。

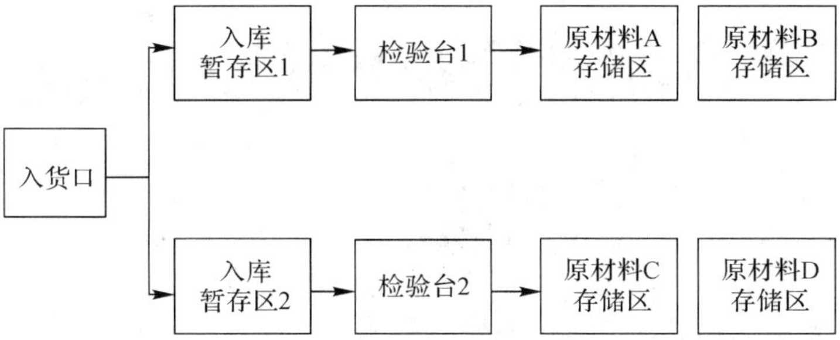

图 1-1　散装货物入库作业流程图

任务 1　物流模型介绍演示

根据上述流程仿真系统的主要参数设置如下。

(1) 代表入货口的发生器用四种不同类型和颜色的临时实体代表四种原材料，按照规定的时间送达规定的数量，类型值分别为 1、2、3、4，系统随机设置四种不同颜色。在模型开始运行的第 0s，到达第 1 种和第 3 种原材料，在模型运行到 1500s 时到达第 2 种和第 4 种原材料，四种原材料的到达数量均为 50 个。

(2) 类型 1、2 的临时实体送至入库暂存区 1，由作业员 1 负责在检验台 1 检验后将类型 1 送至原材料 A 存储区，将类型 2 送至原材料 B 存储区；类型 3、4 的临时实体送至入库暂存区 2，由作业员 2 负责在检验台 2 检验后将类型 3 送至原材料 C 存储区，将类型 4 送至原材料 D 存储区。

(3) 每个货架分为 5 层 10 列，共 50 个货位，每个货位的存储量为 1 箱，每个货架可存储 50 箱原材料，货架层高为 0.7m、列宽为 0.8m、货格深度为 0.7m。

(4) 检验台 1 只能由检验员 1 使用，检验一个原材料需要的时间是 15s；检验台 2 只能由检验员 2 使用，检验一个原材料需要的时间是 12s。检验前检验员 1、2 都需要 5s 的时间对各自的检验台表面进行清理，检验员不在时检验台无法进行检验工作。

(5) 货物是以整箱为单位送达，每箱货物的长、宽、高尺寸均为 0.5m。

(6) 添加两个统计工具，分别实时统计作业员 1、2 的工作忙闲率，以便了解人力资源配置的合理性。

二、任务实施

1. 第一阶段：拖放实体

根据要模拟的现实物流系统的布局和流程要求，通过拖放实体的操作，在仿真软件中模拟完成现实物流系统的结构搭建，完成初步的仿真布局。

步骤 1：拖放实体。

如图 1-2 所示，鼠标左键按住实体库中的发生器实体，拖拽到建模区域后松开左键，完成第一个实体的拖放，其他实体的拖放重复执行上述操作。

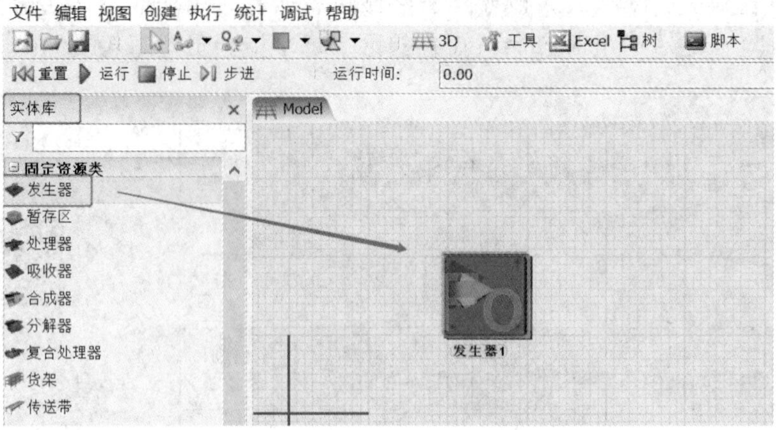

图 1-2　实体拖放效果图

步骤 2：拖放其余实体。

把其余的实体拖放到模型视图窗中，如图 1-3 所示。

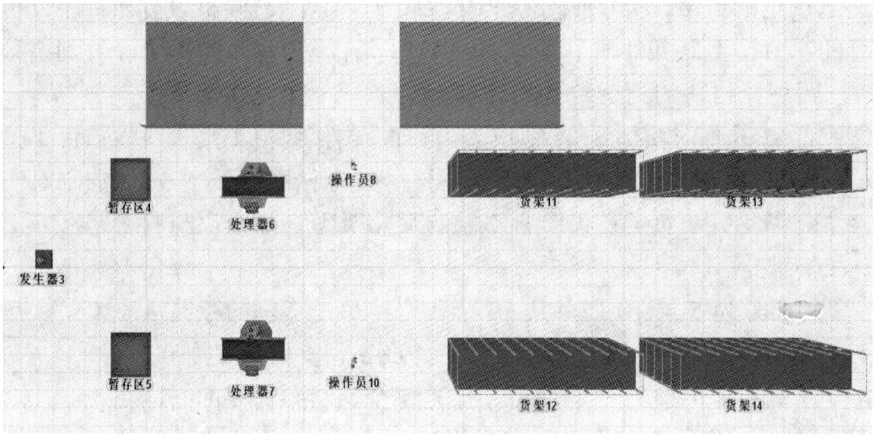

图 1-3　实体拖放完整效果图

步骤 3：实体名称修改。

对每个实体按照实际系统中的功能修改名称，修改完后如图 1-4 所示。

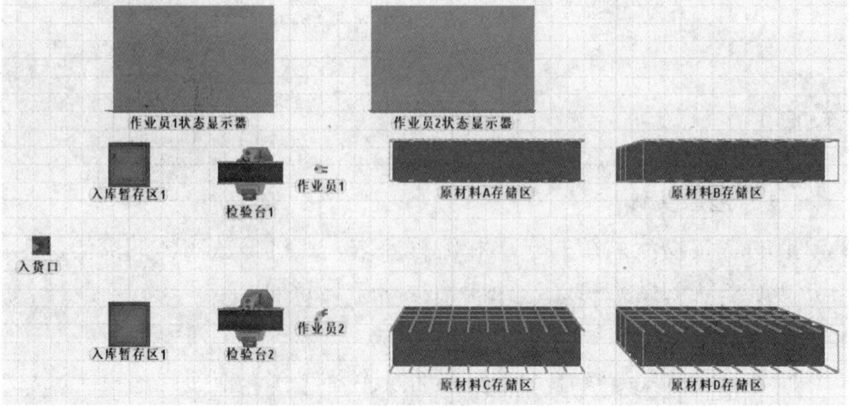

图 1-4　实体名称修改后效果图

2. 第二阶段：逻辑连线

在完成实体拖放和实体名称修改后，根据要模拟的现实物流系统的流程要求进行逻辑连线，通过逻辑连线可实现仿真物流系统中实物流动线路和加工顺序的确定。

步骤 4：连接端口。

如图 1-5 所示，根据临时实体的路径连接端口。连接方法是：按住“A”键，然后用鼠标左键点击起始位置实体并拖拽到送达位置实体处，再释放鼠标键，拖拽时可看到一条黄线，释放后逻辑连接线变为起止点为箭头的黑色连接线；按住“S”键，然后用鼠标左键点击起始位置实体并拖拽到送达位置实体处，再释放鼠标键，拖拽时可看到一条黄线，释放后逻辑连接线变为起止点为四边形的黑色连接线。

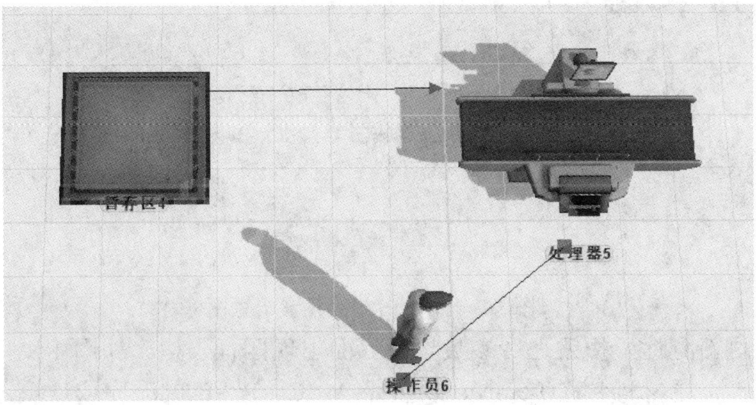

图 1-5　逻辑连线效果图

使用 A 连接，从入货口依次分别连接到入库暂存区 1 和入库暂存区 2；

使用 A 连接，从入库暂存区 1、2 分别连接到检验台 1 和检验台 2；

使用 A 连接，从检验台 1 依次分别连接到货架 A 和货架 B；

使用 A 连接，从检验台 2 依次分别连接到货架 C 和货架 D；

使用 S 连接，从入库暂存区 1 连接到作业员 1，从入库暂存区 2 连接到作业员 2；

使用 S 连接，从检验台 1 连接到作业员 1，从检验台 2 连接到作业员 2。

连接线完成后的显示效果如图 1-6 所示。

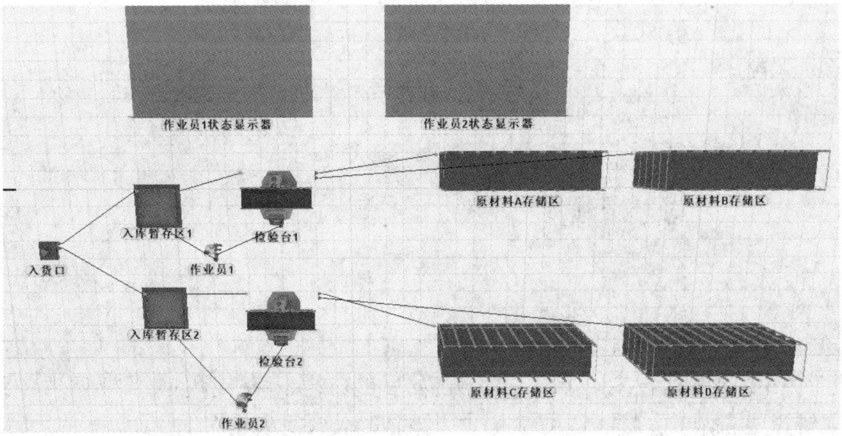

图 1-6　逻辑连线完成后的效果图

3. 第三阶段：参数设置

每个实体都有其特有的图形用户界面(Graphical User Interface，GUI)，通过此界面可将数据与逻辑加入模型中，使仿真模型在运行过程中，在设备性能、设施规格、人员分工以及应完成作业量方面，与实际物流系统的要求保持一致。双击实体可打开叫作参数视窗的GUI。

步骤5：入货口参数设置。

双击代表入货口的“发生器”，打开它的参数视窗，将到达方式设置为“到达时间表”，到达次数设置为“4”次，并点击“刷新到达”，设置结果如图1-7所示。

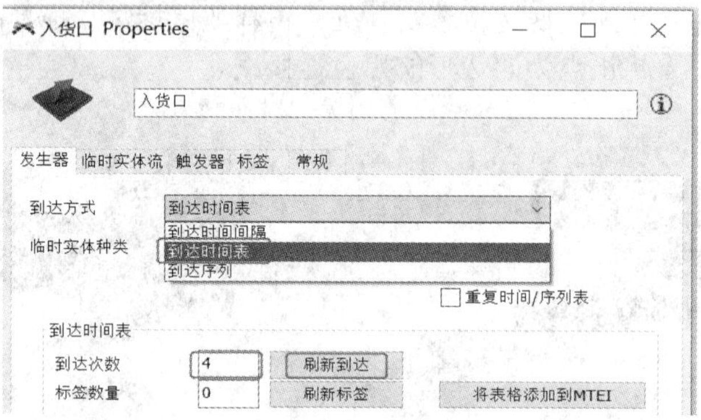

图1-7　入货口参数设置示意图

在点击“刷新到达”按钮之后参数设置界面出现四行表格，如图1-8所示。在表格中填写如下信息，将原材料名称(ItemName)按照A、C、B、D的顺序依次填入表格，将原材料类型(ItemType)按照1、3、2、4的顺序填入表格，用来在模型中区分四种原材料，将原材料的到达时间(ArrivalTime)按照第0s、0s、1500s、1500s的顺序到达入货口，到达数量(Quantity)统一设置为50个，代表每种原材料均入库50个。

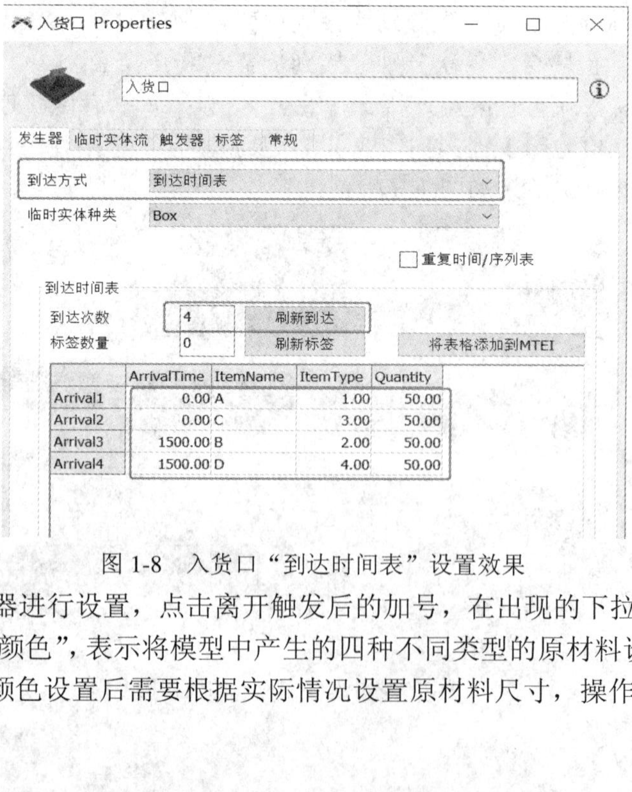

图1-8　入货口“到达时间表”设置效果

对入货口触发器进行设置，点击离开触发后的加号，在出现的下拉列表中选择“根据不同的case值设置颜色”，表示将模型中产生的四种不同类型的原材料设置为不同的颜色，如图1-9(a)所示，颜色设置后需要根据实际情况设置原材料尺寸，操作方法是点击“离开触发”中“设置颜色”下面的加号，在下拉列表中点击“设置位置、旋转或尺寸”，如图1-9(b)所示。

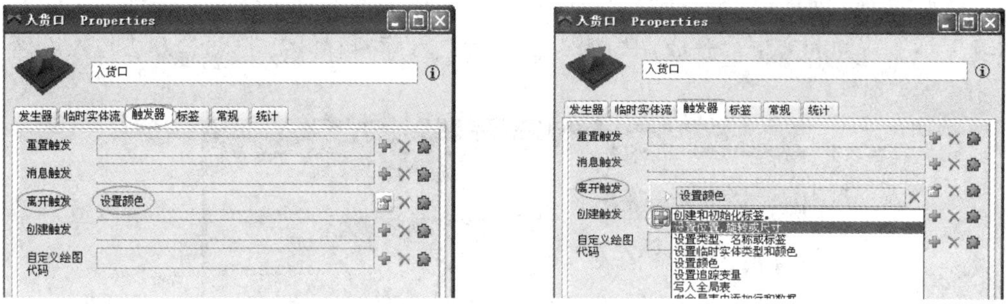

(a) (b)

图 1-9 入货口“触发器”选项卡设置示意图

在出现的界面中更改“设置”后面的选项“尺寸”，并将原材料的长(X)、宽(Y)、高(Z)均设置为 0.5，设置结果如图 1-10 所示。

点击“临时实体流”选项卡，设置原材料到达仓库入口后的流向问题，具体操作如图 1-11 所示，点击“发送至端口”后面的下拉列表，选择“根据返回值选择输出端口”。

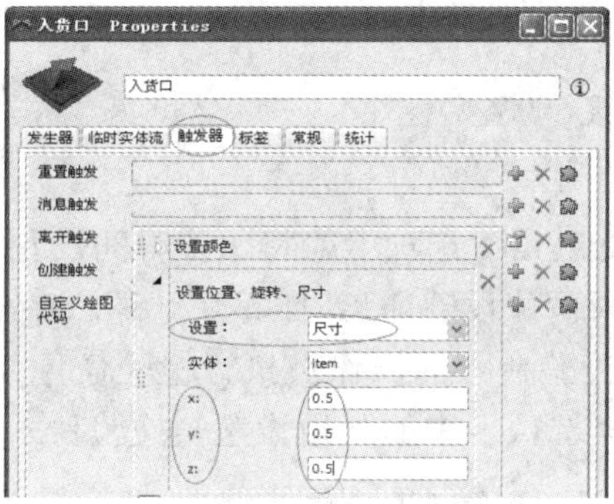

图 1-10 尺寸设置示意图

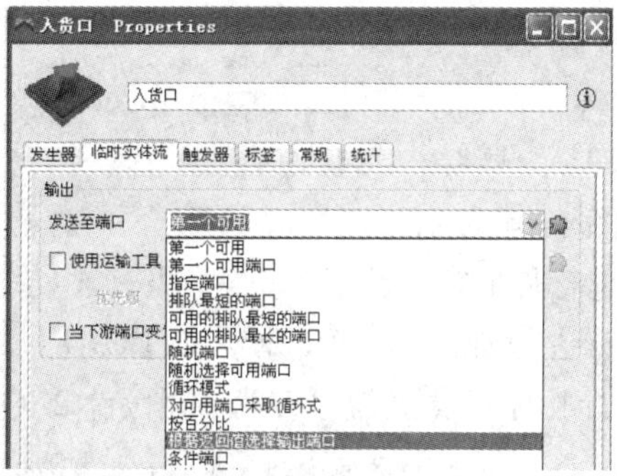

图 1-11 “发送至端口”选项卡设置示意图

在根据返回值选择输出端口的命令下，具体设置如下，单击绿色的加号添加四行 case，左侧数据分别设置为 case1、case2、case3、case4，这四种类型分别对应着原材料 A、B、C、D，将 case1、case2 的输出口设置为 port 1，代表进入 1 号入库暂存区，将 case3、case4 的输出口设置为 port 2，代表进入 2 号入库暂存区，具体设置如图 1-12 所示。

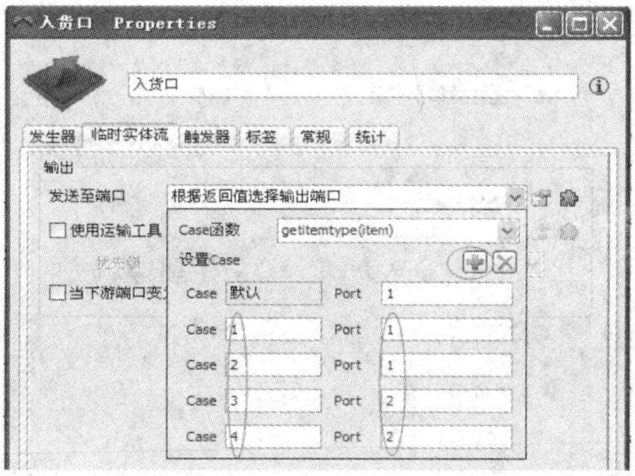

图 1-12 发送方向设置示意图

步骤 6：入库暂存区参数设置。

在货物到达入库暂存区后，需要操作员将货物搬运到检验台进行检验，具体调用操作员的方法如图 1-13 所示，双击“入库暂存区 1”，点击“临时实体流”选项卡，勾选“使用运输工具”前面的方框，完成调用搬运工设置。入库暂存区 2 的设置方法与入库暂存区 1 相同。

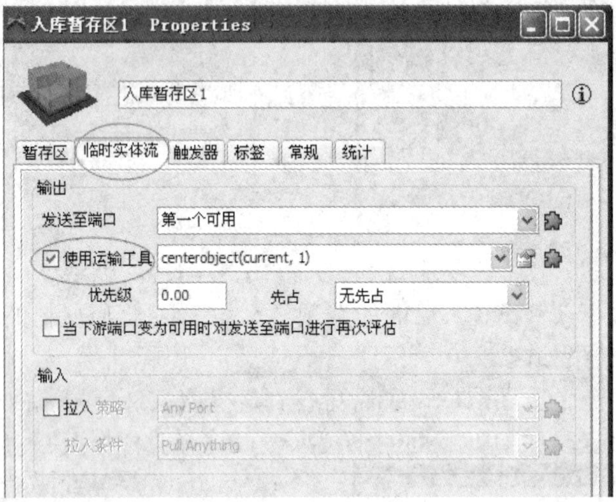

图 1-13　“使用运输工具”设置示意图

步骤 7：检验台参数设置。

如图 1-14 所示，双击“检验台 1”，点击“处理器”选项卡，将预置时间设置为“5”，表示在进行原材料检验之前，需要有 5 s 的准备时间，设置加工时间为“15”，并勾选“使用操作员进行加工”，默认使用将原材料搬到此检验台上的操作员执行检验任务。将检验台 2 的加工时间设置为“12”，检验台 2 的处理器选项卡中的其他设置与检验台 1 相同。

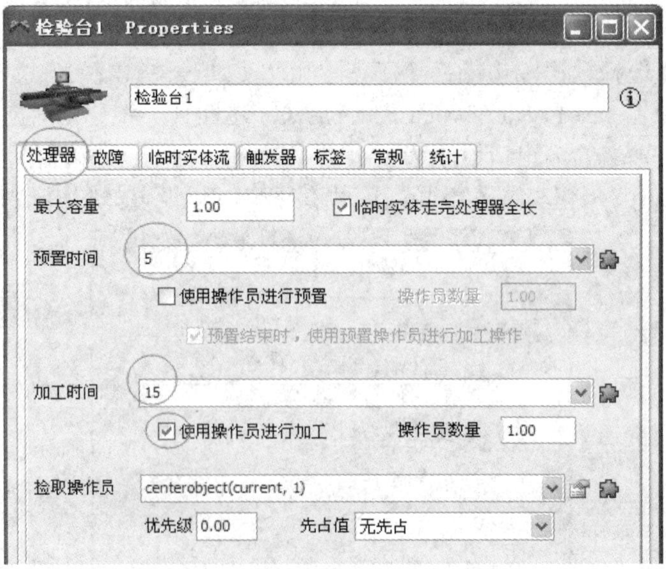

图 1-14　检验台 1“处理器”选项卡设置示意图

如图 1-15 所示，设置检验台 1 检验后的原材料流向，单击“临时实体流”选项卡，设置“发送至端口”的选项为“指定端口”，表示按照原材料的类型选择出口，A 原材料从 1 号出口出，B 原材料从 2 号出口出，勾选“使用运输工具”选项，表示当检验台检验完毕后，由操作员将其搬运到仓库中。

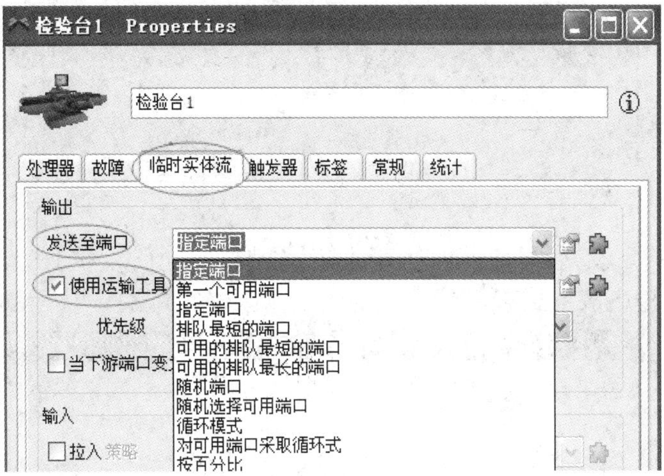

图 1-15　检验台 1“临时实体流”选项卡设置示意图

如图 1-16 所示，设置检验台 2 检验后的原材料流向问题，单击“临时实体流”选项卡，设置“发送至端口”的选项为“根据返回值选择输出端口”，表示按照原材料的类型选择出口，C 原材料在系统中类型值为 3，从 1 号出口出，D 原材料类型值为 4，从 2 号出口出，勾选“使用运输工具”选项，表示当检验台检验完毕后，调用操作员将货物搬运到仓库中。

图 1-16　检验台 2“临时实体流”选项卡设置示意图

步骤 8：原材料存储区参数设置。

原材料存储区包含了四个货架，分别存储 A、B、C、D 四种原材料，对原材料 A 存储区进行设置，其他三个存储区的设置与 A 存储区完全一致。

如图 1-17 所示，双击“原材料 A 存储区”，“尺寸表格”选项中的列数和层数分别设置为 10 和 5，列宽和层高均设置为 0.8，用于存放长、宽、高均为 0.5 的原材料，设置完成后要左键单击“应用基本设置”进行数据的保存。

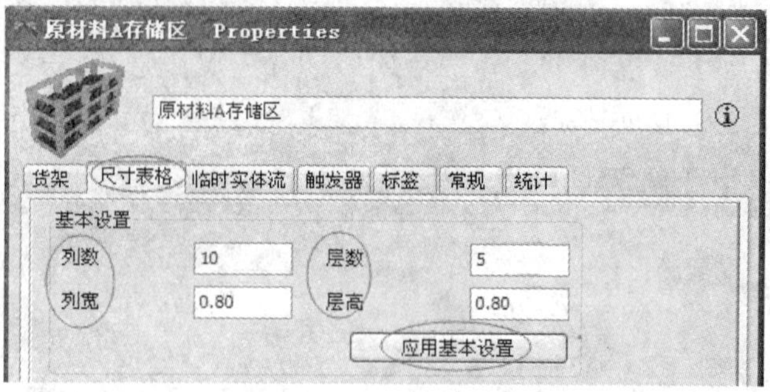

图 1-17　货架“尺寸表格”设置示意图

如图 1-18 所示，设置原材料 A 存储区的“货架”选项卡，点击“放置到列”后面的下拉菜单，选择“随机放置到可用列”选项，其中的单个货格的“最大容量”设置为“1”。

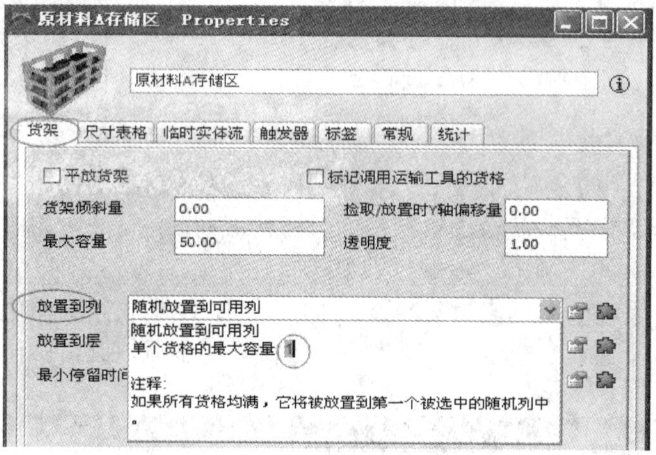

图 1-18　货物放置到列设置示意图

如图 1-19 所示，设置原材料 A 存储区的“货架”选项卡，点击“放置到层”后面的下拉菜单，选择“随机放置到可用层”选项，其中的单个货格的最大容量设置为“1”。

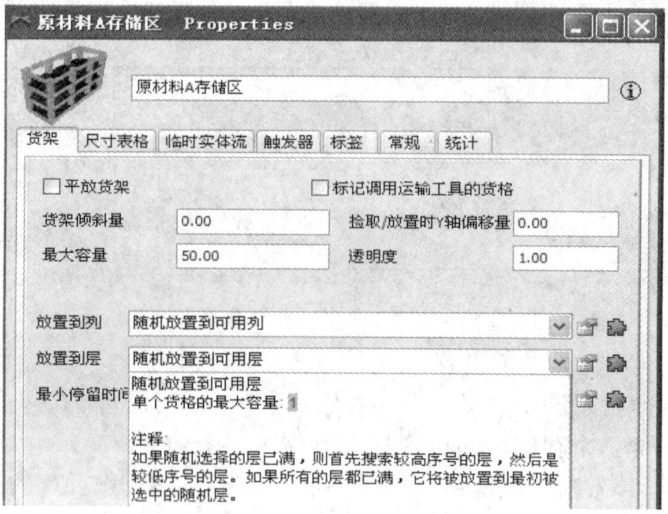

图 1-19　货物放置到层设置示意图

步骤 9：操作员状态显示器参数设置。

如图 1-20 所示，操作员状态显示器可对操作员的忙闲状态进行实时统计，每个实体使用一个统计工具进行统计，对作业员 1 状态显示器进行设置，以饼状图的状态显示作业员 1 的作业忙闲状态，双击“作业员 1 状态显示器”，将“数据类型”设置为“标准数据”，“实体名称”选择“作业员 1”，“捕捉数据”选择“状态”。

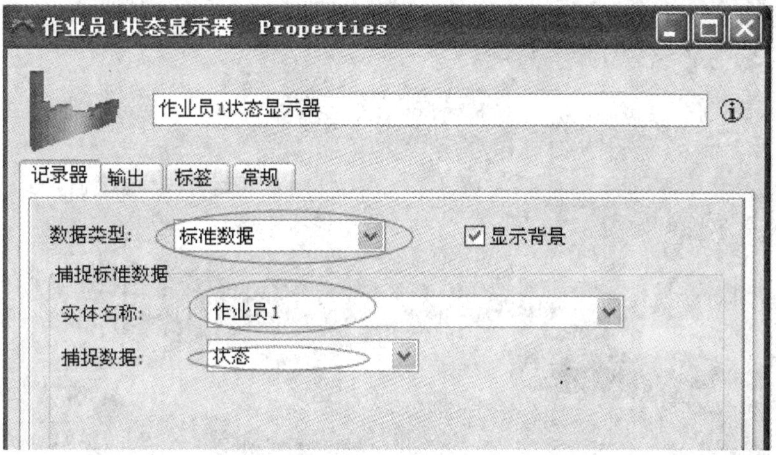

图 1-20　作业员 1 状态显示器设置示意图

如图 1-21 所示，作业员 2 状态显示器的设置情况与作业员 1 基本相同，唯一不同的是“实体名称”选择“作业员 2”。

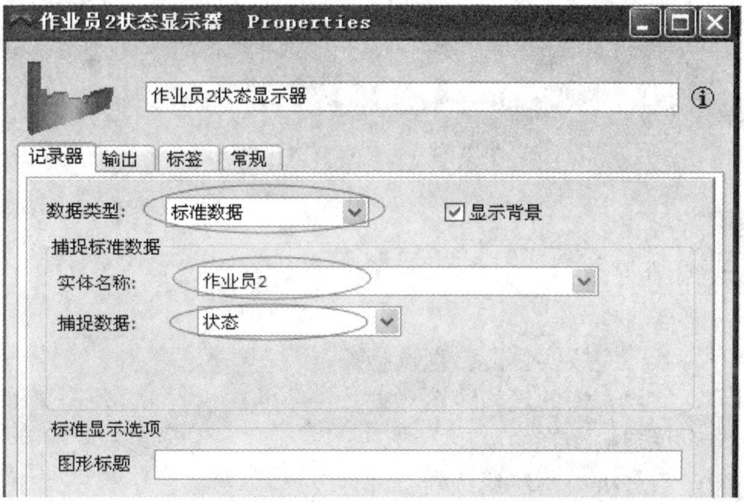

图 1-21　作业员 2 状态显示器设置示意图

4. 第四阶段：模型运行

通过该阶段的模型运行，可验证仿真模型搭建的准确性，同时也可以观察和分析物流系统运行过程中存在的布局、作业能力和流程问题，从而进行优化分析。

如图 1-22 所示，经过以上过程的模型整体设置，可对模型重置后进行运行，操作方法是单击仿真控制栏中的“重置”按钮，对设置好的模型重置后点击“运行”，观看仿真效果。

任务 1　物流模型优化方向介绍

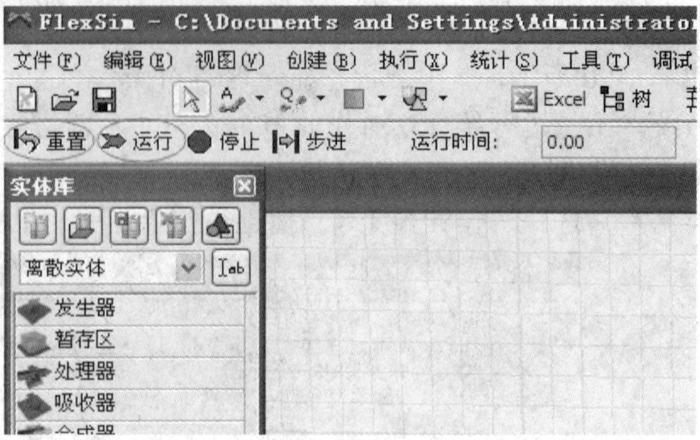

图 1-22　模型运行操作示意图

模型仿真最终效果如图 1-23 所示。

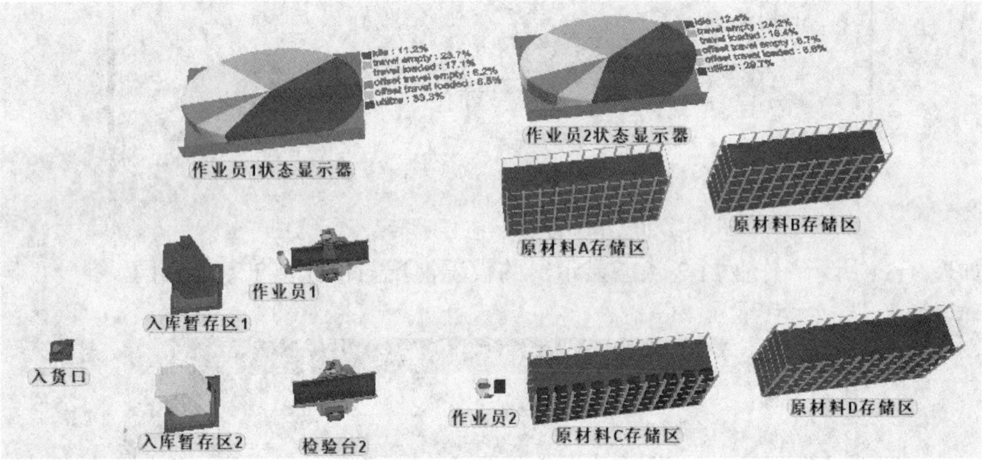

图 1-23　最终运行效果图

【任务结果与评价】

◇ 结果

(1) 分析项目背景，完成实体的合理选择；

(2) 根据流程，完成合理的设施设备布局；

(3) 完成一套可以流畅运行的模型；

(4) 根据运行结果分析该物流系统的合理性。

◇ 评价

· 练习任务

基于本任务的实践学习，完成一个六种原材料分两批到达，经过三名作业员分别在三个检验台进行检验后，分别送至六个不同的货架进行存储的模型，货架的层数为 4 层、列数为 10 列，货物以整箱为单位被送达，每箱货物的长宽高尺寸均为 0.8，每种货物各送达 80 箱，根据货物尺寸和数量自行确定货架的货格尺寸，学生自主决定布局形式，其他参数设置与任务 1 中的要求相同。

• 成绩评定标准

对练习模型进行成绩评定，主要评定指标如下：

(1) 实体选择正确性，满分 20 分，每错一个实体扣 5 分，扣完为止；

(2) 布局合理性，满分 30 分，根据功能区的相对位置和面积大小赋分；

(3) 模型运行流畅性，满分 30 分，模型运行过程中停顿 1 次扣 5 分，扣完为止；

(4) 系统合理性分析的正确性，满分 20 分，根据瓶颈环节识别的准确性赋分。

任务 2　集装货物人工入库流程仿真

【实践目的、要求、准备】

◇ 目的

(1) 了解集装货物人工入库作业系统的基本构成；

(2) 了解集装货物人工入库作业的基本流程；

(3) 能独立分析货物到达时需要的托盘的数量；

(4) 掌握使用 FlexSim 仿真软件进行集装货物入库作业系统仿真的方法。

◇ 要求

在实践前认真阅读实践知识链接部分内容，并标记不理解的关键词，通过小组合作的形式进行讨论和交流，完成理论知识的学习。实践学时：建议 2 学时。

◇ 准备

• 任务布置

(1) 教师提前布置。教师提前 1～3 天通知学生进行实践知识链接中的理论内容学习，明确实践目的和要求。

(2) 学生提前准备。学生提前阅读本书，以学习小组的形式学习掌握实践相关理论知识，不理解的内容进行重点标记。

• 任务工具

任务工具包括 FlexSim 仿真软件、电脑、纸笔等。

• 任务分组

由学生自行分组，教师从中调配，3～5 人为一组。

【实践知识链接】

一、托盘的定义

托盘是指用于集装、堆放、搬运和运输的放置作为单元负荷的货物和制品的水平平台装置。托盘是为了使货物有效的装卸、运输、保管，将其按一定数量进行组合且放置于一定形状的台面上，这种台面有供叉车插入并将其托起的叉入口。以这种结构为基本结构的平台和在这种基本结构上形成的各种形式的集装器具均可称为托盘。托盘和集装箱形成了集装系统的两大支柱。

二、托盘的种类

1. 平托盘

平托盘是指在承载面和支撑面间夹以纵梁，构成可集装物料，可使用叉车或搬运车等进行作业的货盘。平托盘由双层板或单层板另加底脚支撑构成，无上层装置。平托盘有以下几种分类方式：

(1) 按叉车插入方式分为单向叉入型、双向叉入型、四项叉入型三种；

(2) 按承运货物台面分成单面形、单面使用形和双面使用形、翼形四种；

(3) 按材料分为木制品托盘、钢制托盘、铝合金托盘、胶合板托盘、塑料托盘、纸板托盘、复合材料托盘等。

2. 箱式托盘

箱式托盘指在托盘上面带有箱式容器的托盘。

箱式托盘的面上具有上层结构，其四周至少有三个侧面是固定的，一个侧面是可拆叠的垂直面。箱式托盘分为可分为有盖和无盖托盘：有盖的板壁箱式托盘与小型集装箱无严格区别，适用于装载贵重货物；无盖的板壁箱式托盘适于企业内装载各种零件、元器件。

3. 柱式托盘

四角有四根立柱的托盘称为柱式托盘。

柱式托盘没有侧板，在托盘上部的四个角有固定式或可卸式的立柱。有的柱与柱之间有连接的横梁，使柱子成门框型。

柱式托盘是在平托盘基础上发展起来的，其特点是在不压货物的情况下可进行码垛。多用于包装物料、棒料管材等的集装，还可以作为可移动的货架、货位。不使用时，还可叠套存放，节约空间。

4. 轮式托盘

托盘底部有四个小轮的托盘叫作轮式托盘。轮式托盘是在平托盘、柱式托盘或网箱托盘的底部装上脚轮而成。轮式托盘既便于机械化搬运，又便于短距离的人力移动。

轮式托盘适用于企业工序间的物流搬运，也可在工厂或配送中心装上货物运到商店，直接作为商品货架的一部分。

三、托盘的标准化

托盘标准化直接影响物流标准化进程和现代物流产业的运作成本。托盘标准是物流产业最为基础的标准。物流的自动化和现代化也集中体现在物流技术标准及其手段与装备，而作为物流技术标准最基本的体现就是目前物流活动中广泛使用的托盘。

现行托盘的国际标准尺寸有六种：1200 mm×800 mm，1200 mm×1000 mm，1140 mm×1140 mm，1016 mm×1219 mm，1100 mm×1100 mm，1067 mm×1067 mm。

目前，我国正在准备推出的《联运通用平托盘主要尺寸及公差》国家标准主要是1200 mm×1000 mm 和 1100 mm×1100 mm 两种。优先推荐使用 1200 mm×1000 mm 规格的托盘，该尺寸托盘与集装箱、叉车以及货架的相互配合会更准确快捷。

国际标准化组织规定托盘的规格有：1000 mm×800 mm、1200 mm×800 mm、1200 mm×1000 mm 三种，此外还有 1600 mm×1200 mm、1800 mm×1200 mm 的大型托盘。

托盘集合包装所集装的货物单元体积一般为 1 m^3 以上，其高度为 1100 mm～2200 mm，载重为 500～1000 kg。

四、托盘堆码方法

托盘堆码即将货物码在托盘上，货物在托盘上的码放方法可采用自身堆码的码放方法，然后用叉车将整托盘货物一层层堆码起来。对于一些怕挤压或形状不规则的货物，可将货物装在货箱内或带立柱的托盘上。由于货箱堆码时，是由货箱或托盘立柱承受货垛的重量，故这种托盘应具有较高的强度和刚度。采用托盘堆码时，堆码和出入库作业常采用叉车或其他堆垛机械完成。采用桥式堆垛机时，堆垛高度可达 8 m 以上，故其仓库容积利用率和机械化程度比自身堆码有较大的提高。托盘堆码方法主要包括以下几种：

1. 重叠式堆码方法

重叠式堆码方法即各层码放方式相同，上下对应的堆码方法。这种方法的优点是工人操作速度快，包装货物的四个角和边重叠垂直，承载能力大；缺点是各层之间缺少咬合效果，容易发生塌垛问题。在货物低且面积较大的情况下，采用这种方式具有足够的稳定性，如果再配上相应的紧固方式，则不但能保持稳定，还可以使装卸操作省力。

2. 压缝式堆码方法

压缝式堆码方法：一层横放，一层直放，两层横直交错的堆垛方法。即上层包装压在下层两箱缝上。其优点是稳固、不易倒垛，缺点是不便于货物计算。

3. 纵横交错式堆码方法

纵横交错式堆码方法：相邻摆放旋转 90°，一层横向放置，另一层纵向放置的堆码方法。每层间有一定的咬合效果，但咬合强度不高。

4. 正反交错式堆码方法

正反交错式堆码方法：同一层中不同列的货物以 90° 垂直码放，相邻两层的另一层整体旋转 180° 的堆码方法。这种方法类似于建筑上的砌砖方式，不同层间咬合强度较高，相邻层之间不重缝，因而码放后稳定性较高，但操作较为麻烦，且包装体之间不是垂直面相互承受载荷。

5. 旋转交错式堆码方法

旋转交错式堆码方法：第一层相邻的两个包装体互为 90°，两层间码放又相差 180° 的堆码方法。其优点是相邻两层之间互相咬合交叉，货体的稳定性较高，不易塌垛；缺点是码放的难度较大，且中间形成空穴，降低托盘的利用效率。

【任务实施】

一、任务描述

任务 2　物流模型介绍演示

1. 任务背景

第三方物流企业 A 为天津某大型生产制造企业 B 提供原材料的存储和配送服务，B 企业的供应商统一将原材料送至 A 物流企业的仓库，A 物流企业的仓库作业员将送达的整箱货物按照实际需要和尺寸、重量的约束人工码放到托盘上，再通过叉车送至高层货架存储区。现 A 物流企业接到 B 企业的供应商送达的一批货物，该批货物共有三种类型，需要分别进行整托盘码放后再存储，要求每个托盘码放相同的货物，并且根据货架、货物、托盘尺寸计算每种货物的托盘码放方式和数量。

2. 流程和参数要求

(1) 该物流公司将客户的三种货物执行组托盘任务后的入库作业流程如图 2-1 所示，将客户要求存放的三种货物 A、B、C 送至收货区后，由托盘存放区取出空托盘送至组托点，由组托作业员将整箱货物按照既定规则码放到托盘上，通过叉车将不同的整托盘货物送至不同的存储区。

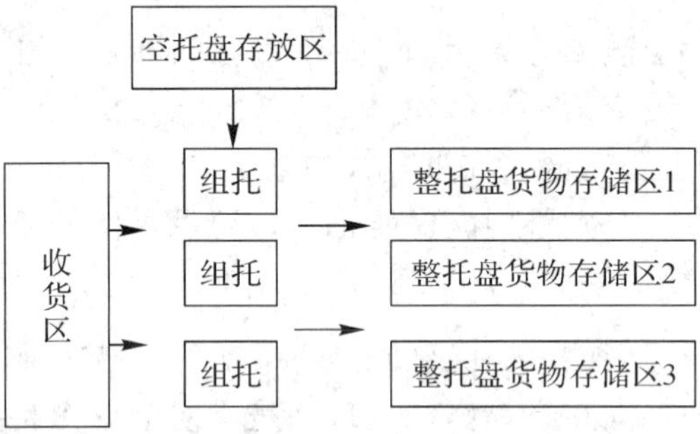

图 2-1　作业流程说明图

(2) 代表仓库入货口的发生器产生三种不同类型和颜色的临时实体，代表三种原材料，按照规定的时间送达规定的数量，类型值分别为 1、2、3，系统随机设置三种不同颜色。

(3) 类型 1、2、3 的临时实体分别经过三个不同的组托点进行组托后以整托盘的形式送至对应的存储区。

(4) 货架要求 6 行 6 列，每个货格存储量为 1，存储时要求从货架的第一行第一列开始存放，货架层高、列宽和货格深度根据整托盘货物的尺寸计算得出。

(5) 按照每托盘 18 箱的标准进行组托，组托完一托盘货物需要的时间是 30 s，操作员 1、2、3 分别负责一个组托点的组托作业。

(6) 关于送达货物类型的设置主要是入货口设置为一批同时送三种货物，第一批货物在模型开始时送达，第二批货物在 1600 s 时送达，数量均为 144 个。

(7) 添加一个统计工具，实时统计叉车的工作忙闲率。

二、任务实施

1. 第一阶段：拖放实体

步骤 1：拖放实体。

从实体库里拖出一个发生器放到模型视图窗，方法是鼠标左键按住实体库中的发生器，拖动放到建模区，如图 2-2 所示。

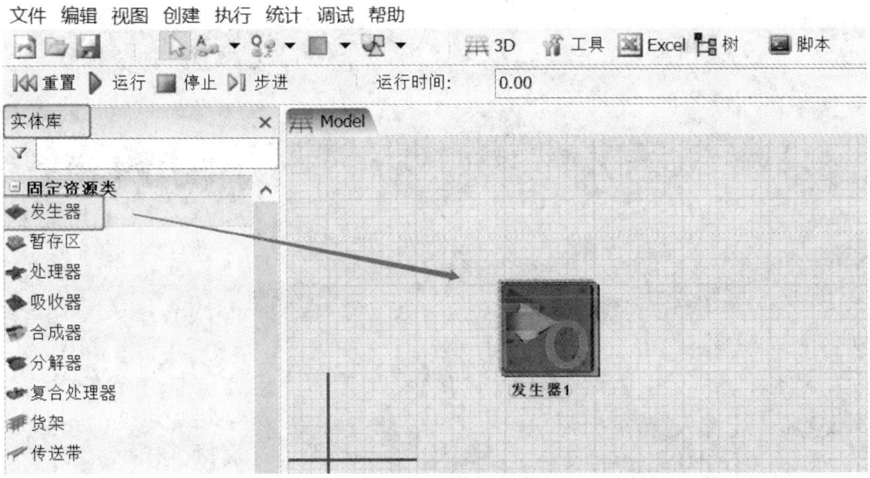

图 2-2　实体拖放效果图

步骤 2：拖放其余实体。

把其余的实体拖到模型视图窗中，如图 2-3 所示。

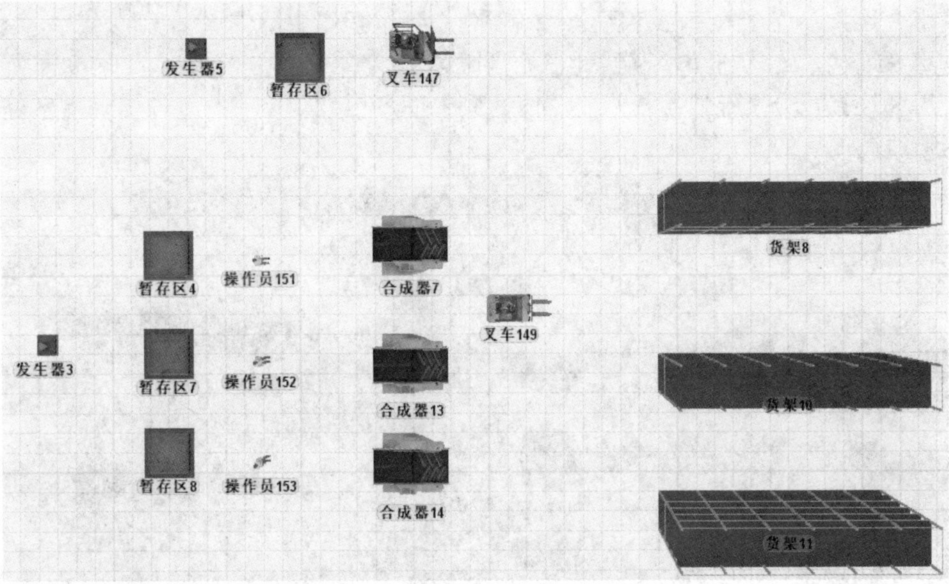

图 2-3　实体拖放完整效果图

步骤 3：实体名称修改。

对每个实体按照实际系统中的功能修改名称，修改完后如图 2-4 所示。

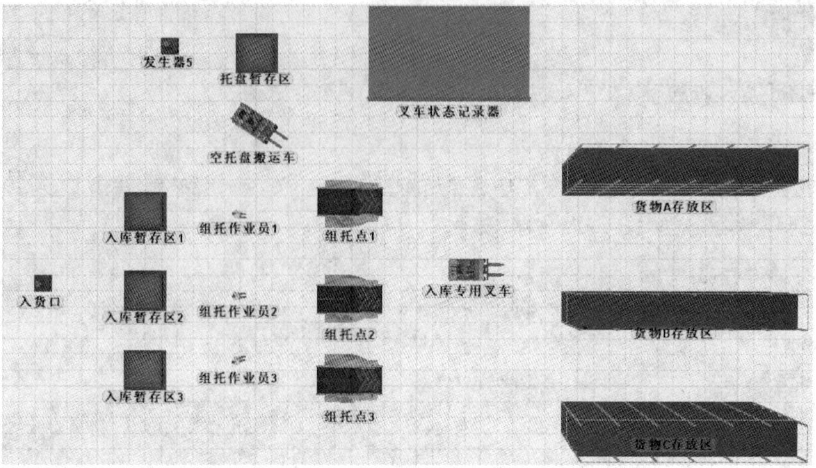

图 2-4　实体名称修改后效果图

2. 第二阶段：逻辑连线

步骤 4：连接端口。

根据模型的流程要求连接各实体之间的端口，具体连接方法见任务 1 中的步骤 4。

使用 A 连接，连接发生器 5 到托盘暂存区；

使用 A 连接，连接托盘暂存区分别到组托点 1、2、3；

使用 A 连接，连接入货口分别到入库暂存区 1、2、3；

使用 A 连接，连接入库暂存区 1、2、3 分别到组托点 1、2、3；

使用 A 连接，连接组托点 1、2、3 分别到货物 A、B、C 存储区；

使用 S 连接，连接入库暂存区 1、2、3 分别到组托作业员 1、2、3；

使用 S 连接，连接托盘暂存区到空托盘搬运车；

使用 S 连接，分别连接组托点 1、2、3 到入库专用叉车。

连接线完成后的显示效果如图 2-5 所示。

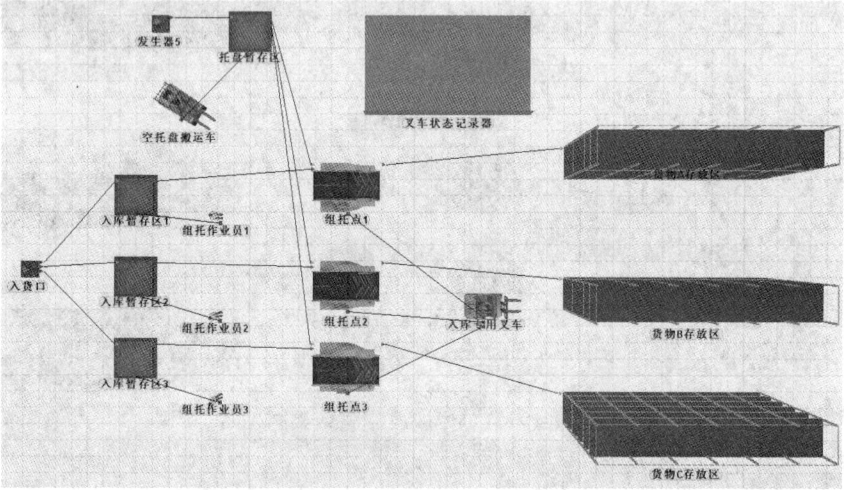

图 2-5　逻辑连线完成后的效果图

3. 第三阶段：参数设置

每个实体都有其特有的图形用户界面(GUI)，通过此界面可将数据与逻辑加入模型中。双击实体可打开叫作参数视窗的 GUI。

步骤 5：入货口参数设置。

如图 2-6 所示，双击代表入货口的“发生器”，打开它的参数视窗，将“到达方式”设置为“到达时间表”，“到达次数”设置为“6”次，并点击“刷新到达”。

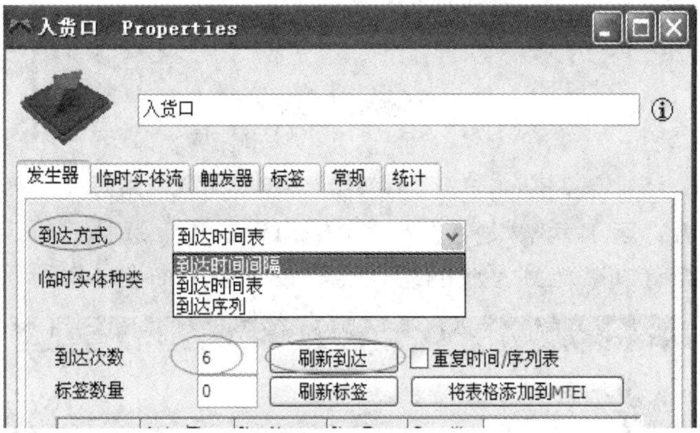

图 2-6　入货口“发生器”选项卡设置效果图

在点击“刷新到达”按钮之后参数设置界面出现四行表格，如图 2-7 所示。在表格中填写如下信息，将货物名称“ItemName”按照 A、B、C 的顺序依次填入表格，将货物类型“ItemType”按照 1、2、3 的顺序填入表格，用来在模型中区分三种货物，将货物的到达时间“ArrivalTime”按照第一批次 0 s 到达，第二批次第 1600 s 到达的顺序到运至货口，到达数量“Quantity”统一设置为 144 箱，代表每种货物均入库 288 箱。

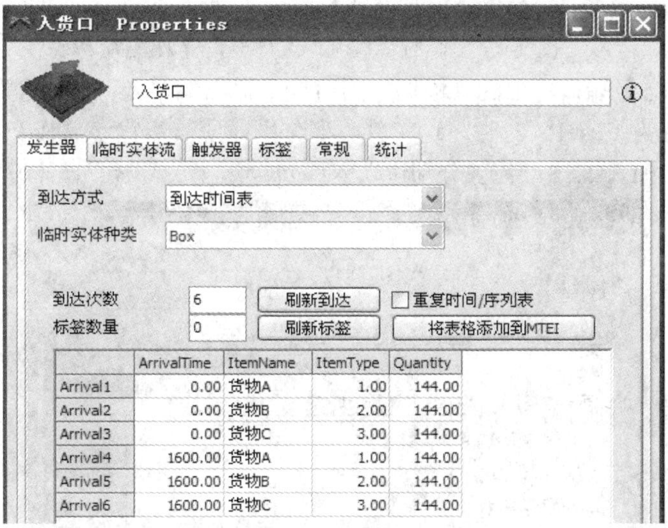

图 2-7　“到达时间表”设置效果图

对入货口“触发器”进行设置，点击“离开触发”后的加号，在出现的下拉列表中选择“设置颜色”，表示将模型中产生的三种不同类型的货物随机设置为不同的颜色，如图 2-8 所示。

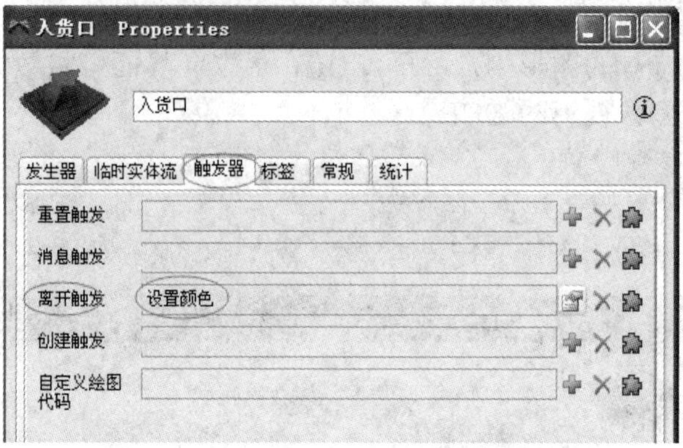

图 2-8　入货口“触发器”选项卡设置效果图

在“临时实体流”选项卡中设置“发送至端口”选项，选择“指定端口”命令，表示将货物按照不同类型分别被送到不同的组托点，设置结果如图 2-9 所示。

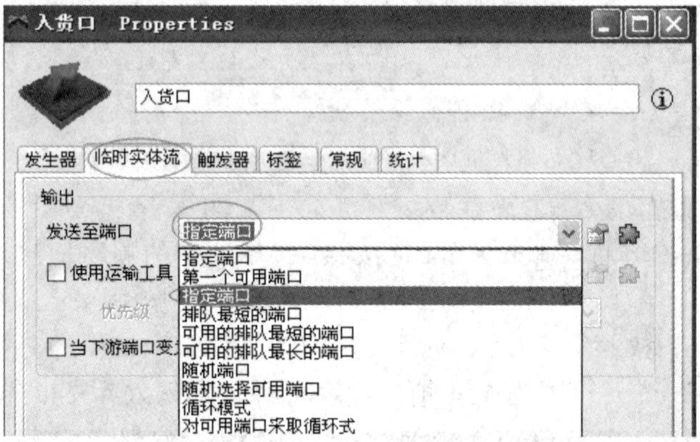

图 2-9　“临时实体流”选项卡设置效果图

也可选择“发送至端口”中的“根据返回值选择输出端口”，具体设置如下，单击添加三行 Case，分别设置为 Case1、2、3，这三种类型分别对应着货物 A、B、C，将 Case1、2、3 的输出口设置为 Port1、2、3，代表分别进入入库暂存区 1、2、3，具体设置如图 2-10 所示。

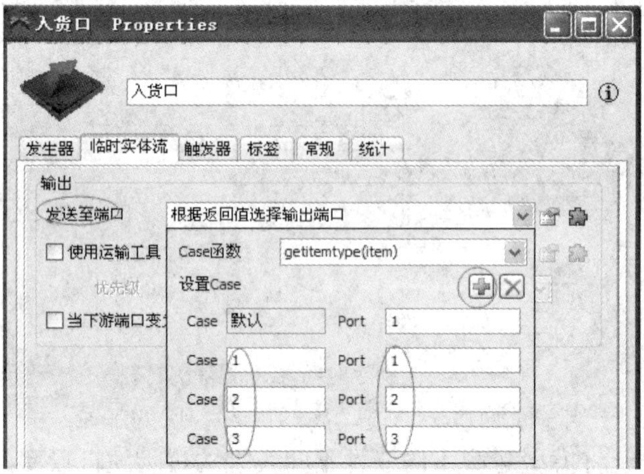

图 2-10　临时实体发送方向设置示意图

步骤 6：入库暂存区参数设置。

对入库暂存区 1、入库暂存区 2 和入库暂存区 3 进行设置，主要参数按照系统默认设置，在货物到达入库暂存区后，需要组托作业员将货物搬运到组托点。具体调用操作员的方法是双击“入库暂存区 1”，点击“临时实体流”选项卡，勾选“使用运输工具”前面的方框，完成调用搬运工设置。入库暂存区 2、3 按照相同设置方法进行设置，设置结果如图 2-11 所示。

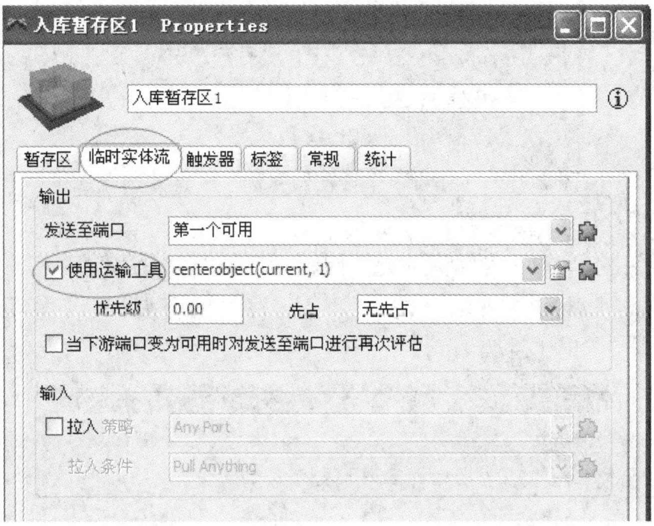

图 2-11 入库暂存区 1 参数设置示意图

步骤 7：发生器 5 参数设置。

双击发生器 5，设置“发生器”选项卡，将发生器 5 产生托盘的“到达时间间隔”设置为按照指数分布“exponential(0，30，0)”产生，产生的“临时实体种类”为“Pallet”，如图 2-12 所示。

图 2-12 发生器 5 参数设置示意图

双击发生器 5，设置“触发器”选项卡，将发生器 5 产生托盘的种类在“创建触发”中设定为“设置临时实体类型和颜色”，产生的“临时实体种类”为“Pallet”，如图 2-13 所示。

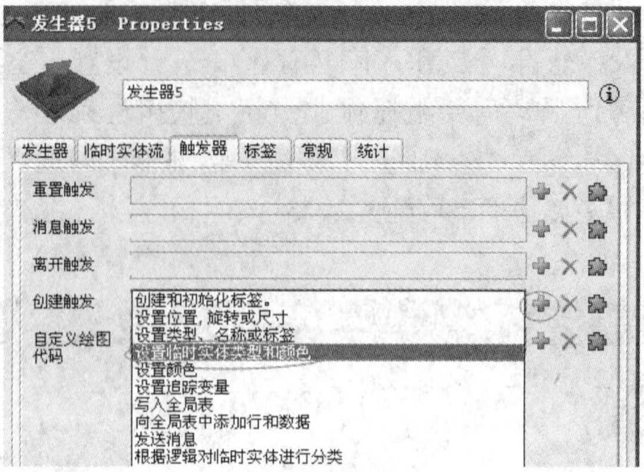

图 2-13　发生器 5“触发器”选项卡设置示意图

步骤 8：托盘暂存区参数设置。

设置托盘暂存区的“临时实体流”选项卡，勾选“使用运输工具”选项，调用叉车将空托盘搬至组托点，并设置“发送至端口”选项为“指定端口”，保证每个组托点都有托盘供应。具体参数设置如图 2-14 所示。

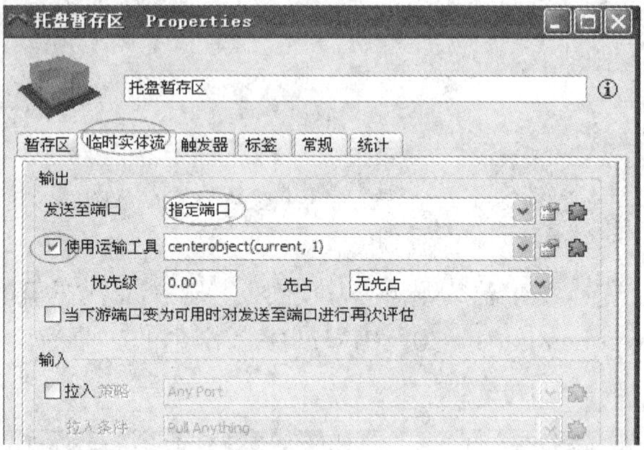

图 2-14　托盘暂存区“临时实体流”选项卡设置示意图

步骤 9：组托点参数设置。

对组托点 1 参数进行设置，组托点 2、3 的参数设置与组托点 1 相同。双击组托点 1(合成器)，将“加工时间”设置为“15”，表示每 15 s 完成一次打包，如图 2-15 所示。

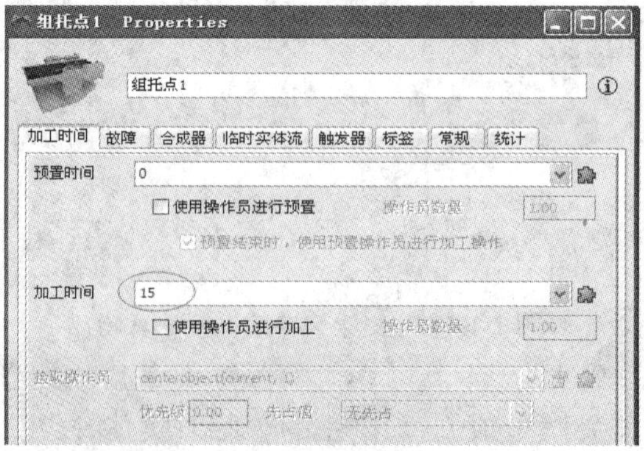

图 2-15　组托时间设置示意图

对组托点 1“合成器”选项进行参数设置，双击组托点 1(合成器)，将“组成清单”中的数值设置为“8”，表示每个托盘码放 8 箱货物，如图 2-16 所示。

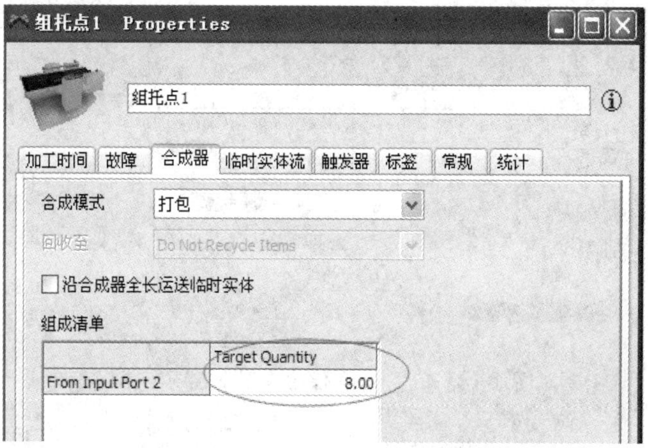

图 2-16　组托数量设置示意图

对组托点 1“临时实体流”选项进行参数设置，双击组托点 1(合成器)，勾选“临时实体流”中的“使用运输工具”，调用叉车将组托完的托盘送至存储区，如图 2-17 所示。

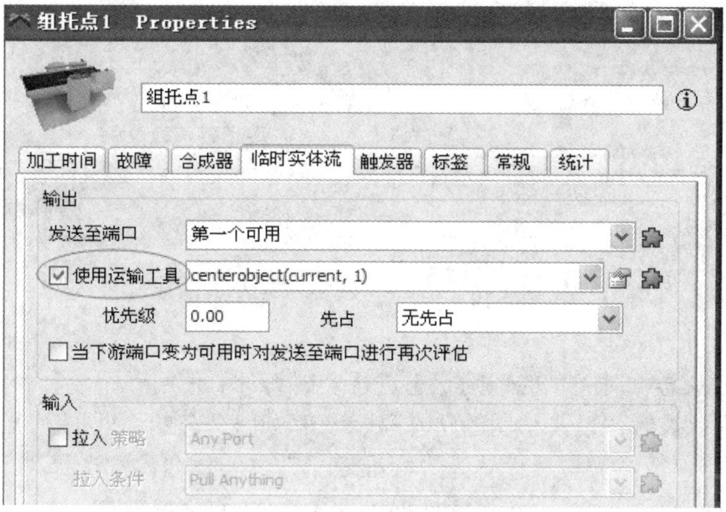

图 2-17　组托点 1“临时实体流”选项设置示意图

步骤 10：货物存储区参数设置。

货物存储区包含了三个货架，分别存储 A、B、C 三种货物，对货物 A 存储区进行设置，其他两个存储区的设置与 A 存储区完全一致。

双击“货物 A 存储区”，将“尺寸表格”区的“列数”和“层数”都设置为“6”，“列宽”和“层高”分别设置为“2”和“1”，设置完成后要单击“应用基本设置”进行数据的保存，设置结果如图 2-18 所示。

设置货物 A 存储区的“货架”选项卡参数。点击“放置到列”后面的下拉菜单，选择“第一个可用列”选项，点击“放置到层”后面的下拉菜单，选择“第一个可用层”选项，其中的单个货格的最大容量设置为 1，如图 2-19 所示。

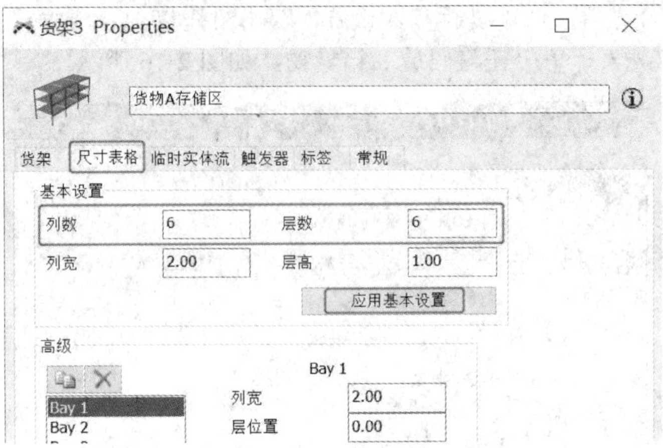

图 2-18　货物 A 存储区参数设置示意图

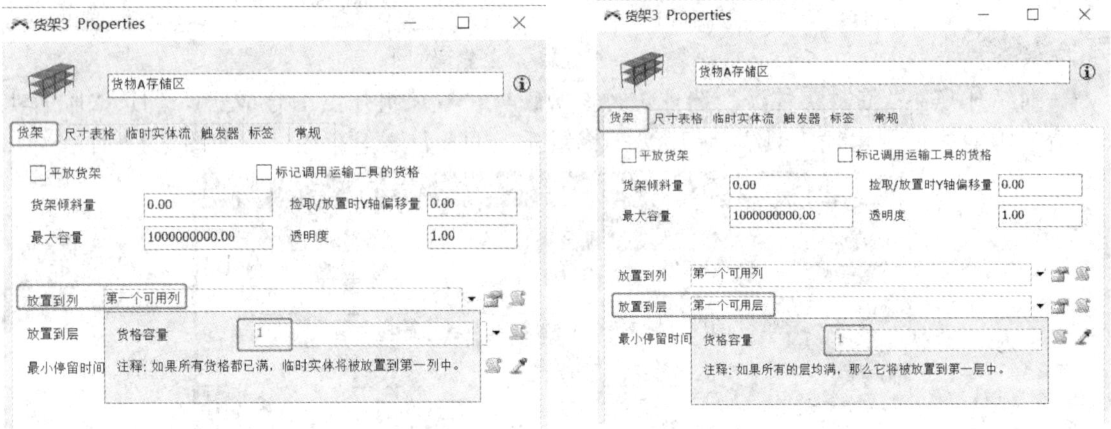

图 2-19　货物存储规则设置示意图

步骤 11：叉车状态记录器参数设置。

叉车状态记录器可对叉车的忙闲状态进行实时统计。使用一个统计工具对入库专用叉车状态记录器进行设置，以饼状图的状态显示入库专用叉车的作业忙闲状态，双击“叉车状态记录器”，将“数据类型”设置为“标准数据”，“实体名称”选择“入库专用叉车”，“捕捉数据”选择“状态”，确定设置情况，如图 2-20 所示。

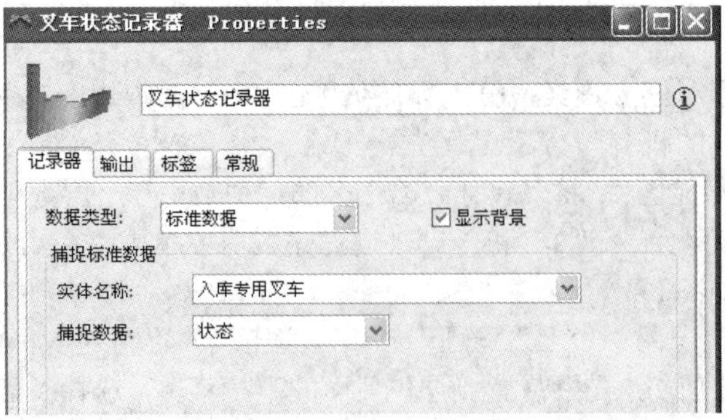

图 2-20　叉车状态记录器设置示意图

4. 第四阶段：模型运行

经过以上过程的模型整体设置，可通过对模型重置后进行运行，操作方法是单击仿真控制栏中的“重置”按钮，对设置好的模型重置后点击“运行”，观看仿真效果。具体操作界面见任务 1 中的图 1-22 模型运行操作示意图。

模型仿真最终效果如图 2-21 所示。

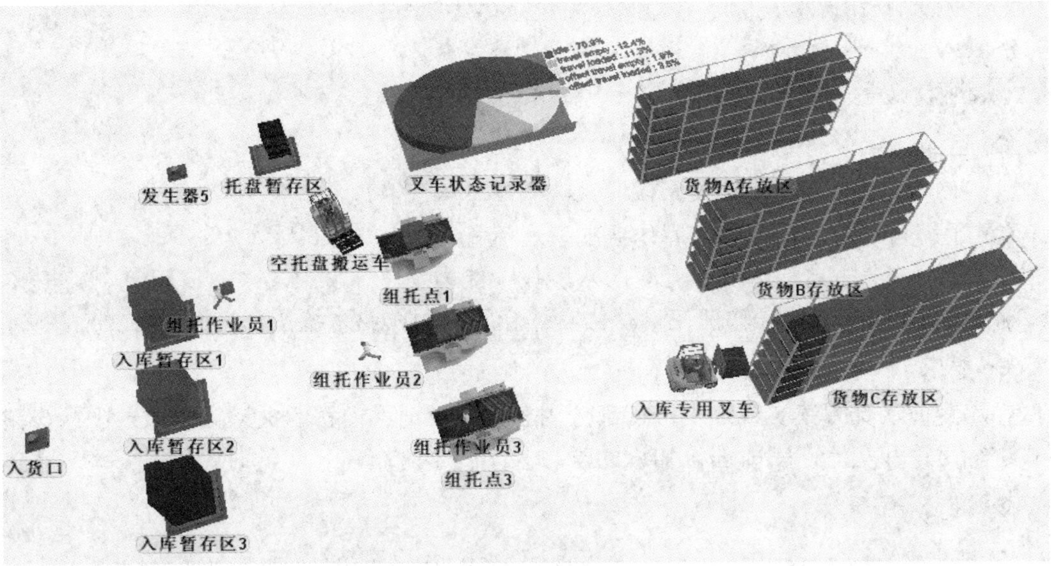

图 2-21　模型最终运行效果图

【任务结果与评价】

任务 2　物流模型优向方向介绍

◇ 结果

(1) 分析项目背景，完成实体的合理选择；

(2) 根据流程，合理的完成设施设备布局；

(3) 完成一套可以流畅运行的集装货物人工入库物流系统模型；

(4) 根据运行结果分析该物流系统的合理性。

◇ 评价

- 练习任务

基于本任务的实践学习，完成一个八种货物经过四名组托作业员分别在四个组托点进行组托后，分别送至四个不同的货架进行存储的模型，学生自主决定布局形式，要求到达的每种货物正好放满货架，每个托盘放三层，整托盘货物放入货架货格后剩余左右和上方空间距离合理，其他参数设置与任务 2 中的要求相同。

- 成绩评定标准

对练习模型进行成绩评定，主要评定指标如下：

(1) 实体选择正确性，满分 20 分，每错一个实体扣 5 分，扣完为止；

(2) 布局合理性，满分 30 分，根据功能区的相对位置和面积大小赋分；

(3) 模型运行流畅性，满分 30 分，模型运行过程中停顿 1 次扣 5 分，扣完为止；

(4) 系统合理性分析的正确性，满分 20 分，根据瓶颈环节识别的准确性赋分。

任务 3　自动化立体仓库入库流程仿真

【实践目的、要求、准备】

◈ 目的

(1) 了解自动化立体仓库入库作业系统的基本构成；

(2) 了解自动化立体仓库入库作业的基本流程；

(3) 能独立分析自动化立体仓库的入库作业能力；

(4) 掌握 FlexSim 仿真软件在自动化立体仓库入库作业系统仿真方面的各类应用方法。

◈ 要求

在实践前认真阅读实践知识链接部分内容，并标记不理解的关键词，通过小组合作的形式进行讨论和交流，完成理论知识的学习。实践学时：建议 4 学时。

◈ 准备

· 任务布置

(1) 教师提前布置。教师提前 1～3 天通知学生进行实践知识链接中的理论内容学习，明确实践目的和要求。

(2) 学生提前准备。学生提前阅读本书，以学习小组的形式学习掌握实践相关理论知识，不理解的内容进行重点标记。

· 任务工具

任务工具包括 FlexSim 仿真软件、电脑、纸笔等。

· 任务分组

由学生自行分组，教师从中调配，3～5 人为一组。

【实践知识链接】

自动化立体仓库系统(Automatic Storage and Retrieval System，ASRS)是由高层立体货架、有轨巷道堆垛起重机、出入库托盘输送机系统、检测扫描系统、通信系统、自动化控制系统、计算机监控系统、仓储管理系统以及其他如电线电缆桥架配电柜、钢结构平台等辅助设备组成的复杂的自动化存储系统。自动化立体仓库主要利用自动化存储设备同计算机管理系统的协作，来实现立体仓库的高层合理化、存取自动化以及操作简便化。随着人工作业成本的不断提升，自动化立体仓库在物流领域中发挥着越来越重要的作用，尤其在集装单元货物储存和出入库方面的应用越来越广泛。自动化立体仓库目前主要应用于大型生产性企业的采购件和成品件仓库以及流通领域的大型配送中心等。

【任务实施】

任务 3　物流模型介绍演示

一、任务描述

1. 任务背景

某图书分销企业主要销售文学书籍，通过销售数据分析，发现其中历届茅盾文学奖获奖作品和诺贝尔文学奖获奖作品销量较大，因此该企业自建了自动化立体仓库并配置了 WMS 系统，专门分销这类文学书籍，该仓库图书来源为各图书印刷厂，分销出库去向为各地的小型图书经销商或小型线上图书销售公司，仓库中的图书存储形式以包装箱整箱存储为主，各图书印刷厂送达的整箱图书需要通过传送带送至自动化立体仓库入库口，然后通过堆垛机进行上架，现该仓库接到四家印刷厂送达的一批图书，分别是《平凡的世界》《百年孤独》《穆斯林的葬礼》和《追风筝的人》，需要进行入库，后面任务中分别用 A、B、C、D 代表四种书。流程和参数要求如下：

(1) 仓库将四种图书执行入库作业流程如图 3-1 所示，将四种图书 A、B、C、D 送至入货口后，由作业员将图书搬运至传送带，通过传送带送至自动化立体仓库入库口，由堆垛机将不同的图书分别送至不同的货架存储；

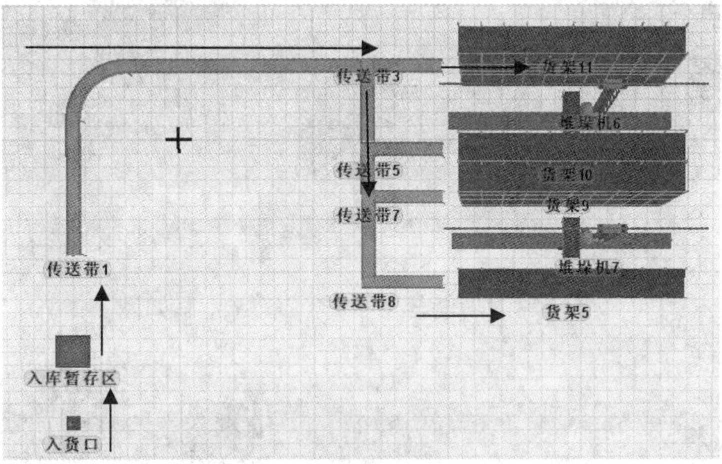

图 3-1　模型布局及流程图

(2) 代表仓库入货口的发生器产生 4 种不同类型和颜色的临时实体，代表四种图书，按照规定的时间分布 exponential(0，20，0)送达，类型值分别为 1、2、3、4，系统随机设置四种不同颜色；

(3) 类型 1、2、3、4 的临时实体均被送至统一的入库暂存区，由作业员执行入库作业；

(4) 货架要求 10 行 10 列，可存储 100 个图书，存储时要求从货架的第一行第一列开始存放，货架行高和列宽分别为 0.8 和 1.5；

(5) 四种图书经传送带 1 送达入库口，要求图书 A 进入上方第一个货架存储，图书 B 进入上方第二个货架存储，图书 C、D 依次存入下面的货架；

(6) 添加一个统计工具，实时统计作业员的工作忙闲率。

二、任务实施

1. 第一阶段：拖放实体

步骤 1：拖放实体。

从实体库里拖出一个发生器放到模型视图窗，方法是鼠标左键按住实体库中的发生器，拖动放到建模区，具体操作见任务 2 中的图 2-2 实体拖放效果图。

步骤 2：拖放其余实体。

把其余的实体拖到模型视图窗中，如图 3-2 所示。

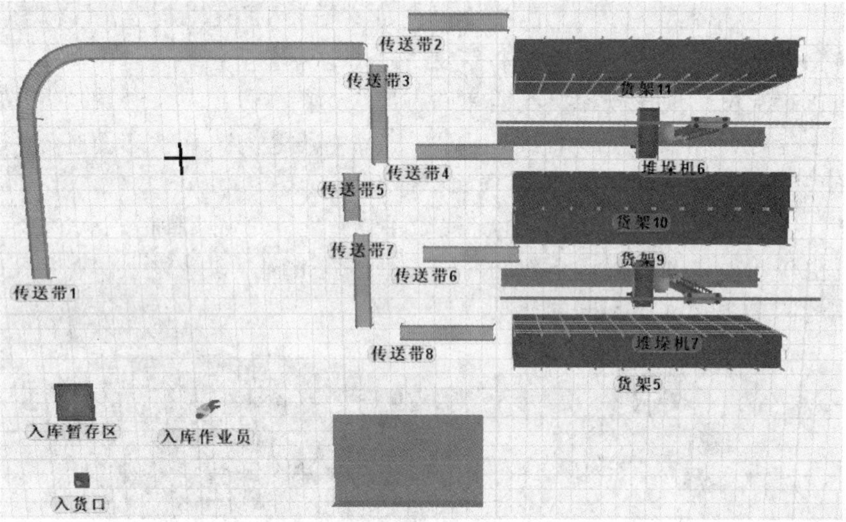

图 3-2　实体拖放完整效果示意图

步骤 3：实体名称修改及布局。

对每个实体按照实际系统中的功能修改名称，修改完后如图 3-3 所示。

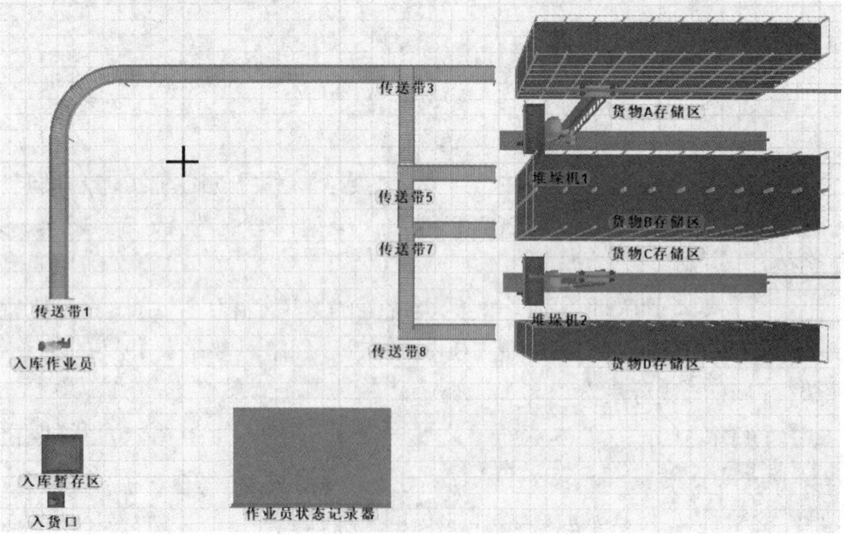

图 3-3　名称修改完整后效果图

2. 第二阶段：逻辑连线

步骤 4：连接端口。

根据模型的流程要求连接各实体之间的端口，具体连接方法见任务 1 中的步骤 4。

使用 A 连接，连接入货口到入库暂存区，连接入库暂存区到传送带 1；

使用 A 连接，首先连接传送带 1 到传送带 2，再连接传送带 1 到传送带 3；

使用 A 连接，首先连接传送带 3 到传送带 4，再连接传送带 3 到传送带 5；

使用 A 连接，首先连接传送带 5 到传送带 6，再连接传送带 5 到传送带 7；

使用 A 连接，连接传送带 2 到货物 A 存储区，连接传送带 4 到货物 B 存储区；

使用 A 连接，连接传送带 6 到货物 C 存储区，连接传送带 8 到货物 D 存储区；

使用 S 连接，两次连接入库暂存区到入库作业员；

使用 S 连接，连接传送带 2 到堆垛机 1，连接传送带 4 到堆垛机 1；

使用 S 连接，连接传送带 6 到堆垛机 2，连接传送带 8 到堆垛机 2。

连接线完成后显示效果如图 3-4 所示。

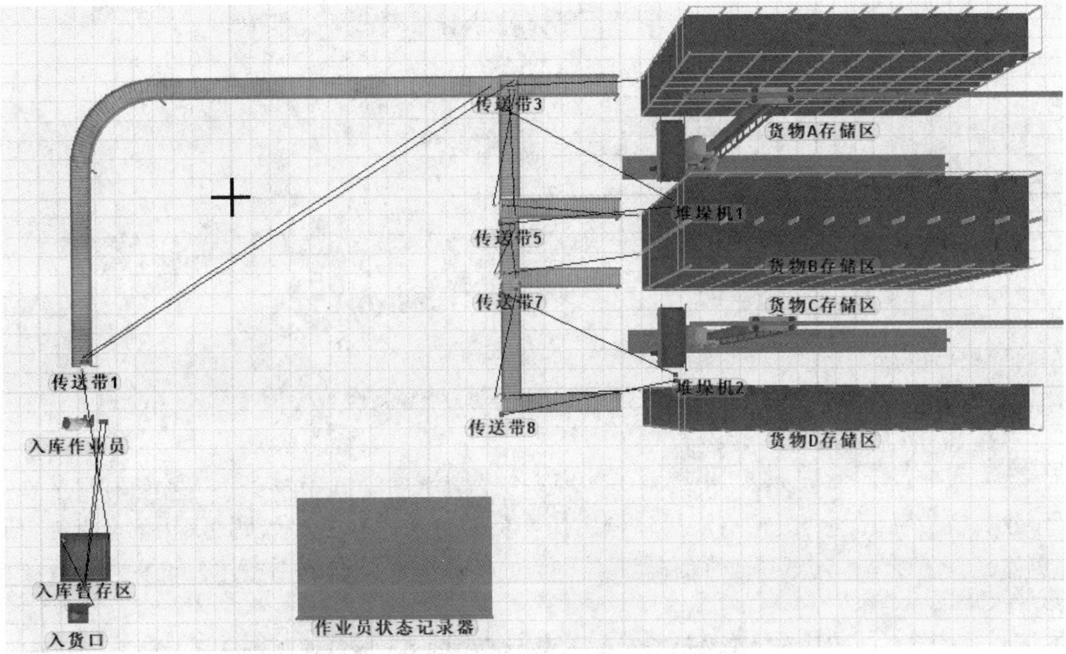

图 3-4　逻辑连线完整效果示意图

3. 第三阶段：参数设置

每个实体都有其特有的图形用户界面(GUI)，通过此界面可将数据与逻辑加入模型中。双击实体可打开叫作参数视窗的 GUI。

步骤 5：入货口参数设置。

双击代表入货口的“发生器”打开它的参数视窗，将“到达方式”设置为“到达时间间隔”，“到达时间间隔”服从“exponential(0，20，0)”的指数分布，设置结果如图 3-5 所示。

点击入货口的“触发器”选项中的“创建触发”的下拉菜单，选择“设置临时实体类型和颜色”，设置结果如图 3-6 所示。

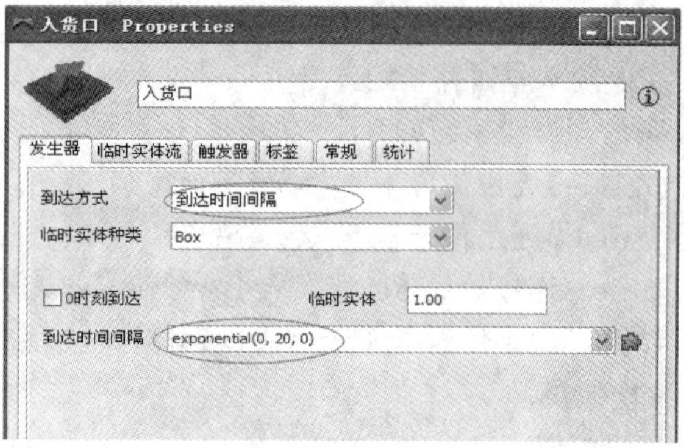

图 3-5　入货口“发生器”选项卡设置示意图

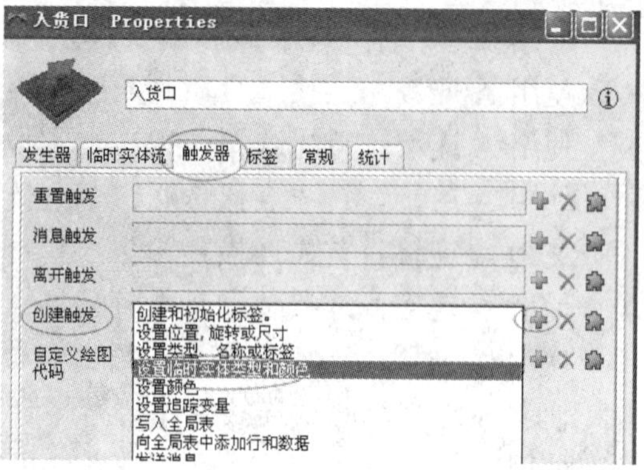

图 3-6　入货口“触发器”设置示意图 1

设置入货口的“触发器”选项，使系统随机产生四种类型货物，服从“duniform(1，4)”分布，设置结果如图 3-7 所示。

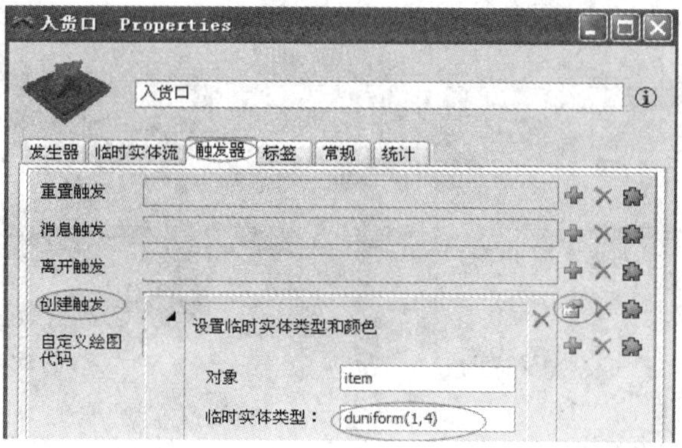

图 3-7　入货口“触发器”设置示意图 2

步骤 6：入库暂存区参数设置。

对入库暂存区进行设置，主要参数按照系统默认设置，在货物到达入库暂存区后，需要作业员将货物搬运到组托点，具体调用操作员的方法是双击“入库暂存区”，点击“临时实体流”选项卡，勾选“使用运输工具”前面的方框，完成调用搬运工设置，设置结果如图 3-8 所示。

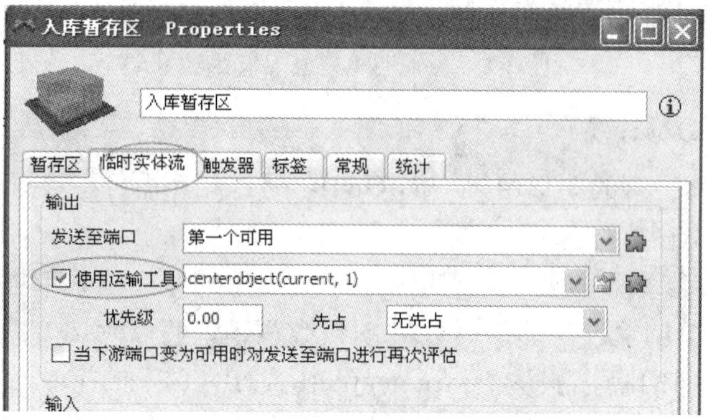

图 3-8　入库暂存区“临时实体流”设置示意图

步骤 7：作业员参数设置。

双击作业员，设置“触发器”选项卡中的“卸载触发”，选择其中的“行进到实体”命令，实现命令操作员每完成一次搬运任务后均回到入库暂存区等待下一次搬运任务的效果，设置结果如图 3-9 所示。

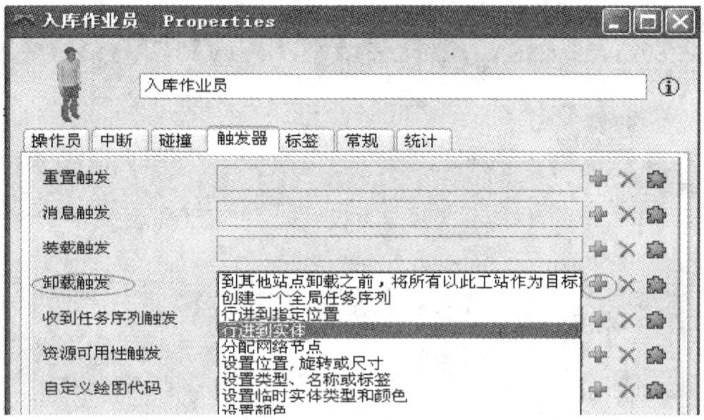

图 3-9　入库作业员“触发器”选项设置示意图

步骤 8：传送带 1 参数设置。

设置传送带 1 的“临时实体流”选项卡中的“发送至端口”选项，使类型为 1 的货物横向运动进入传送带 2，使类型为 2、3、4 的货物向下运动至传送带 3，具体设置方法如图 3-10 和图 3-11 所示。

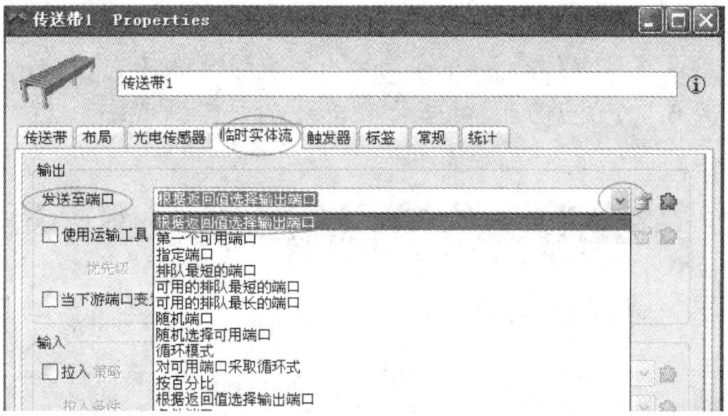

图 3-10　传送带 1“临时实体流”选项设置示意图 1

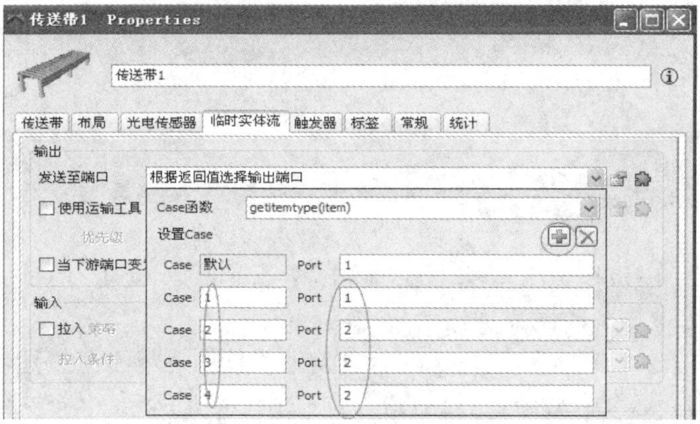

图 3-11　传送带 1“临时实体流”选项设置示意图 2

步骤 9：传送带 3 参数设置。

设置传送带 3 的“临时实体流”选项卡中的“发送至端口”选项，使类型为 2 的货物横向运动进入传送带 4，使类型为 3、4 的货物向下运动至传送带 5，具体设置方法如图 3-12 所示。

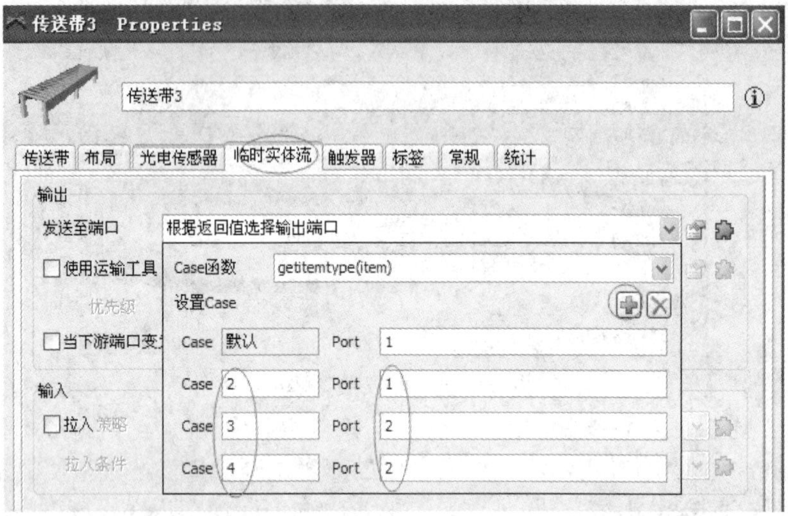

图 3-12　传送带 3“临时实体流”选项设置示意图

步骤 10：传送带 5 参数设置。

设置传送带 5 的“临时实体流”选项卡中的“发送至端口”选项，使类型为 3 的货物横向运动进入传送带 6，使类型为 4 的货物向下运动至传送带 7，具体设置方法如图 3-13 所示。

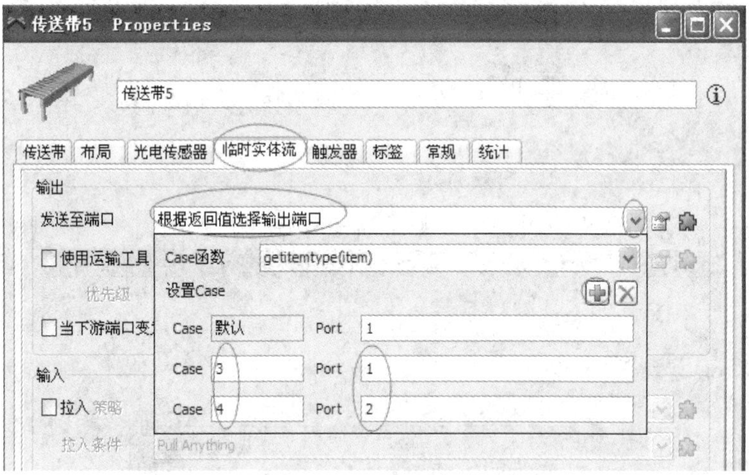

图 3-13　传送带 5“临时实体流”设置示意图

步骤 11：传送带 2 参数设置。

设置传送带 2 的“临时实体流”选项卡，勾选“使用运输工具”选项，调用堆垛机将传送带出口的货物搬运至货架中，具体设置方法如图 3-14 所示。传送带 4、传送带 6、传送带 8 的设置方法与传送带 2 相同。

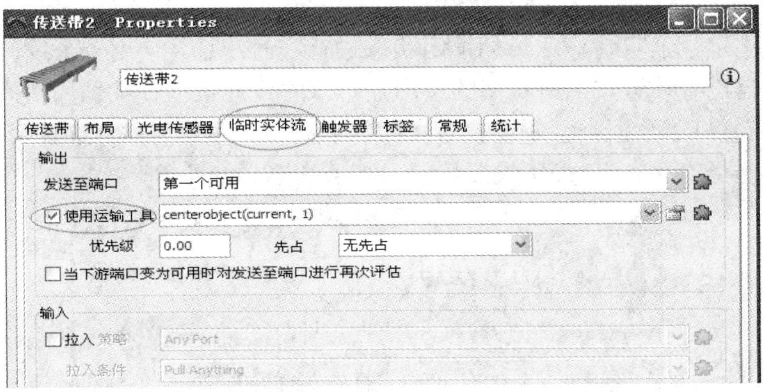

图 3-14　传送带 2“临时实体流”选项设置示意图

步骤 12：货物存储区参数设置。

设置货物 A 存储区的“货架”选项卡，点击“放置到列”后面的下拉菜单，选择“第一个可用列”选项，点击“放置到层”后面的下拉菜单，选择“第一个可用层”选项，其中的“单个货格的最大容量”设置为“1”，如图 3-15 所示。

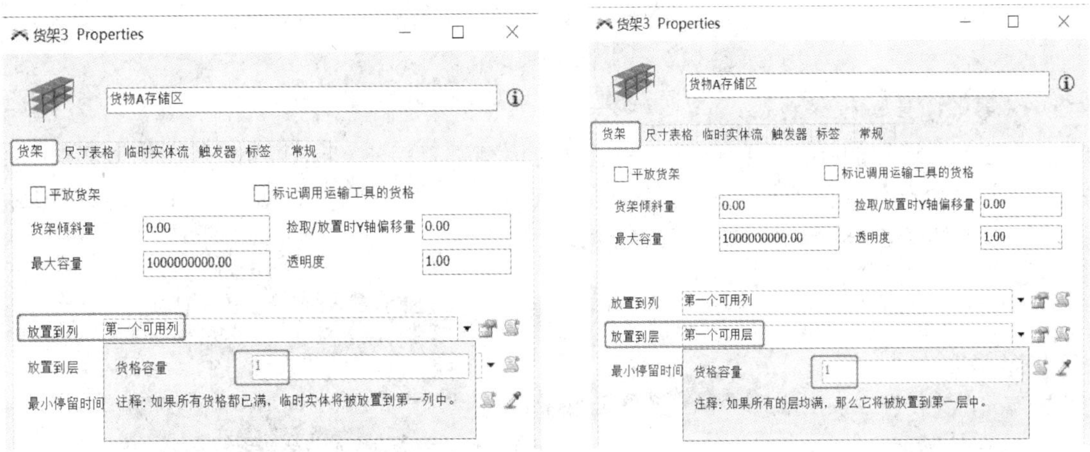

图 3-15　货物 A 存储区参数设置示意图

设置货物 D 存储区的“尺寸表格”选项卡，设置“列宽”为“1.5”，“层高”为“0.8”，然后点击“应用基本设置”完成设置具体设置，如图 3-16 所示。

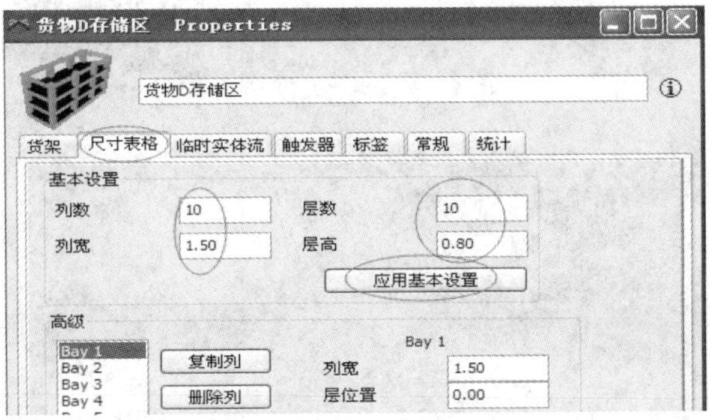

图 3-16　货物 D 存储区“尺寸表格选项”参数设置示意图

步骤 13：作业员状态记录器参数设置。

作业员状态记录器可对作业员的忙闲状态进行实时统计，使用一个统计工具对入库作业员状态记录器进行设置，以饼状图的状态显示入库作业员的作业忙闲状态，双击“作业员状态记录器”，将“数据类型”设置为“标准数据”，“实体名称”选择“入库作业员”，“捕捉数据”选择“状态”，确定设置情况，如所 3-17 示。

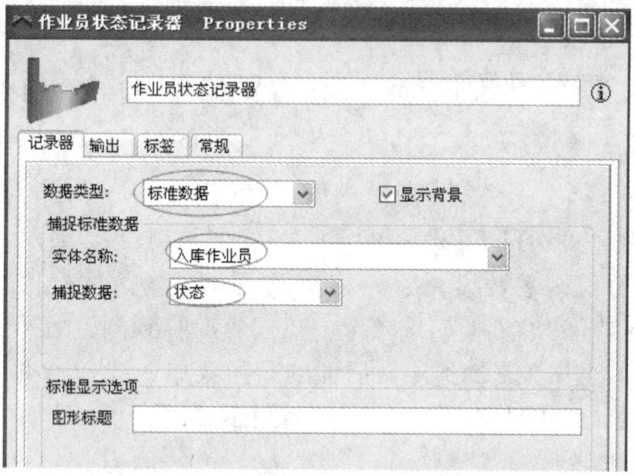

图 3-17　作业员状态记录器设置示意图

4. 第四阶段：模型运行

经过以上过程的模型整体设置，可通过对模型重置后进行运行，操作方法是单击仿真控制栏中的“重置”按钮，对设置好的模型重置后点击“运行”，观看仿真效果。模型仿真最终效果如图 3-18 所示。

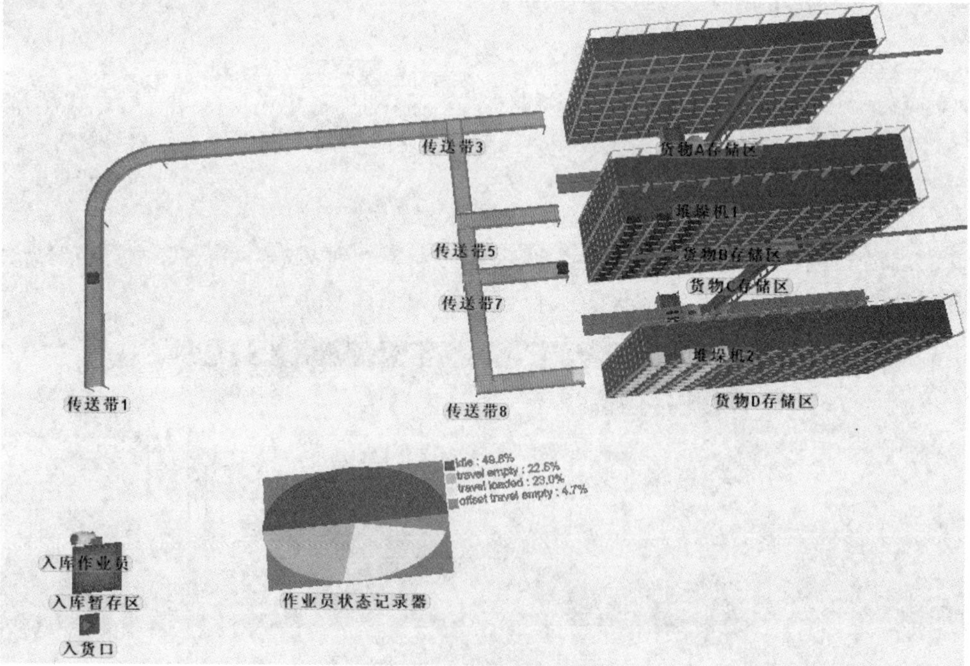

图 3-18　模型运行最终效果图

【任务结果与评价】

任务 3　物流模型模型优化方向

◈ 结果

(1) 分析项目背景，完成实体的合理选择；

(2) 根据流程，完成合理的设施设备布局；

(3) 完成一套可以流畅运行的自动化立体仓库入库物流系统模型；

(4) 根据运行结果分析该物流系统的合理性。

◈ 评价

· 练习任务

基于本任务的实践学习，完成一个六种图书分别送至六个不同的货架进行存储的自动化立体仓库入库模型，学生自主决定布局形式，并结合自己假设的仓库建筑形状进行布局合理性的说明，其他参数设置与任务 3 中的要求相同。

· 成绩评定标准

对练习模型进行成绩评定，主要评定指标如下：

(1) 实体选择正确性，满分 20 分，每错一个实体扣 5 分，扣完为止；

(2) 布局合理性，满分 30 分，根据功能区的相对位置和面积大小赋分；

(3) 模型运行流畅性，满分 30 分，模型运行过程中停顿 1 次扣 5 分，扣完为止；

(4) 系统合理性分析的正确性，满分 20 分，根据瓶颈环节识别的准确性赋分。

项目二　出库作业流程仿真

任务 4　散装货物人工拣选出库流程仿真

【实践目的、要求、准备】

◇ 目的

(1) 了解人工拣选作业系统的基本构成；

(2) 了解人工拣选作业的基本流程；

(3) 能独立安排不同订单的拣选任务分配工作；

(4) 掌握 FlexSim 仿真软件在人工拣选作业系统仿真方面的各类应用方法。

◇ 要求

在实践前认真阅读实践知识链接部分内容，并标记不理解的关键词，通过小组合作的形式进行讨论和交流，完成理论知识的学习。实践学时：建议 4 学时。

【实践知识链接】

◇ 准备

• 任务布置

(1) 教师提前布置。教师提前 1～3 天通知学生进行实践知识链接中的理论内容学习，明确实践目的和要求。

(2) 学生提前准备。学生提前阅读本书，以学习小组的形式学习掌握实践相关理论知识，不理解的内容进行重点标记。

• 任务工具

任务工具包括 FlexSim 仿真软件、电脑、纸笔等。

• 任务分组

由学生自行分组，教师从中调配，3～5 人为一组。

一、拣选作业的含义

拣选作业是指配送中心根据客户提出的订货单或配送计划所规定的商品品名、数量和储位地址，将商品从货垛或货架上取出，搬运到理货场所，以备配货和送货的操作过程。

二、拣选作业的方式

拣选作业一般有四种方式，即订单拣选、批量拣选、整合按订单拣选及复合拣选。

1. 订单拣选

1) 作业原理

订单拣选也称为摘果式拣选，是针对每一份订单，分拣人员按照订单所列商品及数量，将商品从储存区域或分拣区域拣取出来，然后集中在一起的拣货方式。其作业原理如图 4-1 所示。

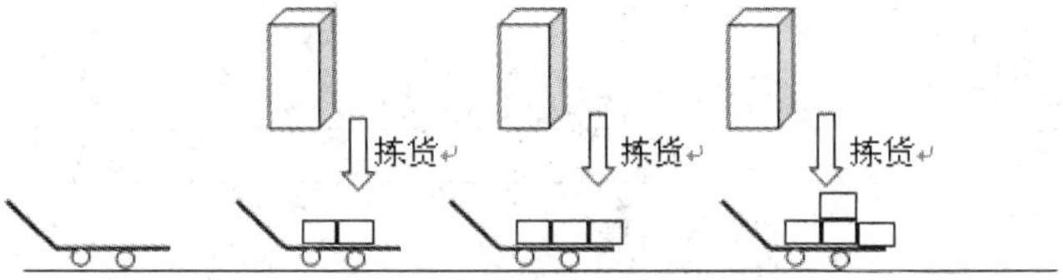

图 4-1　订单拣选作业原理图

2) 特点

(1) 按订单拣选易于实施，而且配货准确度较高，不易出错；

(2) 对各用户的拣选相互没有约束，可以根据用户需求的紧急程度调整配货先后次序；

(3) 拣选完一个货单货物便可以配齐，因此货物可以不用落地暂存，直接装上配送车辆，有利于简化工序，提高作业效率；

(4) 用户数量不受限制，可在较大范围内波动，拣选作业人员数量也可随时调整，作业高峰时可临时增加作业人员，有利于即时配送；

(5) 对机械化、自动化没有严格要求，不受设备水平限制；

(6) 商品品种数多时，拣货行走路线较长，拣取效率降低；拣取区域大时，搬运系统设计困难；少批量、多批次拣取时，会造成拣货路径重复费时，效率降低。

3) 适用范围

订单拣选适用于大批量、少品种订单的处理或是订单大小差异较大、订单数量变化较大和商品差异较大的情况。

2. 批量拣选

1) 作业原理

批量拣选也称为播种式拣选，即将每批订货单上的同种商品累加起来，从储位上取出，集中搬运到理货场，然后将每一客户所需的数量取出，分放到该客户商品暂储待运货位处，直至配货完毕，其作业原理如图 4-2 所示。

2) 特点

批量拣选具有如下特点：

(1) 由于是集中取出共同需要的货物，再按货物的货位分放，这就需要在收到一定数量的订单后进行统计分析，安排好各用户的分货货位之后才能反复进行分货作业，因此这种工艺难度较高，计划性较强，与按单拣选相比错误率较高。

(2) 由于可以同时开始对各个用户所需货物进行配送，因此可以提前规划配送线路，有利于车辆的合理化调配，与按单拣选相比可以更好地发挥规模效益。

(3) 对到来的订单无法作出及时反应，必须等待订单达到一定数量才做一次处理，因此会有停滞时间。只有根据订单到达的状况做等候分析，决定出适当的批量大小，才能将停滞时间减至最少。

(4) 适合订单数量庞大的系统；可以缩短拣取时的行走搬运距离，增加单位时间的拣取量；越要求少批量、多批次的配送，批量拣取就越有效。

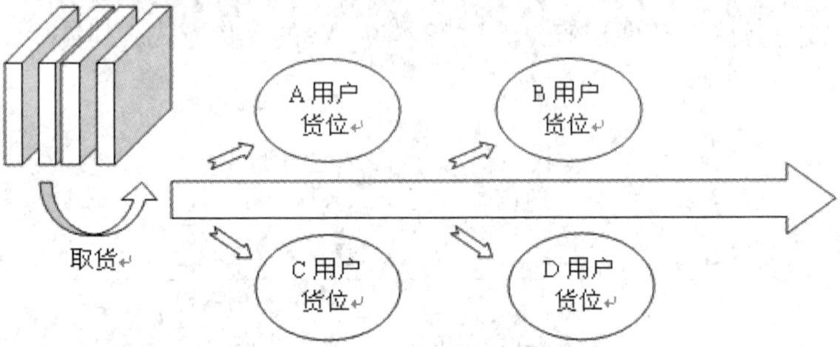

图 4-2　批量拣选的作业原理图

3) 适用范围

批量拣选适合订单变化较小、订单数量稳定的配送中心和外形较规则、固定的商品出货。另外，需进行流通加工的商品也适合批量拣选，然后再进行批量加工和分类配送，这样有利于提高拣选及流通加工效率。

三、整合按订单拣选

为了提高配送效率，将某一地区的订单整合成一张拣选单，做一次分拣后，集中捆包出库，属于按单拣选的一种变通形式。整合按订单拣选主要应用于一天中每一个订单只有一种品项的场合。

四、复合拣选

为了提高拣选效率、降低成本，可根据订单拣选与批量拣选各自的适用范围，有机地将两者混用，即为复合拣选方法。例如当储存区面积较大时，拣选作业中往返行走所需时间占很大比重，此时一人负责一张拣选单的方法就不宜采用。如果适当分工，按商品的储区划分，每一个拣选人员拣选某一区域储区内的商品，如在一层库房、一间仓库或几行货架的空间范围内拣选，既能减少拣选人员的往返次数，又能提升拣选效率。

【任务实施】

一、任务描述

1. 任务背景

中医药文化是中华民族优秀传统文化库中的一枚瑰宝，以连花清瘟为代表的中医药在传染病的治疗中发挥着巨大作用，中西医的结合快速安全地治愈了无数患者。某电商企业线上销售以岭药业股份有限公司、北京同仁堂股份有限公司、东阿阿胶股份有限公司以及云南白药集团股份有限公司等数十家中药企业生产的中药，部分药品的拣选通过一个小型的拣货区执行，客户下达的订单一般会包含多种药品，并且每种商品的数量都不一样，现在有三个客户，每人下达了一个订单，分别订购了四种药品，每个客户订购的每种药品数量都不一致，通过订单汇总，得出三个客户下达的订单具体信息(如表 4-1 所示)，需通知作业员执行此订单的拣选。

表 4-1　客户订单详细列表(单位：盒)

	药品 A	药品 B	药品 C	药品 D
客户 1	1	2	3	4
客户 2	2	3	4	5
客户 3	3	4	5	6

2. 流程和参数要求

该物流公司将客户下达的订单进行处理后按照如图 4-3 所示的拣货作业流程进行拣货和出库作业，并按照客户的不同将拣选完成的药品分别送至不同的出库暂存区。每个客户的订单在拣选时通过托盘来装载，由拣选作业员从不同存储区按照客户订单要求取出不同药品到该客户所属的拣货托盘上，通过叉车将拣选完成的订单送至出库暂存区。

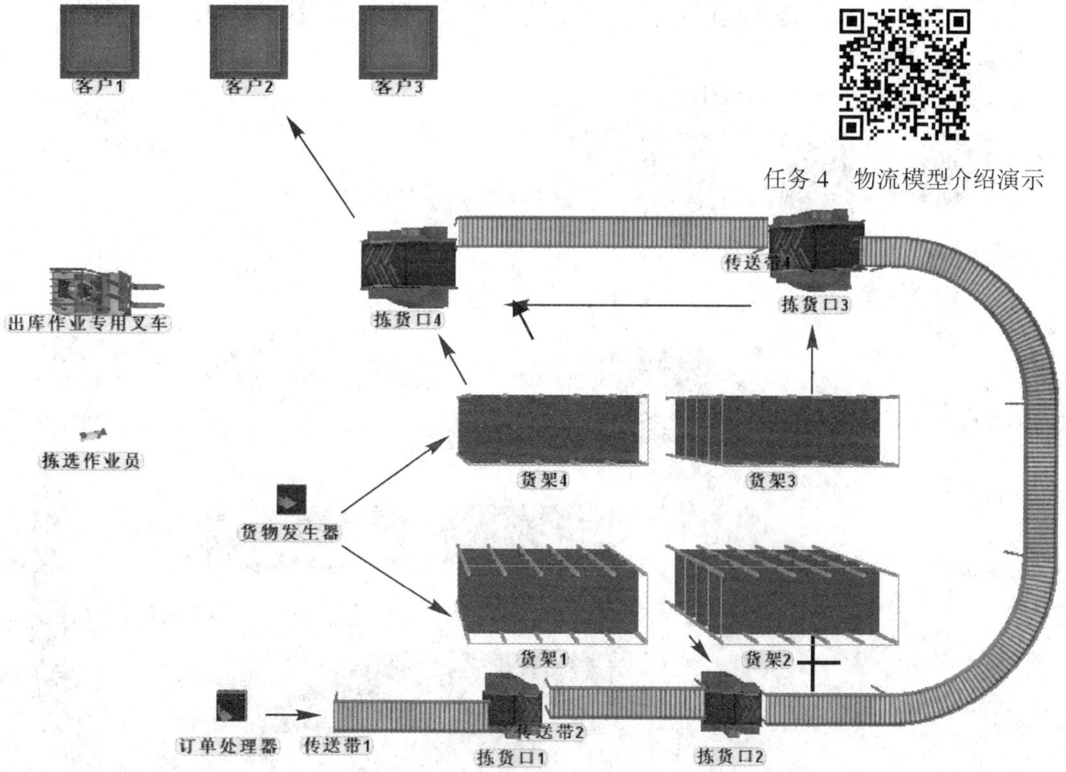

任务 4　物流模型介绍演示

图 4-3　模型布局及流程图

代表仓库入货口的药品发生器产生四种不同类型和颜色的临时实体，代表四种拣选区存储的药品，每种药品补货数量为 36 个，在拣选区缺货时通过药品发生器补货，四种类型药品的类型值分别为 1、2、3、4，系统随机设置四种不同的颜色。类型 1、2、3、4 的临时实体分别被送至四个不同的货架。货架要求 6 行 6 列，可存储 36 个药品，存储时要求从货架的第一行第一列开始存放，货架行高和列宽均设置为 1。

拣货口通过软件中的合成器实现，设置四个拣货口分别用于拣选四种不同药品，完成一次拣货装盘需要的时间是 10 s，每种药品拣取的数量根据客户订单要求生成的全局表设定。

拣货作业员根据每个客户的订单要求从货架中取出相应类型和数量的药品。

订单处理器由软件中的发生器代替，将客户的订单转换为承载药品的托盘，每个客户对应一个托盘，根据客户订单的下达时间和拣选批次产生相应托盘执行拣货作业，第一个客户的订单在第 100 s 时执行，第二个客户的订单在第 500 s 时执行，第三个客户的订单在第 1000 s 时执行，三个客户订单分别设置为类型 1、2、3。

二、任务实施

1. 第一阶段：拖放实体

步骤 1：拖放实体。

从实体库里拖出一个发生器放到模型视图窗，方法是鼠标左键按住实体库中的发生器，拖动放到建模区，具体操作见任务 2 中图 2-2 所示的实体拖放效果图。

步骤 2：拖放其余实体。

把其余的实体拖到模型视图窗中，如图 4-4 所示。

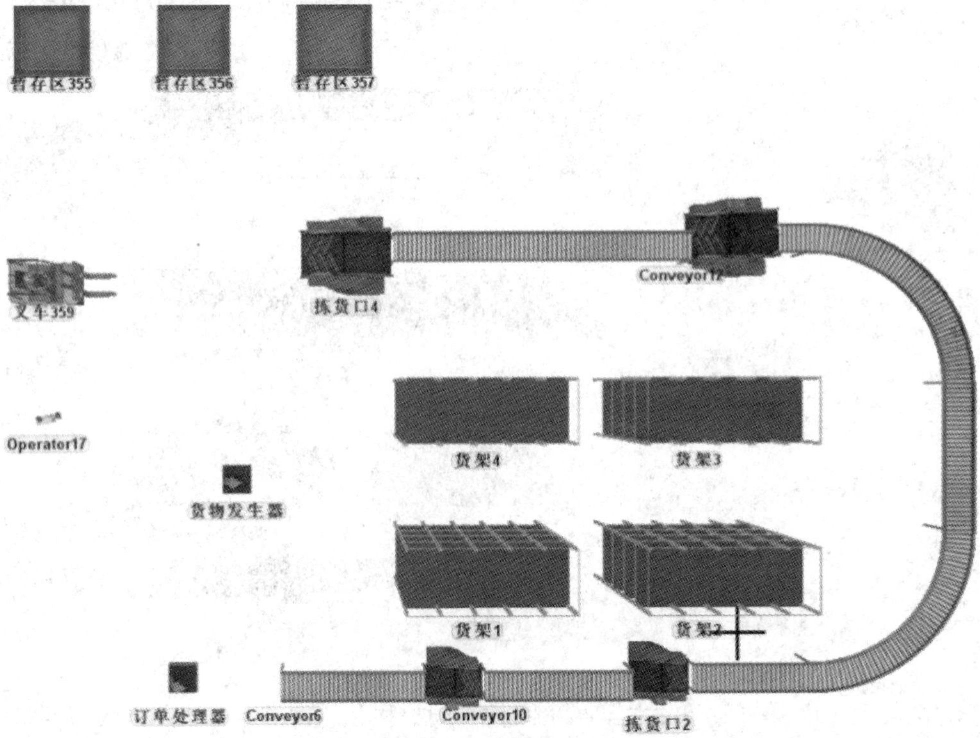

图 4-4　实体拖放完整效果图

步骤 3：实体名称修改。

对每个实体按照实际系统中的功能修改名称，修改完成后如图 4-5 所示。

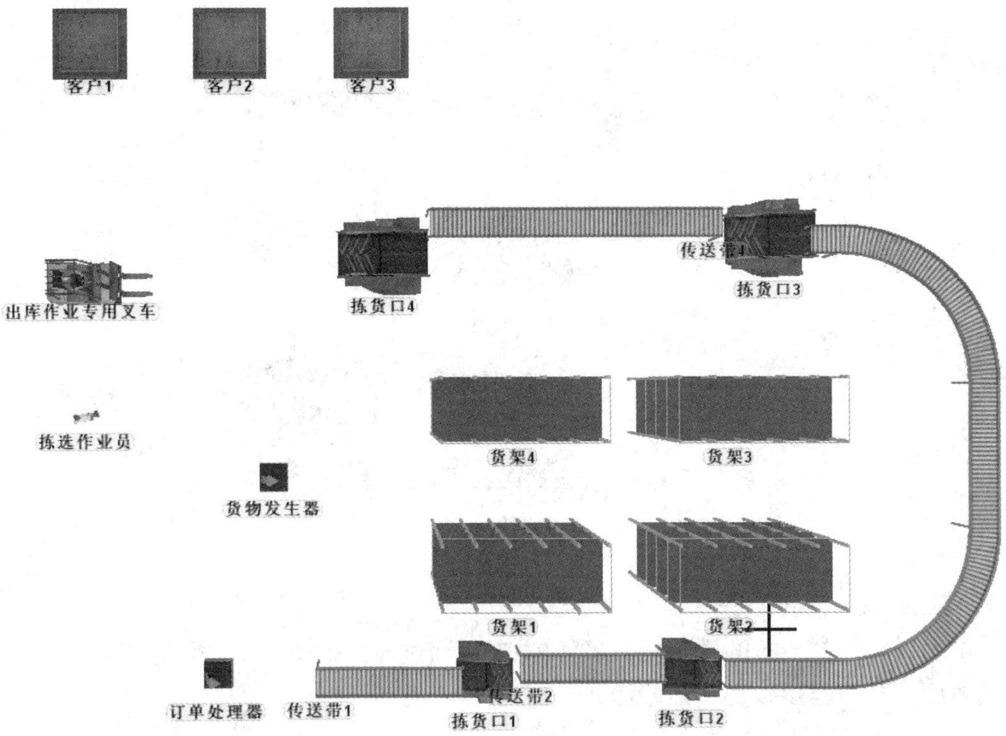

图 4-5　修改名称后的完整效果图

2. 第二阶段：逻辑连线

步骤 4：连接端口。

根据模型的流程要求连接各实体之间的端口，具体连接方法见任务 1 中的步骤 4。

按如下顺序进行逻辑连线：

使用 A 连接，连接订单处理器到传送带 1；

使用 A 连接，连接传送带 1 到拣货口 1，连接拣货口 1 到传送带 2；

使用 A 连接，连接传送带 2 到拣货口 2，连接拣货口 2 到传送带 3；

使用 A 连接，连接传送带 3 到拣货口 3，连接拣货口 3 到传送带 4；

使用 A 连接，连接传送带 4 到拣货口 4；

使用 A 连接，连接拣货口 4 依次分别到客户 1、客户 2、客户 3；

使用 A 连接，连接货物发生器依次分别到货架 1、货架 2、货架 3、货架 4；

使用 A 连接，连接货架 1 到拣货口 1，连接货架 2 到拣货口 2；

使用 A 连接，连接货架 3 到拣货口 3，连接货架 4 到拣货口 4；

使用 S 连接，分别连接货架 1、2、3、4 到拣货作业员；

使用 S 连接，连接拣货口 4 到出库作业专用叉车。

连接线完成后显示效果如图 4-6 所示。

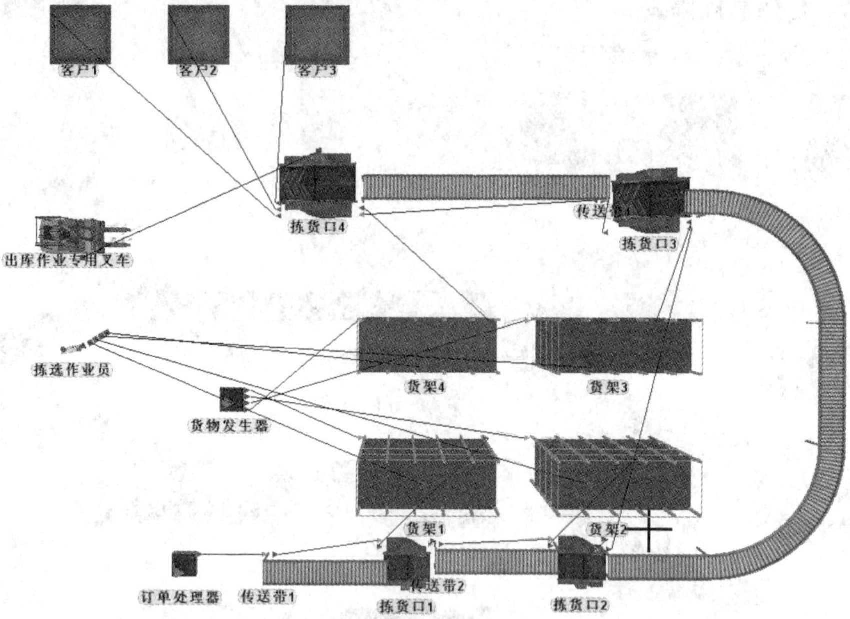

图 4-6 逻辑连线完整效果图

3. 第三阶段：参数设置

每个实体都有其特有的图形用户界面(GUI)，通过此界面可将数据与逻辑加入模型中。双击实体可打开叫作参数视窗的 GUI。

步骤 5：订单处理器参数设置。

双击代表订单处理的发生器打开它的参数视窗，将“到达方式”设置为“到达时间表”，“临时实体种类”设置为“Pallet”，代表托盘，“到达次数”设置为“3”次，并点击“刷新到达”，设置结果如图 4-7 所示。

(a) (b)

图 4-7 “发生器”选项卡设置示意图

在点击“刷新到达”之后参数设置界面出现三行表格，如图 4-8 所示，在表格中填写如下信息，将货物类型(ItemType)按照 1、2、3 的顺序填入表格，在时间表中将时间分别设置为 100、500、1000，分别代表三个客户订单的处理时间，数量(Quantity)均设置为 1，设置结果如图 4-8 所示。

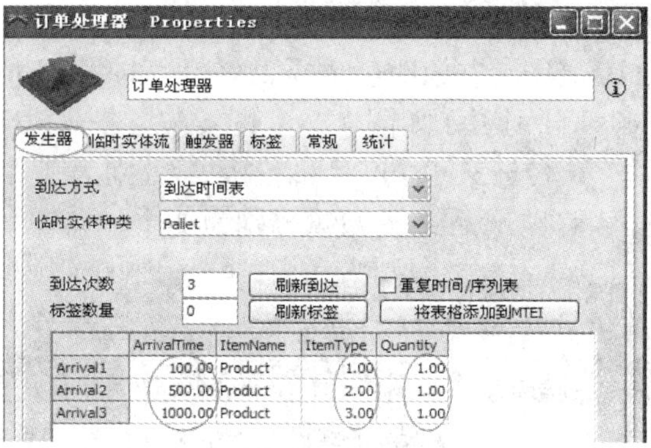

图 4-8 “到达时间表”选项卡设置示意图

步骤 6：传送带 1 参数设置。

对传送带 1 参数进行设置，主要设置其长度，使其符合模型要求，在此模型中将传送带 1 的长度设置为 5，设置结果如图 4-9 所示。传送带 2 的设置方法与传送带 1 相同。

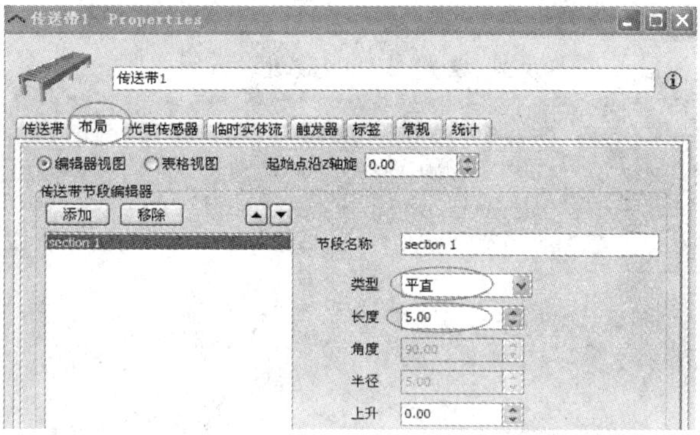

图 4-9 传送带 1“布局”选项卡设置示意图

步骤 7：传送带 3 参数设置。

双击传送带 3，设置“布局”选项卡，将传送带 3 的形状设置为如图 4-10(b)图所示的形状，设置参数如图 4-10(a)图所示。

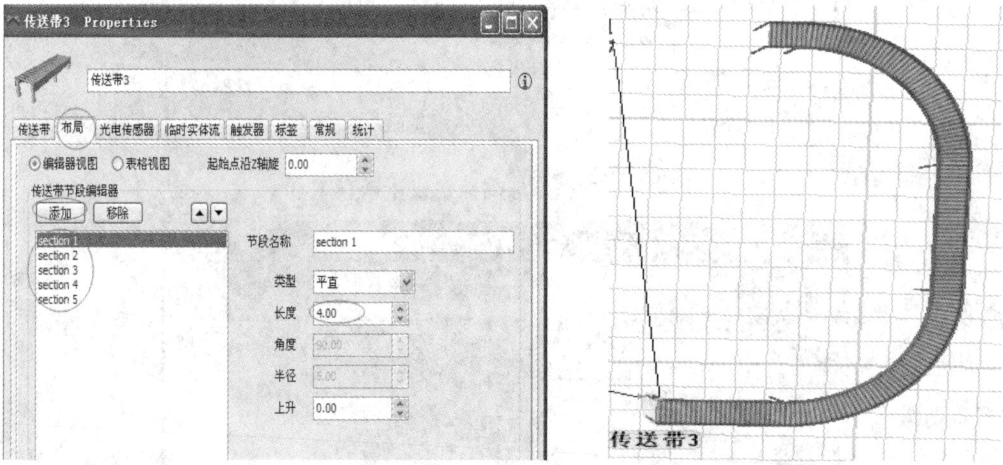

(a) (b)

图 4-10 传送带 3 多段布局设置示意图

步骤 8：全局表建立及参数设置。

通过菜单栏点击“工具”按钮，添加四个全局表，分别命名为 Globaltable1、Globaltable2、Globaltable3、Globaltable4，分别填入如图 4-11、图 4-12、图 4-13、图 4-14 所示的数据。图 4-11 所示数据表示客户 1、2、3 订购产品 A 的数量分别为 1 个、2 个、3 个；图 4-12 所示数据表示客户 1、2、3 订购产品 B 的数量分别为 2 个、3 个、4 个；图 4-13 所示数据表示客户 1、2、3 订购产品 C 的数量分别为 3 个、4 个、5 个；图 4-14 所示数据表示客户 1、2、3 订购产品 D 的数量分别为 4 个、5 个、6 个。

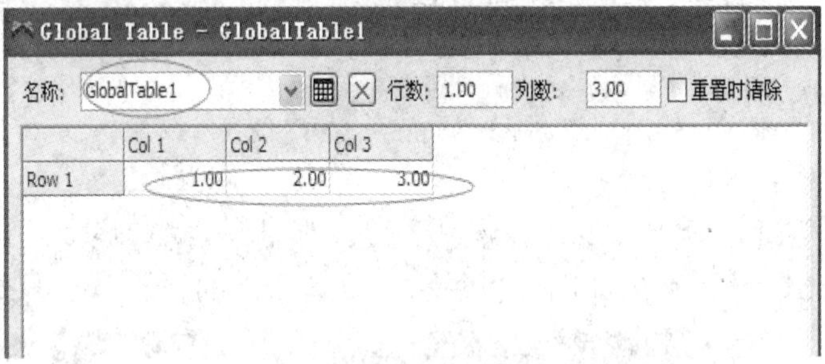

图 4-11　A 产品订购数量设置示意图

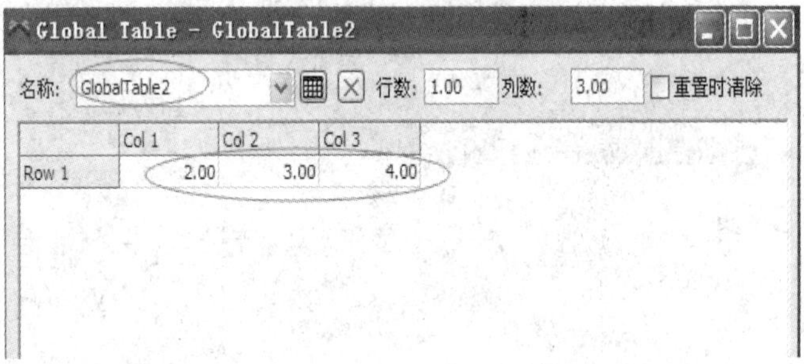

图 4-12　B 产品订购数量设置示意图

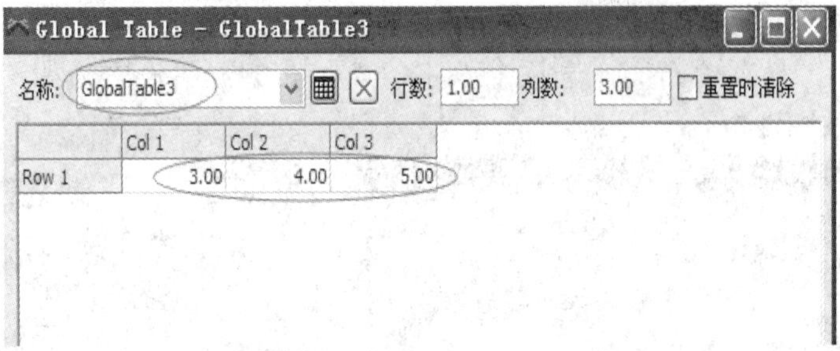

图 4-13　C 产品订购数量设置示意图

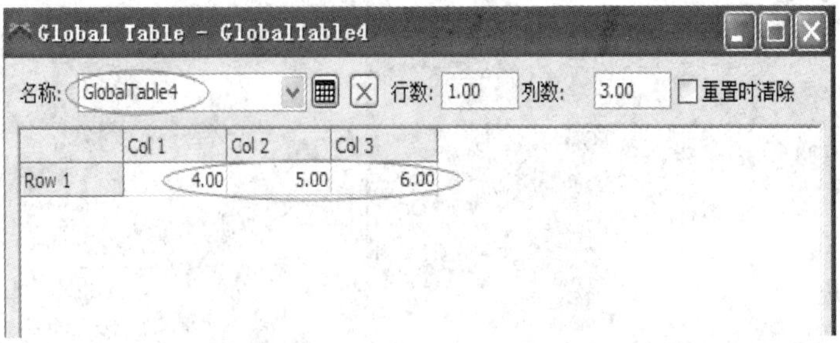

图 4-14　D 产品订购数量设置示意图

步骤 9：拣货口参数设置。

对拣货口 1 参数进行设置，设置拣货口 1“加工时间”选项卡，将“加工时间”设置为“10”，表示每 10 s 完成一次拣选，如图 4-15 所示。拣货口 2、3 的参数设置与拣货口 1 相同。

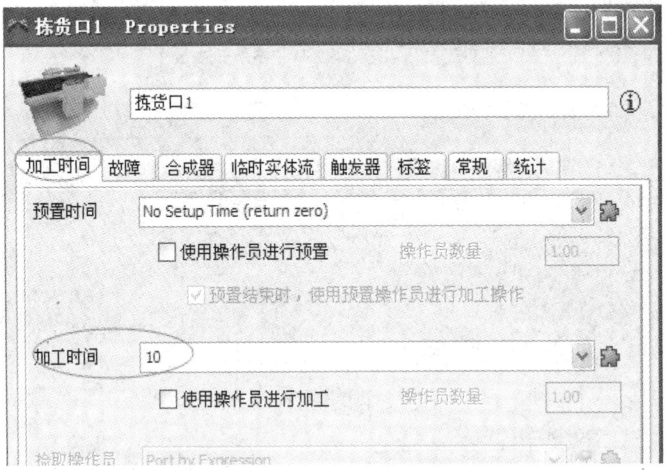

图 4-15　拣货口 1“加工时间”设置示意图

设置拣货口 1 的“触发器”选项，每个拣货口需拣取的货物数量根据相应全局表中的数值确定，设置方法是通过“进入触发”设定，具体设置方法如图 4-16 所示。拣货口 2、3、4 的设置方法与拣货口 1 相同，只是调用的全局表分别是 Globaltable2、Globaltable3、Globaltable4。

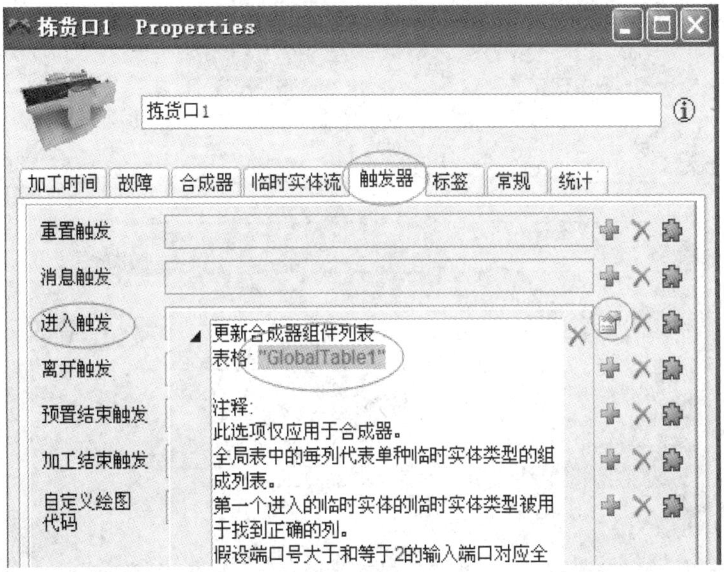

图 4-16　拣货口 1“触发器”选项卡设置示意图

通过拣货口 4 后就完成了订单的拣选，因此应让拣货口 4 调用叉车将完成的订单搬运至对应客户的出库暂存区，同时将不同的订单发至不同暂存区，因此拣货口 4 除与拣货口

1 设置相同外，还需设置“临时实体流”选项卡，具体设置方法如图 4-17 所示。

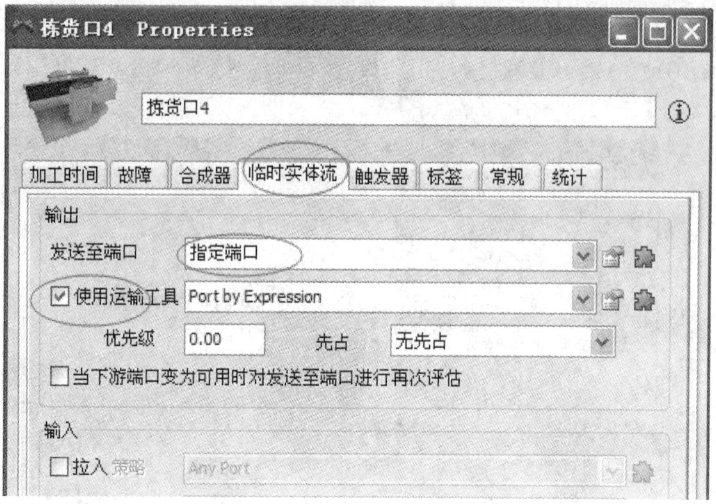

图 4-17　拣货口 4“临时实体流”选项卡设置示意图

步骤 10：货物存储区参数设置。

货物存储区包含了四个货架，分别存储 A、B、C、D 四种货物，对货架 1 进行设置，其他三个货架的设置与货架 1 完全一致。

双击“货架 1”，设置“尺寸表格”区相关数据，“列数”和“层数”分别设置为“6”，“列宽”和“层高”分别设置为“2”和“1”。设置完成后要单击“应用基本设置”进行数据的保存，设置结果如图 4-18 示。

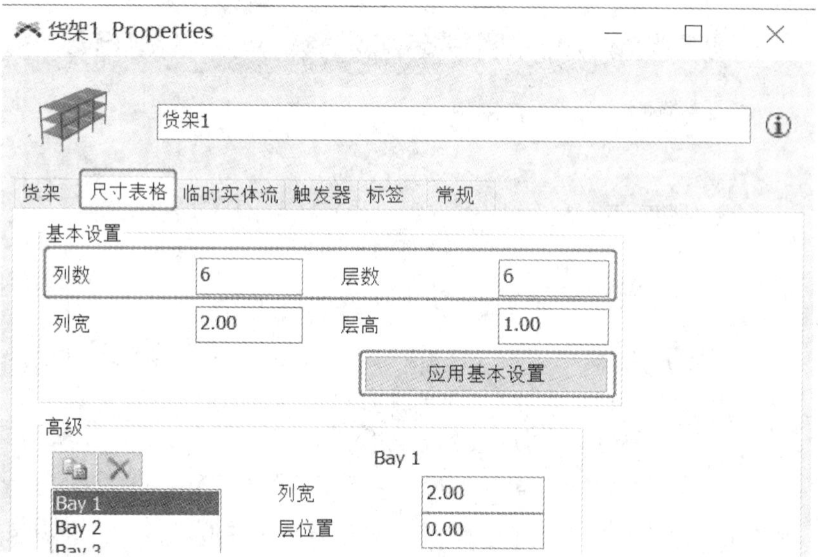

图 4-18　货位数量设置示意图

对货架 1 的“货架”选项卡进行设置，将“放置到列”和“放置到层”分别设置为“第一个可用列”和“第一个可用层”，保证在入库作业时按照货架结构依次摆放商品，单个货格的最大容量设置为 1，如图 4-19 所示。

图 4-19　存储位置设置示意图

4. 第四阶段：模型运行

经过以上过程的模型整体设置，可通过对模型重置后进行运行，操作方法是单击仿真控制栏中的“重置”按钮，对设置好的模型重置后点击“运行”，观看仿真效果。模型仿真最终效果如图 4-20 所示。

任务 4　物流模型优化方向

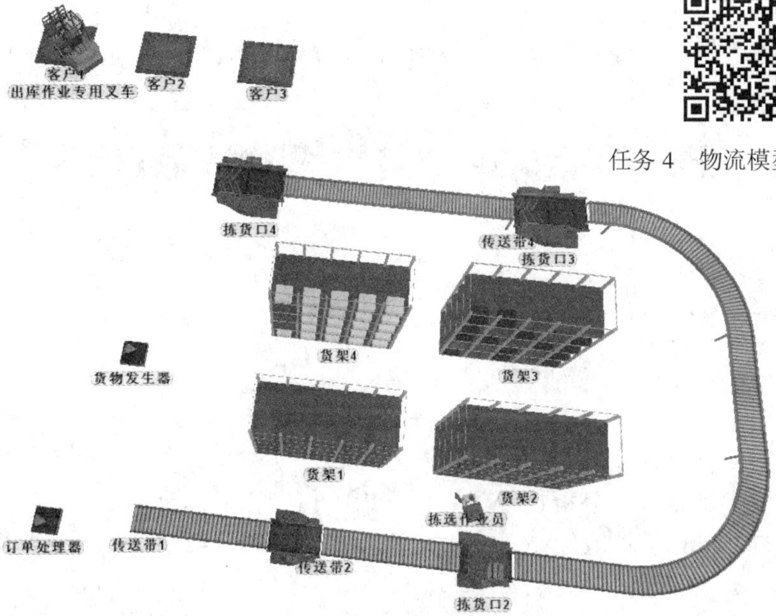

图 4-20　模型运行最终效果图

【任务结果与评价】

◇ 结果

(1) 分析项目背景，完成实体的合理选择；

(2) 根据流程，完成合理的设施设备布局；

(3) 完成一套可以流畅运行的人工拣选出库物流系统模型；

(4) 根据运行结果分析该物流系统的合理性。

◇ 评价

• 练习任务

基于本任务的实践学习，根据表 4-2 完成一个拣选模型，学生自主决定布局形式，并进行布局合理性的阐述，其他参数设置与任务 4 中的要求相同。

表 4-2　客户订单详细列表(单位：盒)

	药品 A	药品 B	药品 C	药品 D	药品 E	药品 F
客户 1	3	4	1	2	2	4
客户 2	2	1	3	4	2	4
客户 3	1	2	3	4	3	1
客户 4	4	3	2	1	3	1

• 成绩评定标准

对练习模型进行成绩评定，主要评定指标如下：

(1) 实体选择正确性，满分 20 分，每错一个实体扣 5 分，扣完为止；

(2) 布局合理性，满分 30 分，根据功能区的相对位置和面积大小赋分；

(3) 模型运行流畅性，满分 30 分，模型运行过程中停顿 1 次扣 5 分，扣完为止；

(4) 系统合理性分析的正确性，满分 20 分，根据瓶颈环节识别的准确性赋分。

任务 5　自动化立体仓库出库流程仿真

【实践目的、要求、准备】

◇ 目的

(1) 了解自动化立体仓库出库作业系统的基本构成；

(2) 了解自动化立体仓库出库作业的基本流程；

(3) 培养学生具备独立分析自动化立体仓库的出库作业能力；

(4) 掌握 FlexSim 仿真软件在自动化立体仓库出库作业系统仿真方面的应用方法。

◇ 要求

在实践前认真阅读实践知识链接部分内容，并标记不理解的关键词，通过小组合作的形式进行讨论和交流，完成理论知识的学习。实践学时：建议 4 学时。

◇ 准备

• 任务布置

(1) 教师提前布置。教师提前 1～3 天通知学生进行实践知识链接中的理论内容学习，明确实践目的和要求。

(2) 学生提前准备。学生提前阅读本书，以学习小组的形式学习掌握实践相关理论知识，不理解的内容进行重点标记。

· 任务工具

任务工具包括 FlexSim 仿真软件、电脑、纸笔等。

· 任务分组

由学生自行分组，教师从中调配，3～5 人为一组。

【实践知识链接】

一、自动化立体仓库分拣系统

自动化立体仓库分拣系统常用的分拣方式可分为两大类，分别是自动分拣机分拣和机器人分拣。

1. 自动分拣机分拣

自动分拣机是药品配送中心常用的一种自动化分拣设备，这种分拣机有两排倾斜的放置盒状货物的货架，货架上的货物由人工按品种和规格分列堆码，货架的下方是皮带输送机。根据集货容器上条码的扫描信息控制货架上每列货物的投放，投放的货物落在皮带上后，再由皮带输送进入集货容器。

2. 机器人分拣

机器人分拣主要靠有机械臂的可自动导航和移动的机器人从货架上抓取货物并完成分拣任务，货架上货物的放置规则与自动分拣机分拣方式相同。与自动分拣机分拣相比，由于机器人可在一个作业空间内自由移动，因此机器人分拣具有更高的柔性。

二、自动化立体仓库出库原则及要求

自动化立体仓库出库原则及要求主要包括以下几点。

(1) 只有符合财务制度要求的有法律效应的出库单据才能出库。坚决抵制和杜绝凭信誉出库和特权人物的任意出库行为。

(2) 出库凭证有涂改、复制、模拟，收货单位与提货人不一致，各种印鉴不合规定，超过提货有效期、重复打印出库等情况时，库管员要及时联系货主并查询单据的合法性，保护货主和公司的财产不受侵犯。

(3) 先备货后复核再发货。通过备货和复核，业务人员可以预先了解是否缺货、是否有质量问题、是否可以调货，并提前解决问题或打印退货单，提升客户满意度。

(4) 严格遵守先进先出原则。有批号要求的货物严格按批号顺序发货；没有批号要求的货物，按先进先出原则发货。出库时还需要做到保管条件差的先出、包装简易的先出、容易变质的先出、有保管期限的先出、可循环回收的先出。

(5) 对于接近有效期产品、变质产品、没有使用价值的产品，在没有特殊批准的情况下，坚决不能出库。

(6) 为了处理销售和出口等紧急情况，仓储部最高领导可以在职权范围内特事特办，先调货发货，后补手续，但库管员未经授权不能自行进行特殊调货和发货操作。

(7) 当货物未入库验收或未办理入库手续时，原则上不得发货。

(8) 如果将出库凭证遗失，客户应及时联系仓库财务部门挂失，将原凭证作废，延缓发货；如果挂失前货物已经被冒领，保管员不承担责任。

【任务实施】

一、任务描述

任务 5　物流模型介绍演示

1. 任务背景

在任务 3 中提到的图书分销企业的自动化立体仓库，完成四种图书的入库任务一周后，WMS 系统接到销售部门发来的客户订单，需要执行四种图书的出库作业，出库后按照图书类型在不同的暂存区等待装车。该模型将任务 3 的四个货架简化为了三个货架。

2. 流程和参数要求

该企业将库存中的三种货物执行出库作业的流程如图 5-1 中的箭头所示，将三种货物 A、B、C 按照客户或生产现场需求执行出库作业，由堆垛机将货物从货架上取出搬运至传送带，通过传送带送至自动化立体仓库出库口，由出库作业员将不同的货物分别送至不同的出库暂存区。

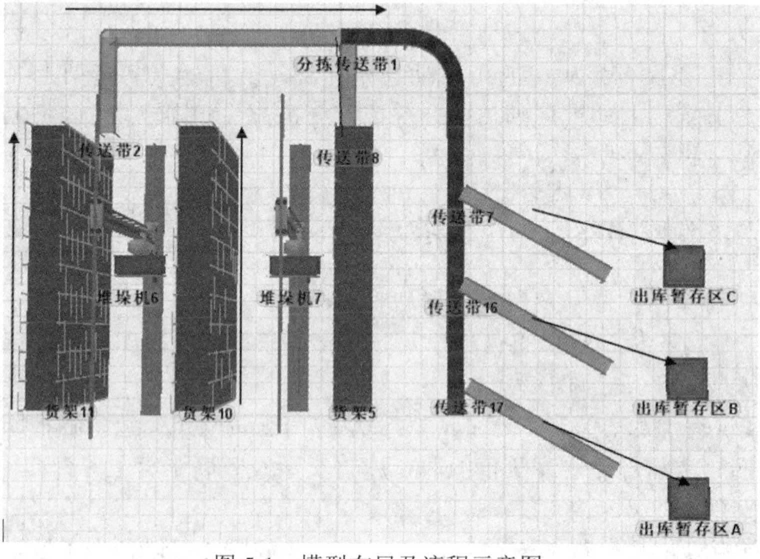

图 5-1　模型布局及流程示意图

(1) 货物发生器产生三种不同类型和颜色的临时实体，代表三种货物，同时到达仓库，为后续出库作业提供货物支持，类型值分别为 1、2、3，系统随机设置三种不同颜色；

(2) 类型 1、2、3 的临时实体被分别送至不同的出库暂存区，由作业员执行出库作业；

(3) 货架要求 10 行 10 列，可存储 100 个货物，存储时要求从货架的第一行第一列开始存放，货架行高和列宽分别为 0.8 和 1.5；

(4) 三种货物统一经分拣传送带 1 送达出库口，要求货物 A 进入出库暂存区 A，货物 B 进入出库暂存区 B，货物 C 进入出库暂存区 C；

(5) 添加一个统计工具，实时统计作业员的工作忙闲率。

二、任务实施

1. 第一阶段：拖放实体

步骤 1：拖放实体。

从实体库里拖出一个发生器放到模型视图窗，方法是鼠标左键按住实体库中的发生器，拖动放到建模区，具体操作见任务 2 中图 2-2 所示的实体拖放效果图。

步骤 2：拖放其余实体。

把其余的实体拖到模型视图窗中，如图 5-2 所示。

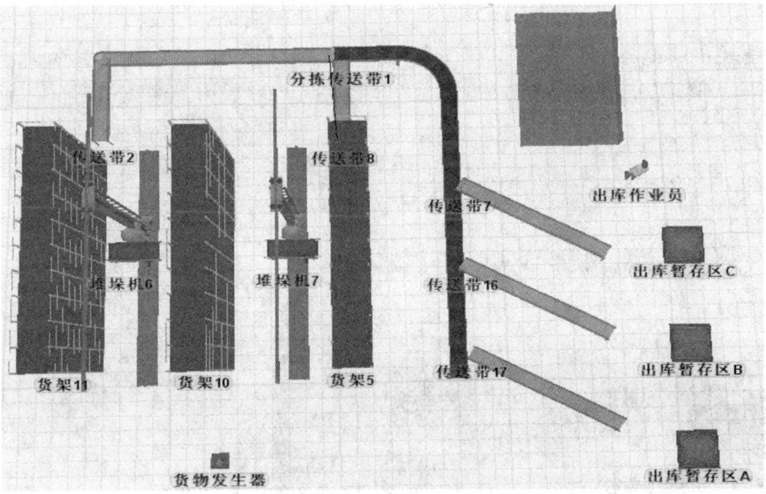

图 5-2　实体拖放完整效果示意图

步骤 3：实体名称修改及布局。

对每个实体按照实际系统中的功能修改名称，修改完成后如图 5-3 所示。

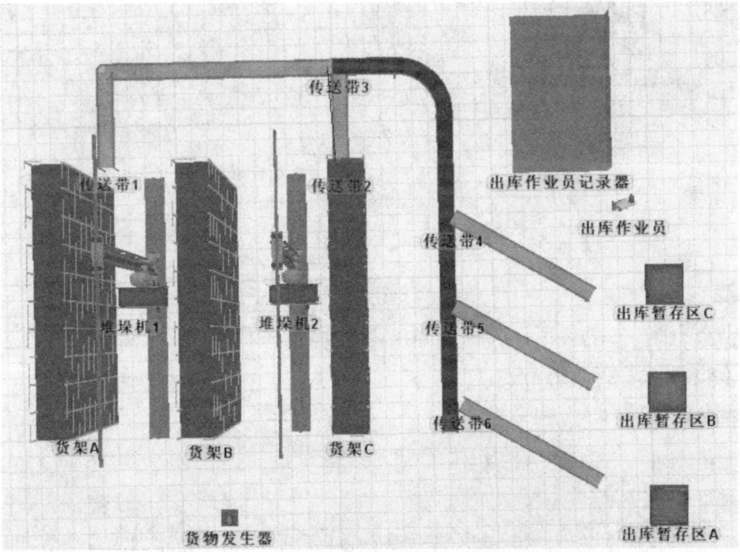

图 5-3　修改名称后完整效果示意图

2. 第二阶段：逻辑连线

步骤 4：连接端口。

根据模型的流程要求连接各实体之间的端口。具体连接方法见任务 1 中的步骤 4。

按如下顺序进行逻辑连线：

使用 A 连接，连接货物发生器分别到货架 A、货架 B 和货架 C；

使用 A 连接，分别连接货架 A、货架 B 到传送带 1，连接货架 C 到传送带 2；

使用 A 连接，连接传送带 1 到传送带 3，连接传送带 2 到传送带 3；

使用 A 连接，按顺序分别连接传送带 3 到传送带 4、传送带 5 和传送带 6；

使用 A 连接，连接传送带 4 到出库暂存区 C，连接传送带 5 到出库暂存区 B，连接传送带 6 到出库暂存区 A；

使用 S 连接，连接货架 A 到堆垛机 1，连接货架 B 到堆垛机 1，连接货架 C 到堆垛机 2，分别连接传送带 4、5、6 到出库作业员。

连接线完成后显示效果如图 5-4 所示。

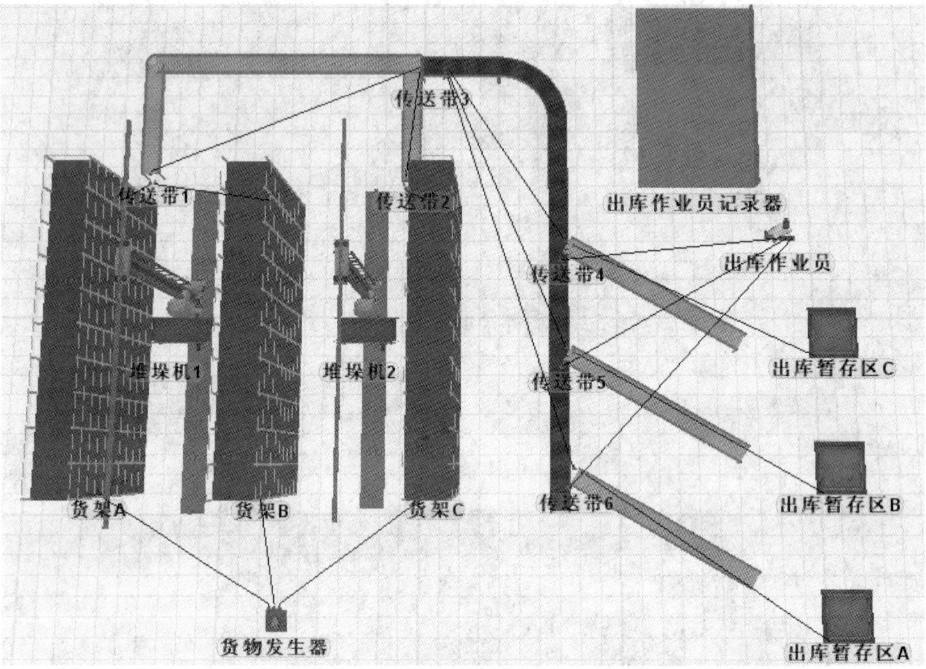

图 5-4　逻辑连线完整效果示意图

3. 第三阶段：参数设置

每个实体都有其特有的图形用户界面(GUI)，通过此界面可将数据与逻辑加入模型中。双击实体可打开叫作参数视窗的 GUI。

步骤 5：货物发生器参数设置。

双击代表入货口的货物发生器打开它的参数视窗，将“到达方式”设置为“到达序列”，设置结果如图 5-5 所示。

设置货物发生器瞬间产生三种货物类型，每种类型货物各 100 个，“将到达次数”设置为“3”，点击“刷新到达”按钮，更改表格中的“ItemType”和“Quantity”选项，如图

5-6 所示。

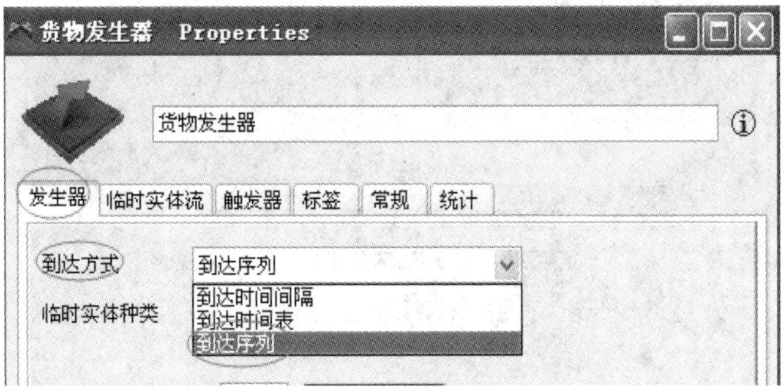

图 5-5　“发生器”选项卡设置示意图

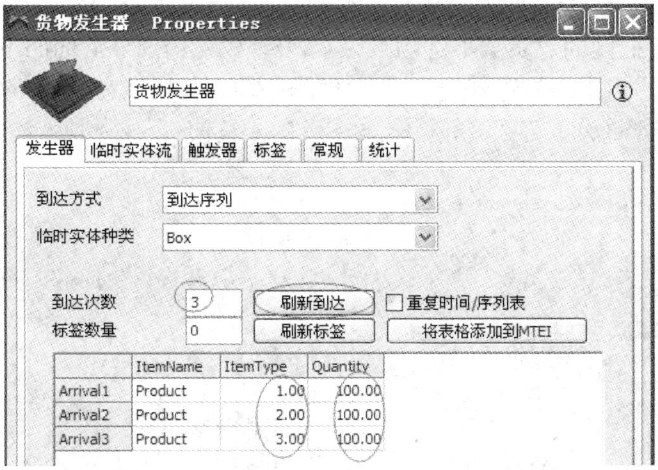

图 5-6　到达时间表设置示意图

设置货物发生器的“触发器”选项，使系统为随机产生的三种货物设定三种颜色，点击“离开触发”按钮中的“设置颜色”选项，设置结果如图 5-7 所示。

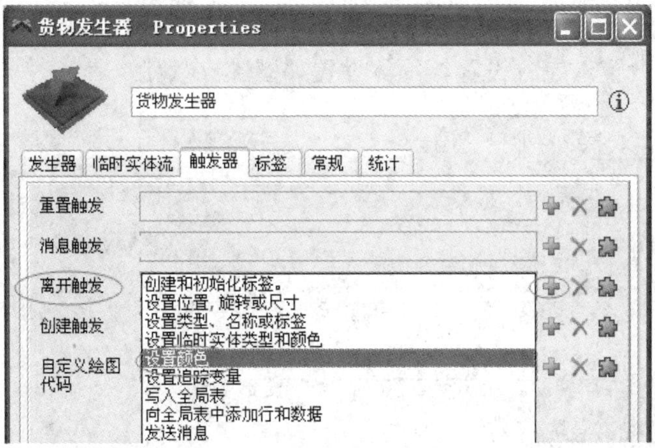

图 5-7　“触发器”设置示意图

设置货物发生器的“临时实体流”选项，使系统随机产生的三种货物类型分别发送到三个不同的货架进行存储，点击“发送至端口”的“指定端口”命令，设置结果如图 5-8 所示。

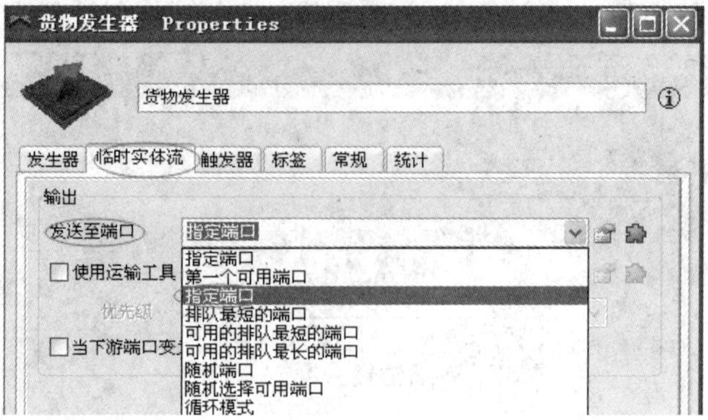

图 5-8　发送至端口设置示意图

步骤 6：货架 A 参数设置。

设置货物 A 存储区的“货架”选项卡 9 点击“放置到列”后面的下拉菜单，选择“第一个可用列”选项，点击“放置到层”后面的下拉菜单，选择“第一个可用层”选项，其中的单个货格的最大容量设置为“1”，如图 5-9 所示。货架 B、C 的设置方法与货架 A 相同。

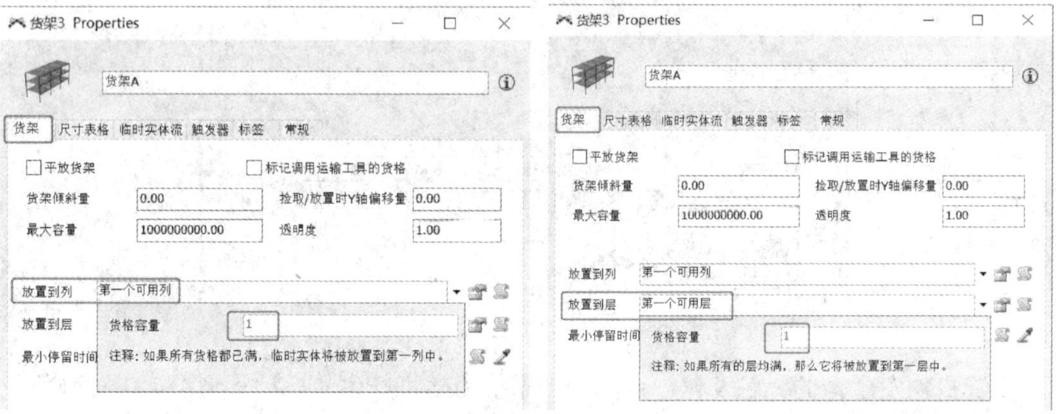

图 5-9　货物存储位置设置示意图

设置货架 A 的“尺寸表格”选项卡，设置“列宽”为“1.50”，“层高”为“0.80”，然后点击“应用基本设置”完成设置。具体设置如图 5-10 所示。

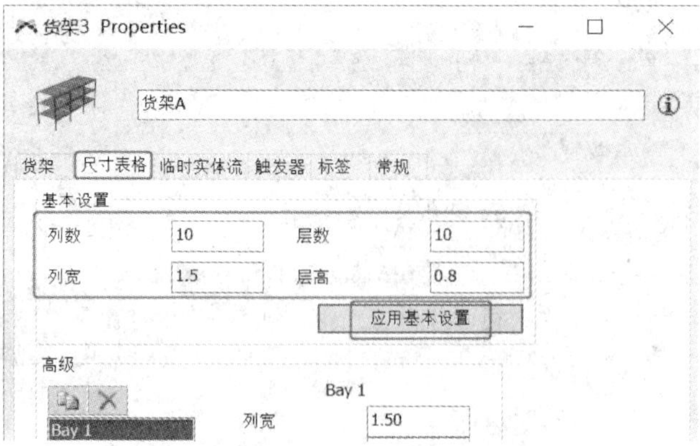

图 5-10　货架尺寸设置示意图

设置货架 A 的“临时实体流”选项卡，以便当需要执行出库作业时调用堆垛机执行出库作业，具体设置如图 5-11 所示。

图 5-11　使用运输工具设置示意图

步骤 7：传送带 1 参数设置。

设置传送带 1 的布局选项卡，通过图 5-12(a)中的“添加”命令及“类型”“长度”“角度”“半径”等选项，将传送带 1 设置为如图 5-12(b)所示的形状。

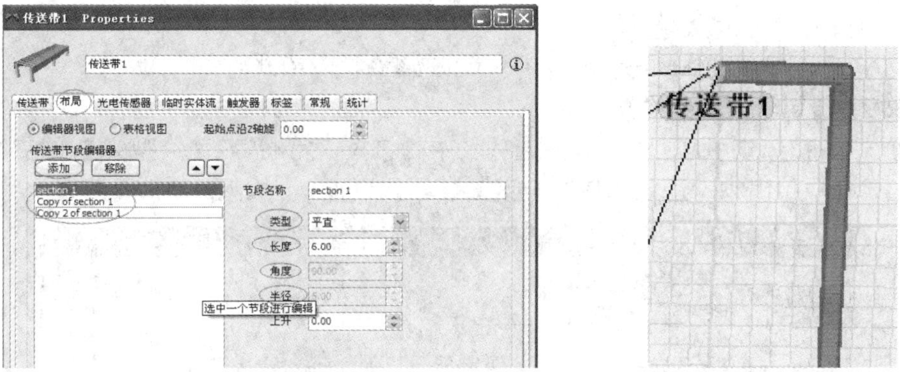

(a)　　　　　　　　　　　　　　　　(b)

图 5-12　传送带布局设置示意图

设置传送带 1 的“临时实体流”选项卡中的“拉入策略”，使货架 A 的货物和货架 B 的货物依次交替出库，通过堆垛机送至传送带 1，具体设置方法如图 5-13 所示。

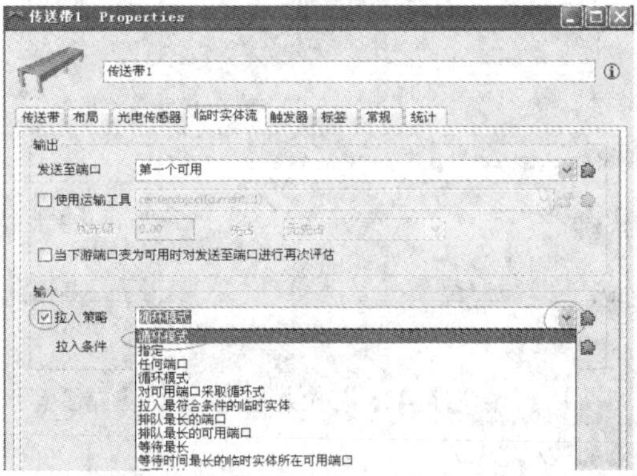

图 5-13　“拉入策略”设置示意图

步骤 8：分拣传送带 3 参数设置。

设置分拣传送带 3 的“临时实体流”选项卡，设置 Output 中的 ExitPoint 值，分别表示三种类型货物从分拣传送带分拨下来的位置，具体设置方法如图 5-14 所示。

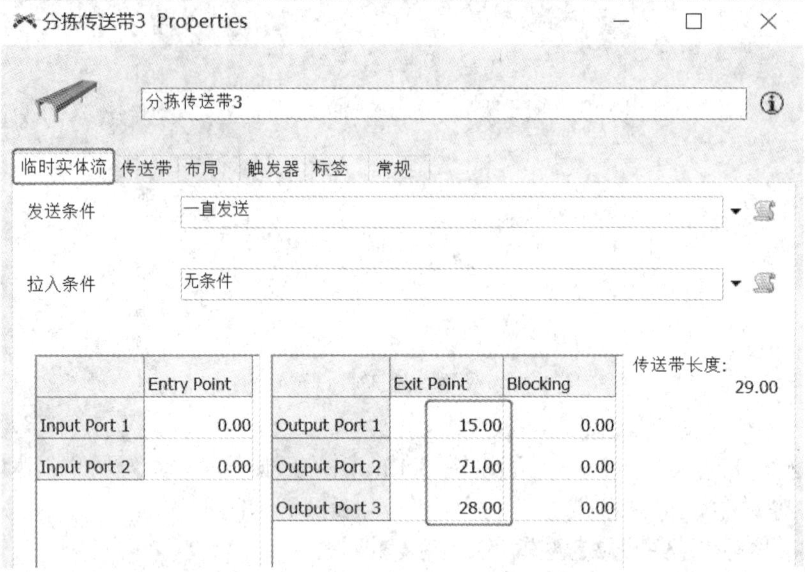

图 5-14　分拣传送带 3 参数设置示意图

步骤 9：传送带 4 参数设置。

设置传送带 4 的“临时实体流”选项卡中的“拉入策略”，使类型为 3 的货物从传送带 4 的入口处分拨出来，进入出库暂存区 C。具体设置方法如图 5-15 所示。

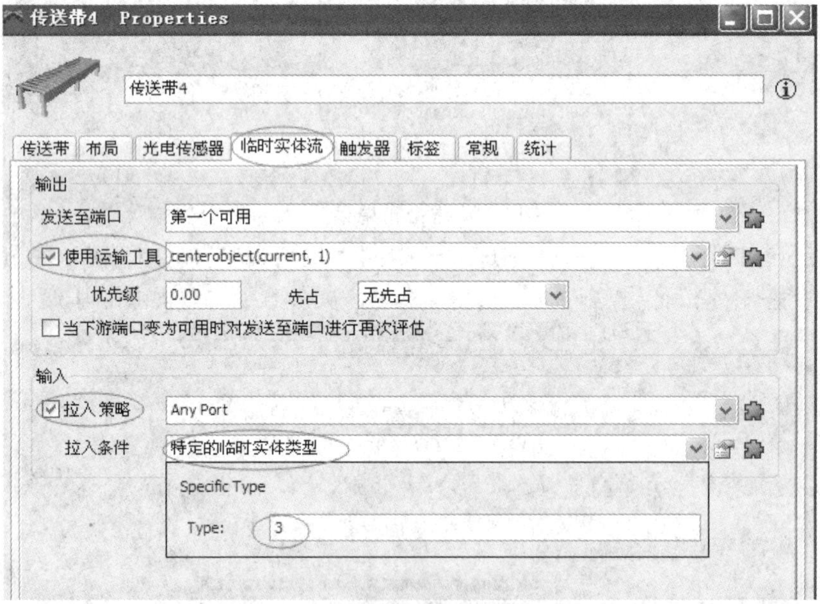

图 5-15　传送带 4 下游拉入实体类型设置示意图

步骤 10：传送带 5 参数设置。

设置传送带 5 的“临时实体流”选项卡中的“拉入策略”，使类型为 2 的货物从传送带5的入口处分拨出来，进入出库暂存区B。具体设置方法如图5-16所示。

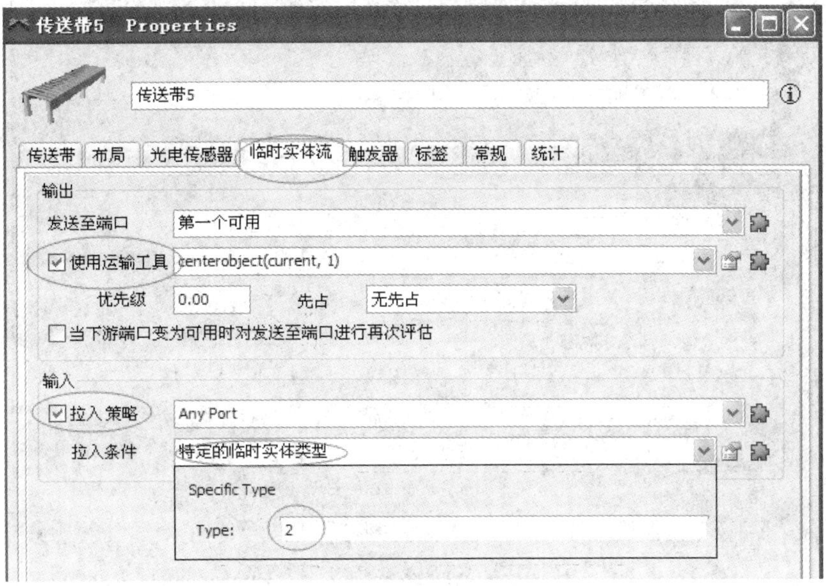

图5-16　传送带5下游拉入实体类型设置示意图

步骤11：传送带6参数设置。

设置传送带6的“临时实体流”选项卡中的“拉入策略”，使类型为1的货物从传送带6的入口处分拨出来，进入出库暂存区A。具体设置方法如图5-17所示。

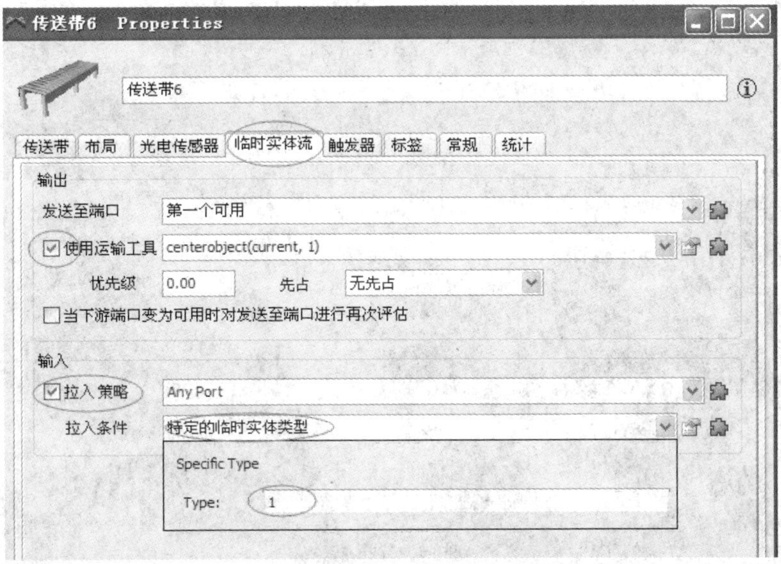

图5-17　传送带6下游拉入实体类型设置示意图

步骤12：作业员状态记录器参数设置。

作业员状态记录器可对作业员的忙闲状态进行实时统计，使用一个统计工具对出库作业员状态显示器进行设置，以饼状图的状态显示出库作业员的作业忙闲状态，双击“作业员状态记录器”按钮，将“数据类型”设置为“标准数据”，“实体名称”选择“出库作业员”，“捕捉数据”选择“状态”，确定设置情况，如图5-18所示。

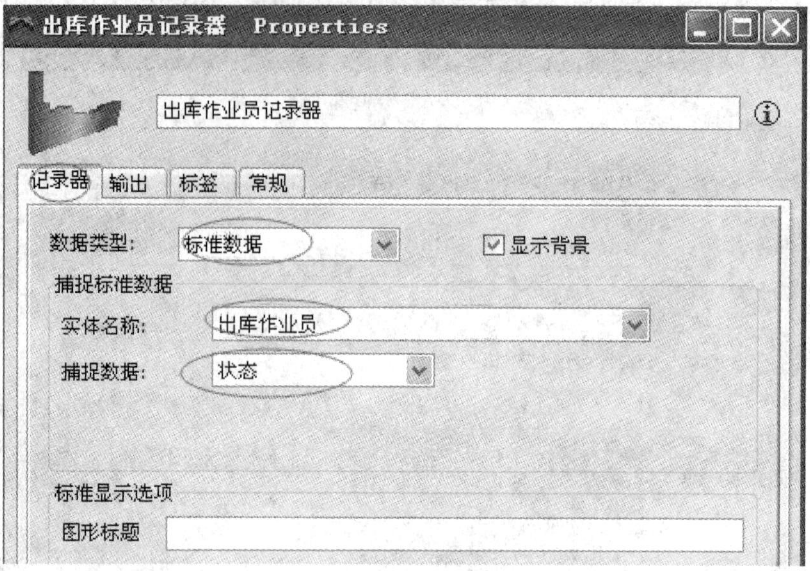

图 5-18　作业员状态记录器设置示意图

4. 第四阶段：模型运行

经过以上过程的模型整体设置，可通过对模型重置后进行运行，操作方法是单击仿真控制栏中的“重置”按钮，对设置好的模型重置后点击“运行”，观看仿真效果。模型仿真最终效果如图 5-19 所示。

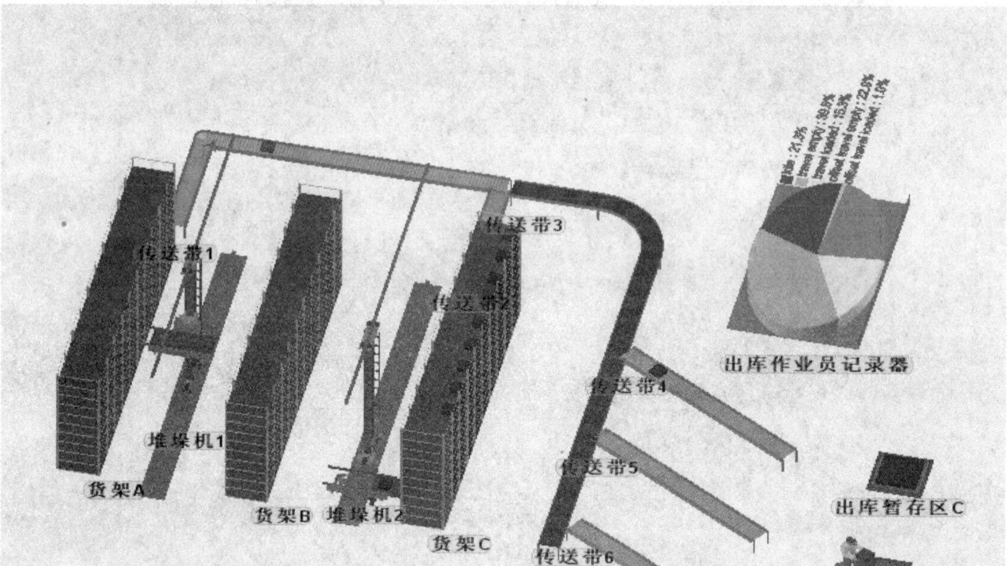

图 5-19　模型运行最终效果图

【任务结果与评价】

任务5　物流模型优化方向

◇ 结果

(1) 分析项目背景，完成实体的合理选择；
(2) 根据流程，完成合理的设施设备布局；
(3) 完成一套可以流畅运行的自动化立体仓库出库系统模型；
(4) 根据运行结果分析该物流系统的合理性。

◇ 评价

· 练习任务

基于本任务的实践学习，完成一个六种图书分别通过六个不同的分拣口送至六个出库暂存区等待发货的自动化立体仓库出库模型，学生自主决定布局形式，并结合自己假设的仓库建筑形状进行布局合理性的说明，其他参数设置与任务5中的要求相同。

· 成绩评定标准

对练习模型进行成绩评定，主要评定指标如下：
(1) 实体选择正确性，满分20分，每错一个实体扣5分，扣完为止；
(2) 布局合理性，满分30分，根据功能区的相对位置和面积大小赋分；
(3) 模型运行流畅性，满分30分，模型运行过程中停顿1次扣5分，扣完为止；
(4) 系统合理性分析的正确性，满分20分，根据瓶颈环节识别的准确性赋分。

任务6　“货到人”拣选出库流程仿真

【实践目的、要求、准备】

◇ 目的

(1) 了解“货到人”拣选作业系统的基本构成；
(2) 了解“货到人”拣选作业的基本流程；
(3) 掌握FlexSim仿真软件在“货到人”拣选作业系统仿真方面的应用方法。

◇ 要求

在实践前认真阅读实践知识链接部分内容，并标记不理解的关键词，通过小组合作的形式进行讨论和交流，完成理论知识的学习。实践学时：建议4学时。

◇ 准备

· 任务布置

(1) 教师提前布置。教师提前1～3天通知学生进行实践知识链接中的理论内容学习，明确实践目的和要求。

(2) 学生提前准备。学生提前阅读本书，以学习小组的形式学习掌握实践相关理论知识，不理解的内容进行重点标记。

• 任务工具

任务工具包括 FlexSim 仿真软件、电脑、纸笔等。

• 任务分组

由学生自行分组，教师从中调配，3～5 人为一组。

【实践知识链接】

一、“货到人”拣选系统定义

“货到人”拣选系统，是指在物流拣选过程中，人不用移动的情况下，可将货物自动输送到拣选人面前供人拣选的作业系统。“货到人”拣选是物流配送中心一种重要的拣选方式，与其对应的拣选方式是“人到货”拣选。最早的“货到人”拣选是由自动化立体库完成的，托盘或料箱被自动输送到拣选工作站，完成拣选后，剩余的部分仍然自动返回立体库中储存。这种拣选方法一直沿用至今，并逐渐显示其重要性。

二、“货到人”拣选系统组成

“货到人”拣选系统主要由三部分组成，分别是储存系统、输送系统和拣选工作站。

图 6-1 “货到人”配送中心布局图

1. 储存系统

储存系统从过去比较单一的立体库存储逐渐发展到现在的多种存储方式，主要包括平面存储、立体存储、密集存储等。存储形式也由过去的以托盘存储为主转变为以周转箱存储为主。存储作业的自动化是实现“货到人”的基础。目前常见的存储方式和系统主要包括以下几种类型。

(1) 自动化立体仓库存储方式：传统的“货到人”存储方式。主要以托盘存储为主。自动化立体仓库本身有很多种形式，如单深度立体仓库、多深度立体仓库以及长大件立体仓库等。由于自动化立体仓库的堆垛机本身存取能力的限制，因此该类型仓库主要用于整件拣选出库，很少用于拆零拣选。自动化立体仓库存储的主要优点是空间利用率高，主要缺点是设备柔性差、维护困难。自动化立体仓库主要适用于建筑空间高、厂址长期使用的固定场合。

(2) 垂直旋转式货柜系统：一种占用空间较小的“货到人”拣选储存系统。其形式有数十种，目前在工厂的应用最为广泛。其主要优点是存取效率高，主要缺点是设备柔性差。垂直旋转式货柜系统主要适用于空间较高、厂址长期使用的固定场合。

(3) 自动导航车系统：一种输送系统。它广泛应用于汽车装配、烟草等制造企业以及港口等场合。随着自动导航车系统的不断发展，不仅其形式发生了巨变，而且其应用场合亦发生了较大变化。例如亚马逊推出的 Kiva 系列机器人，将自动导航车系统的应用从单纯的输送转变为一个集存取与输送于一体的“货到人”系统，应用前景非常广阔。其主要优点是设备柔性好、易维护、可快速部署和搬迁，主要缺点是空间利用率低、调度软件复杂。自动导航车系统主要适用于建筑空间低、厂址不固定的场合。

(4) 密集存储系统：一个集 Miniload、穿梭车、提升机等多种系统于一体的全新一代储存系统。它分为托盘和料箱两种方式，其存储效率是传统立体仓库的 1.5～3 倍。目前该系统已得到初步应用，发展前景较为广阔。其主要优点是空间利用率高、调度软件简单，主要缺点是设备柔性差、部署周期长以及维护困难。密集存储系统主要适用于建筑空间较高和厂址长期使用的固定场合。

2. 输送系统

输送系统的主要作用是将存储区出库的货物快速输送至拣选作业区或出库暂存区，“货到人”拣选技术要求实现快速存储与快速输送之间的能力匹配。目前常见的“货到人”输送系统主要采用多层传送带或并行子传送带的方式进行货物输送。

3. 拣选工作站

拣选工作站主要作用是接收输送系统从存储区输送来的货物，并由作业员按照客户订单进行拣选、包装和复核操作。常见的拣选工作站采用条码标签、图像扫描、射频识别(Radio Frequency Identification，RFID)以及称重等一系列技术辅助完成拣选工作。

三、“货到人”拣选系统的优势

随着我国人工成本不断攀升，“货到人”拣选系统优势开始凸显，在以电商物流配送中心为主的物流场景中开始普遍应用，其优势主要包括以下几个方面。

1. 拣选效率高

在适合“货到人”拣选系统应用的场景中，其拣选效率可以达到传统拆零拣选(纸单拣选、射频(Radio Frequency，RF)拣选)的 10 倍左右。另外，配合电子标签、RF 终端以及称重系统等辅助拣选系统，“货到人”拣选系统具有非常高的准确性，拣选差错率可控制在万分之五以内。因此很多使用“货到人”拣选系统的企业都取消了复核环节，实现了成本节约。

2. 存储效率高

“货到人”拣选系统由于采用立体存储和密集存储方式，所以其存储密度明显大于传统拣选系统。以拆零拣选为例，传统的拣选方式存储空间高度一般在 2 m 以内，当采用阁楼货架系统时，其空间利用率一般为 25%左右，而“货到人”拣选系统中的立体存储技术，空间利用率一般可以达到 45%以上。如果采用密集存储技术，空间利用率可以达到 60%以上。

3. 降低劳动强度

“货到人”拣选系统在现有的拣选系统中最大程度体现了“以人为本”的理念，极大地减少甚至取消了作业人员的行走距离。传统的“人到货”拆零拣选作业，由于作业场地很大，每一班次的拣选作业员几乎都需要在仓库中不间断地行走，劳动强度极大。

【任务实施】

一、任务描述

1. 任务背景描述

从“十三五”时期开始，我国逐步开始从“制造大国”向“智造强国”转型，涌现了一批在智能制造技术的开发和应用上走在世界前列的本土企业。北京极智嘉科技有限公司(Geek+)(以下简称极智嘉)成立于 2015 年，是一家引领全球智慧物流变革的智能机器人公司，总部位于北京，并在日本、德国和美国设有办事处。截至 2019 年年底，极智嘉已成为耐克、沃尔玛、戴尔、苏宁、永辉、京东、阿里巴巴以及中国邮政等众多国内外知名品牌的智慧物流合作伙伴，物流机器人全球出货量位居世界前列。

某大型医药企业的销售量近几年不断增长，单个区域分拨中心(Regional Distribution Center，RDC)的出货率需达到 10000 行/小时，出库准确率需达到 99.99%。人工拣选操作很快就无法满足业务要求，现咨询极智嘉项目经理部署“货到人”拣选系统，项目经理通过一个仿真模型为该医药企业物流总监介绍“货到人”拣选系统的结构、流程和作业能力。

2. 流程和参数要求

极智嘉项目经理介绍了要建立的“货到人”拣选整体流程及布局图(如图 6-2 所示)，供应链上游送达的六种货物首先存放在收货暂存区，经检验合格后进行下一步操作。当货物存储区缺货时，自动导引运输车(Automated Guided Vehicle，AGV)会搬运空货架到补货

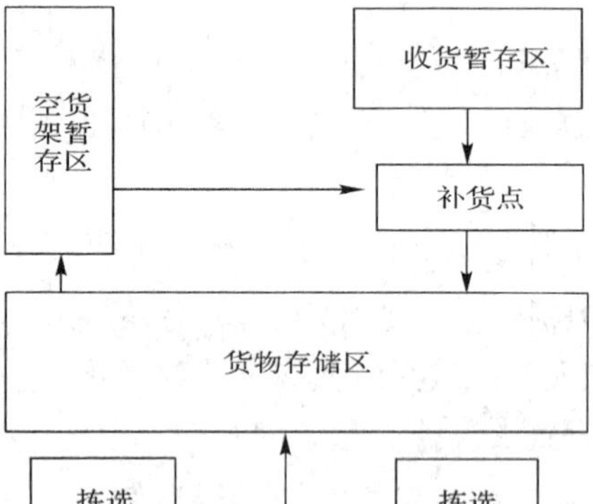

图 6-2　“货到人”拣选整体流程及布局图

任务 6　物流模型介绍演示

点，由作业员从收货暂存区向货架中码放货物，码放完毕后由 AGV 搬运至货物存储区。当接到客户的订单后，由 AGV 将整个货架搬运至空闲的拣选工作台，由拣选作业员根据拣选任务提示完成拣选任务，拣选完成的订单根据发货时选择的快递公司在发货暂存区进行分类并等待发货。主要参数设置如下所述。

(1) 收货暂存区由发生器产生六种不同类型和颜色的货物各 20 个，分类存放在收货暂存区；空货架暂存区由发生器产生六种不同类型和颜色的托盘各一个，代表六种不同编号的货架，在空货架暂存区中等待被 AGV 送至补货点，货物和托盘到达各自暂存区的方式都为模型开始运行时瞬间到达。

(2) 补货点由合成器模拟，每个货架装一个大类的货物，单个货架容量为 20，作业员码放货物时的单次最大搬运量为 5。

(3) 补货点码放满货物的货架由 AGV 搬运至货物存储区，货物存储区共六个货位，货位编码为储位 A1、储位 A2、储位 A3、储位 B1、储位 B2、储位 B3。每个储位只能存放一个货架，当客户订单到达时由 AGV 将整个货架搬运至空闲的拣选工作台进行拣选。

(4) 两个拣选工作台各配一名拣选作业员执行拣选任务，拣选作业员将拣出的货物送到发货暂存区，剩余整货架货物由 AGV 送回货物存储区，送回存储区的货物随机选择空货位存放，不需要放回原存储位。

(5) 补货工作完成后，需要完成一批出库任务，客户订单信息如表 6-1 所示。

表 6-1　客户订单信息表

	红色货物	绿色货物	蓝色货物	黄色货物	橙色货物	紫色货物
订单 1	1					
订单 2		1				
订单 3			2			
订单 4				2		
订单 5					3	
订单 6						3
订单 7	4					
订单 8		4				
订单 9			5			
订单 10				5		
订单 11					6	
订单 12						6

注：表内数字表示对应货物的拣选数量。

二、任务实施

1. 第一阶段：拖放实体

步骤 1：拖放实体。

把所需的实体拖到模型视图窗中，如图 6-3 所示。

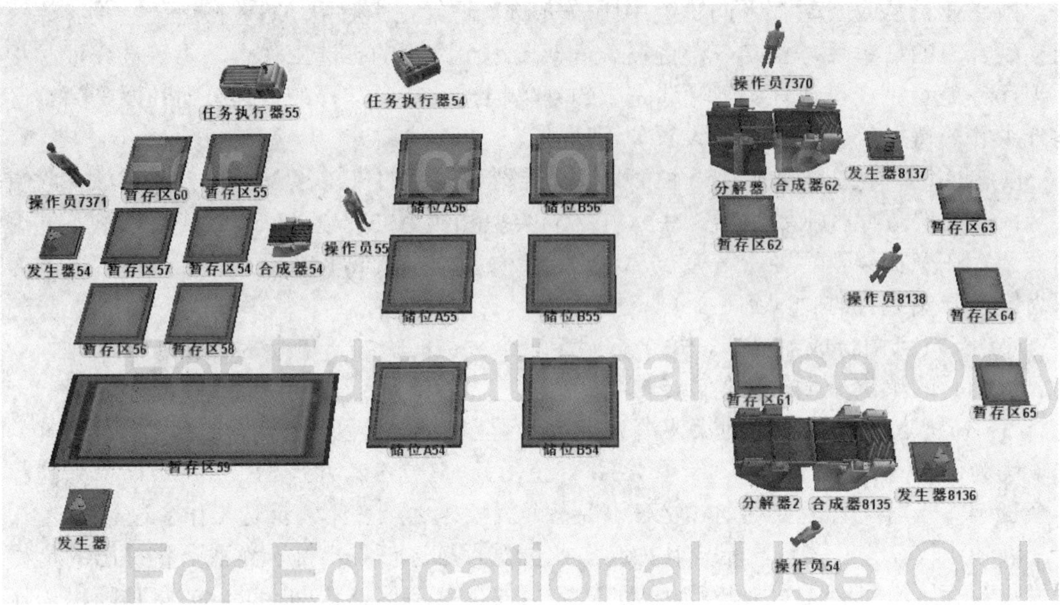

图 6-3　实体拖放完整效果图

步骤 2：实体名称修改。

对每个实体按照实际系统中的功能修改名称，修改完后如图 6-4 所示。

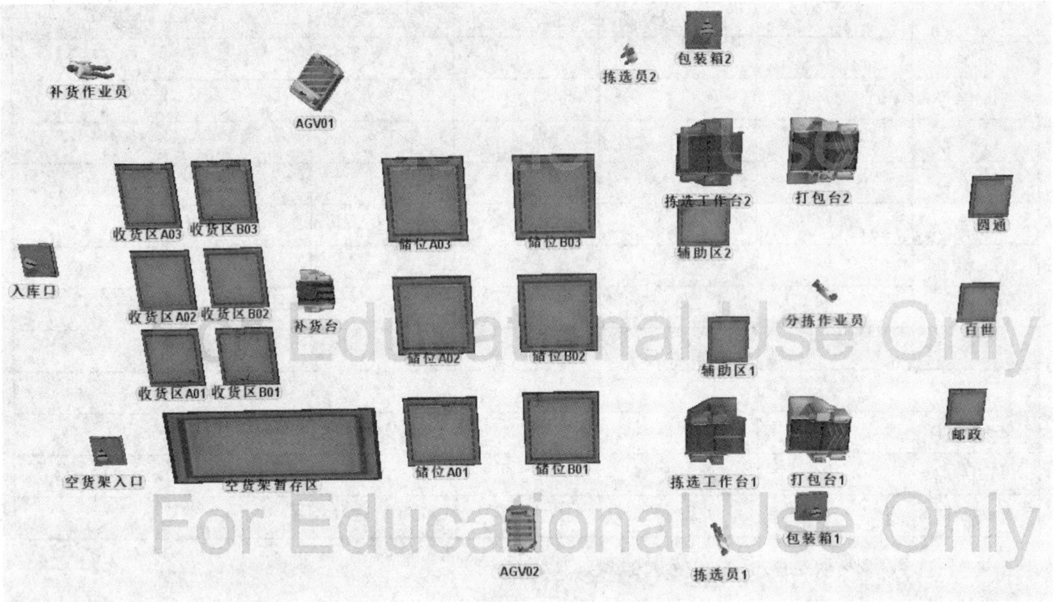

图 6-4　实体名称修改后效果图

2. 第二阶段：逻辑连线

步骤 3：连接端口。

使用 A 连接，从入库口依次分别连接到收货区 A01～A03，再依次连接到 B01～B03；使用 A 连接，从空货架入口连接到空货架暂存区，空货架暂存区连接到补货台；

使用 A 连接，收货区 A01～A03、B01～B03 依次分别连接到补货台；

使用 S 连接，收货区 A01～A03、B01～B03 分别连接到补货作业员；

使用 S 连接，从补货台和空货架暂存区分别连接到 AGV01；

使用 A 连接，从补货台依次分别连接到储位 A01～A03 和储位 B01～B03；

使用 S 连接，拣选工作台 1 连接拣选员 1，拣选工作台 2 连接拣选员 2，然后再使用 S 连接，储位 A01～A03、B01～B03 分别连接到 AGV02；

使用 S 连接，拣选工作台 1、2 和辅助区 1、2 分别连接到 AGV02；

使用 A 连接，储位 A01～A03，B01～B03 依次分别连接到拣选工作台 1；

使用 A 连接，储位 A01～A03，B01～B03 依次分别连接到拣选工作台 2；

使用 A 连接，拣选工作台 1 连接辅助区 1、拣选工作台 2 连接辅助区 2；

使用 A 连接，辅助区 1 和辅助区 2 分别依次连接储位 A01～A03、B01～B03；

使用 A 连接，包装箱 1 连接打包台 1，包装箱 2 连接打包台 2；

使用 A 连接，拣选工作台 1 连接打包台 1，拣选工作台 2 连接打包台 2；

使用 A 连接，打包台 1 和打包台 2 依次分别连接圆通、百世、邮政；

使用 S 连接，打包台 1 和打包台 2 分别连接分拣作业员。

连接线完成后显示效果如图 6-5 所示。

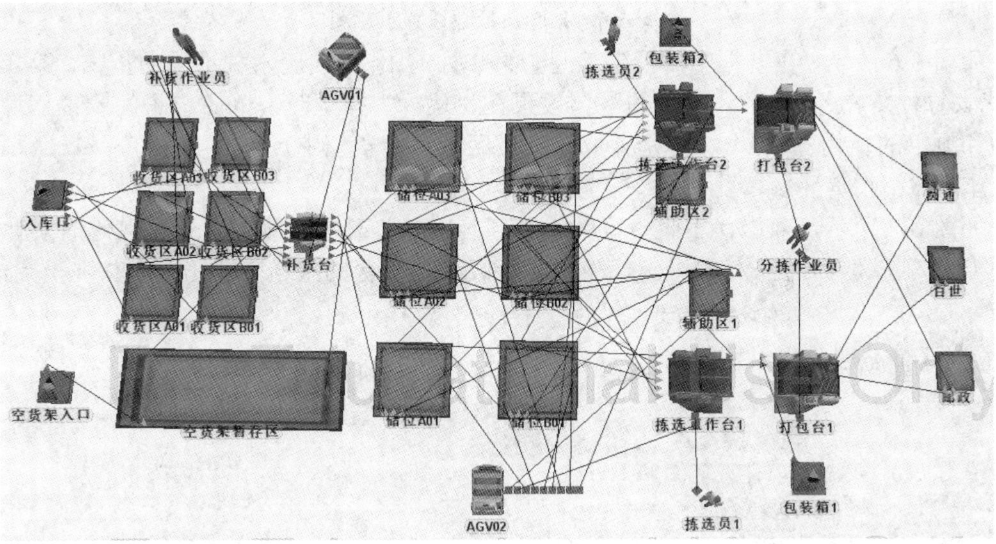

图 6-5　完成连线后的效果图

4. 第三阶段：参数设置

每个实体都有其特有的图形用户界面(GUI)，通过此界面可将数据与逻辑加入模型中。双击实体可打开叫作参数视窗的 GUI。

步骤 4：入库口参数设置。

双击代表入库口的发生器，打开参数视窗，将“到达方式”设置为“到达序列”，“到达次数”设置为“6”次，并点击“刷新到达”，设置结果如图 6-6 所示。然后点击“临时实体流”选项卡，在“发送至端口”的下拉菜单中选择“指定端口”。点击“触发器”选项卡，在“离开触发”的下拉菜单中选择“根据不同的 case 值设置颜色”，最后点击“应用”和“确定”关闭设置窗口。

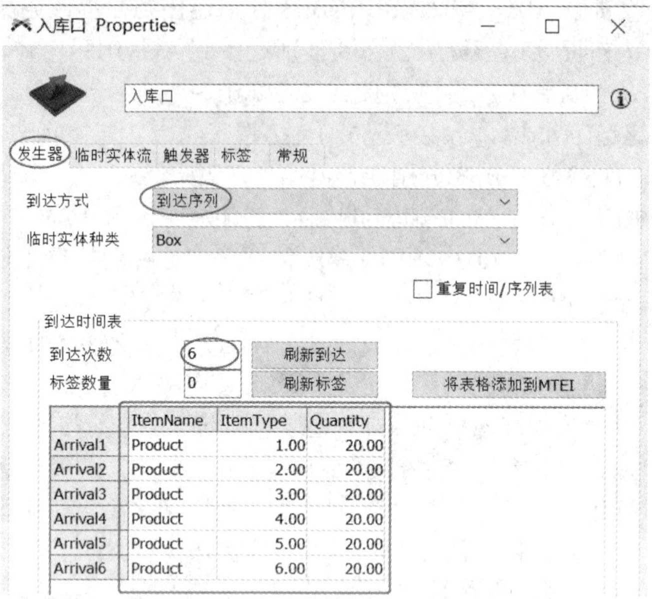

图 6-6　入库口参数设置示意图

如图 6-6 所示，在方框中填写的信息，第 2 列的 1～6 代表六种不同的货物，第 3 列的 20 代表每种货物各 20 个。实现的整体效果在“运行”模型时，入库口瞬间产生六种不同类型和颜色的货物各 20 个，分别存放在收货区的六个货位中。

步骤 5：收货区参数设置。

如图 6-7 所示，双击代表收货区的六个暂存区，打开参数视窗，点击“临时实体流”选项卡，勾选“使用运输工具”，代表从收货区到补货台的搬运工作由补货作业员完成。

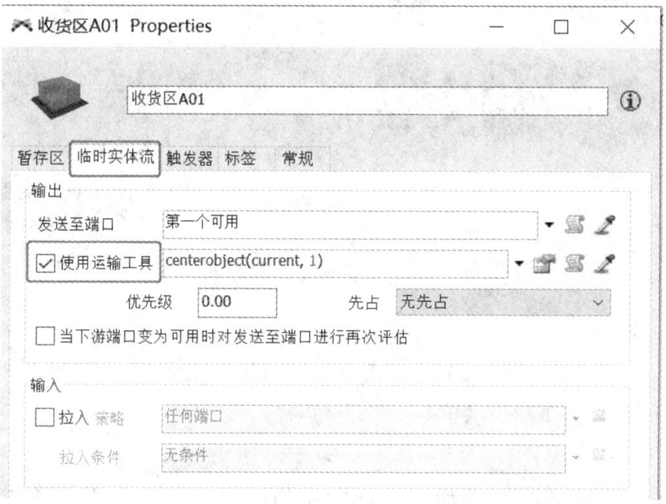

图 6-7　收货区参数设置示意图

步骤 6：空货架入口参数设置。

双击代表空货架入口的发生器，打开参数视窗，将“到达方式”设置为“到达时间表”，“到达次数”设置为“6”次，并点击“刷新到达”，在方框内的表格中输入数据，设置结果如图 6-8 所示。然后点击“触发器”选项卡，在“离开触发”的下拉菜单中选择“根据不同的 case 值设置颜色”，在“离开触发”选项卡中设置完颜色后再增加一条“创建和初始化标签”命令，设置结果如图 6-9 所示，最后点击“应用”和“确定”关闭设置窗口。

图 6-8 空货架入口发生器参数设置示意图

如图 6-8 所示，在方框中填写的信息，第 1 列代表每个空货架到达空货架暂存区的时间，该数值为模型开始运行后的时长而不是代表时间点，第 3 列的 1～6 代表六种不同编号的空货架，第 4 列的“1.00”代表每种编号的空货架各一个。实现的整体效果是：点击“运行”模型时，空货架入口按照第 1 列的时间值依次产生六个不同类型和颜色的空货架，存放在空货架暂存区。

如图 6-9 所示，在方框中填写的信息，“item”为默认该发生器产生的临时实体，“label”为空货架的标签名称，新值“0”为所有空货架的初始标签值，该标签名称和值在后面会被用来判断货架的移动方向和被搬运次数。

图 6-9 空货架入口“触发器”参数设置示意图

步骤 7：空货架暂存区参数设置。

双击空货架暂存区，设置“触发器”选项卡，在“进入触发”下拉列表中选择“递增”，按照方框中的信息进行输入，然后勾选“临时实体流”选项卡中的“使用运输工具”，如图 6-10 所示。

如图 6-10 所示，在方框中填写的信息的含义为：“当标签名称为 label，初始值为 0 的空货架进入空货架暂存区时，将初始值加 1”，该值可用于记录每个空货架第几次进入空货架暂存区，从而统计其反复使用次数，该模型中主要用该标签值控制货架移动方向和被搬运次数。勾选“使用运输工具”是为了调用 AGV01 来搬运空货架至补货台。

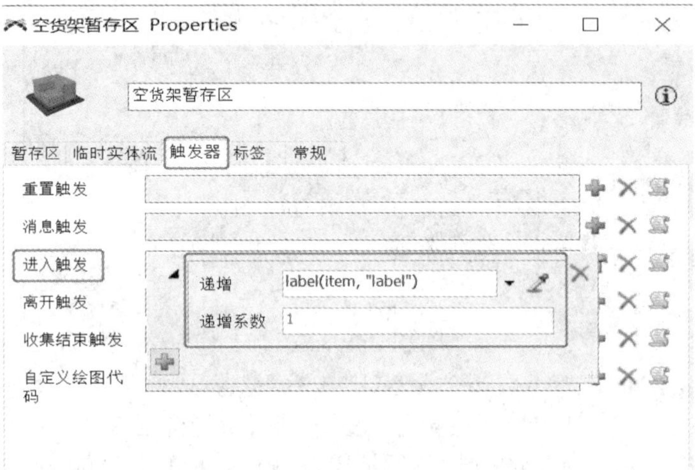

图 6-10　空货架暂存区“触发器”选项卡设置示意图

步骤 8：补货台参数设置。

如图 6-11(a)所示，依次点击“视图”→“工具箱”→“加号”和“全局表”，会出现图 6-11(b)所示界面，将全局表名称命名为“replenishment order”，行数和列数都设置为“6”，行名称依次改为货架 1 到货架 6，列名称依次改为货物大类 1 到货物大类 6，输入如图 6-11 所示的数据，完成设置后返回模型界面。

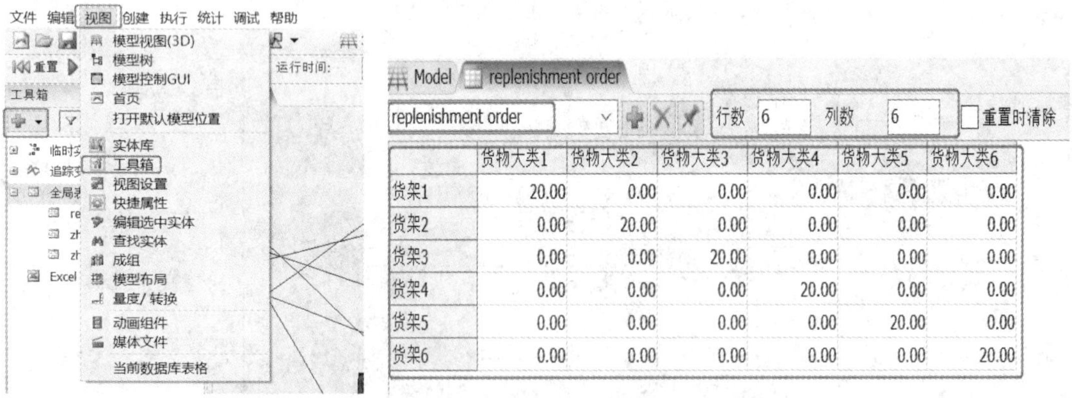

(a)　　(b)

图 6-11　全局表设置示意图

双击补货台，将“加工时间”选项卡中的“预置时间”和“加工时间”都设置为

“0”，表示该补货台只是一个补货的货位，不需要消耗任何准备和加工时间，然后勾选“临时实体流”选项卡中的“使用运输工具”，调用 AGV01 将装满货的货架搬运到存储货位区，“在临时实体流”选项卡中，将发送至端口设置为“指定端口”，如图 6-12 所示。

图 6-12　补货台“加工时间”选项卡设置示意图

如图 6-13 所示，设置“补货台”的“触发器”选项卡，点击“进入触发”中的“更新合成器组合列表”，在表格后面的下拉菜单中选择“replenishment order”全局表，该操作表示补货台执行补货任务时会按照所选择全局表的数据要求进行对应补货。

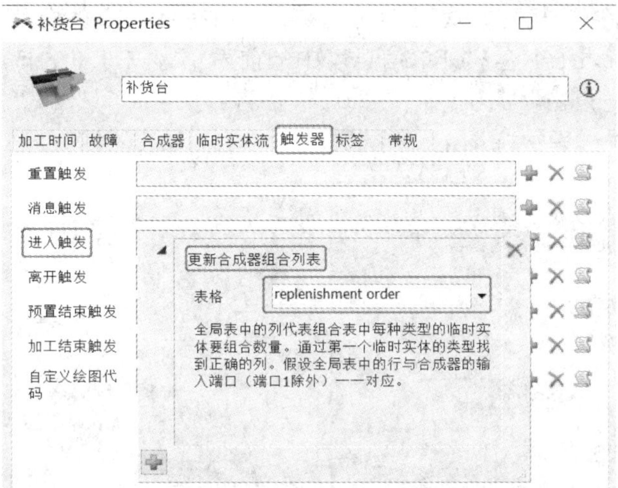

图 6-13　补货台“触发器”选项卡设置示意图

步骤 9：储位参数设置。

储位 A01～储位 B03 的参数设置完全相同。以储位 A01 为例，双击储位 A01，点击“暂存区”选项卡，将“最大容量”设置为“1”，如图 6-14(a)所示；点击“临时实体流”选项卡，勾选“使用运输工具”选项，然后选择“发送至端口”中的“根据返回值选择输出端口”，选择 case 函数中的“getlabelnum(item，“label”) ”函数，点击加号，增加并填入三行数据，如图 6-14(b)所示，该操作主要用于根据货架的标签值控制货架的搬运方向。port

值是 1 代表货架搬运至拣选工作台 1，port 值是 2 代表货架搬运至拣选工作台 2，port 值是 3 代表在该模型中货架没有搬运目的地，不会被移动。

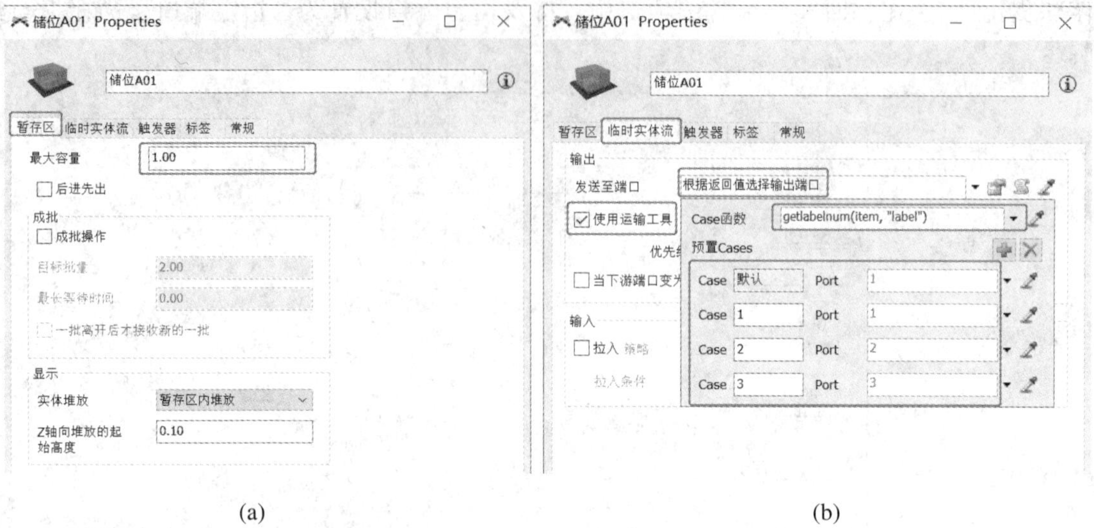

图 6-14　储位 A01 参数设置示意图

步骤 10：拣选工作台 1 参数设置。

双击拣选工作台 1，点击“临时实体流”选项卡，勾选“使用运输工具”，点击“分解器”选项卡，“分解/打包临时实体数量”选择“根据返回值选择输出端口”，选择 case 函数中的“getitemtype(item)”，增加六行数据并输入如图 6-15 所示的数据信息，表示当货架 1 的货物到达时拣选一个货物，货架 2 的货物到达时拣选一个货物，以此类推，该项操作表示拣选工作台执行表 6-1 客户订单信息表中的前六个客户订单的拣选任务，具体设置界面如图 6-15(a)所示。点击“加工时间”选项卡，将“预置时间”和“加工时间”都设置为“0”，表示拣选工作过程中拣选工作台作为一个设施不消耗时间，如图 6-15(b)所示。

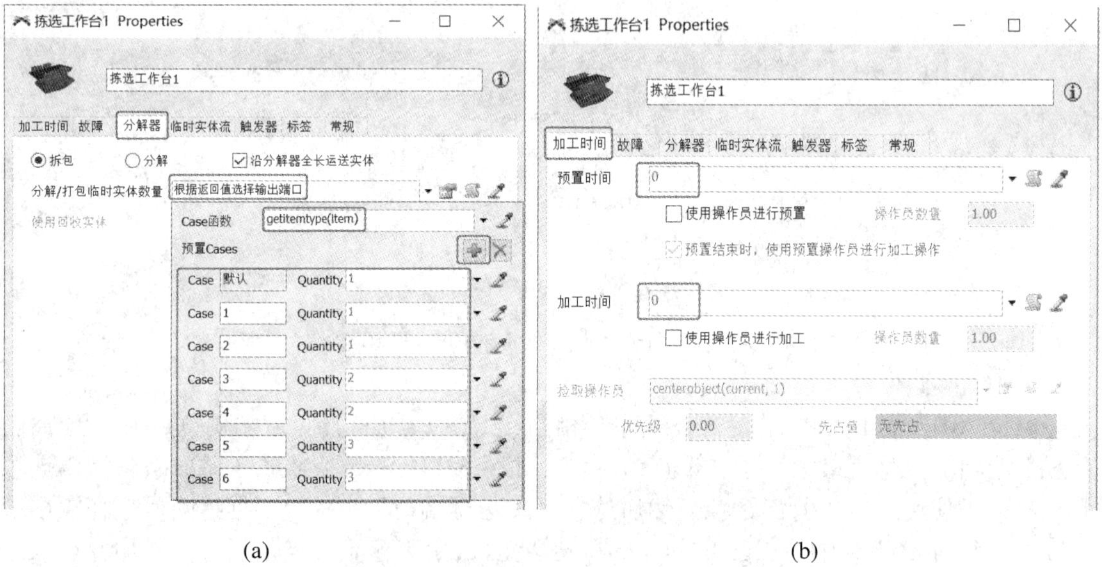

图 6-15　拣选工作台 1 参数设置示意图

步骤 11：拣选工作台 2 参数设置。

双击拣选工作台 2，点击“临时实体流”选项卡，勾选“使用运输工具”，点击“分解器”选项卡，“分解/打包临时实体数量”选择“根据返回值选择输出端口”，选择 case 函数中的“getitemtype(item) ”，增加六行数据并输入如图 6-16 所示的数据信息，表示当货架 1 的货物到达时拣选四个货物，货架 2 的货物到达时拣选四个货物，以此类推，该项操作表示拣选工作台执行表 6-1 客户订单信息表中的后六行客户订单的拣选任务，具体设置界面如图 6-16(a)所示。点击“加工时间”选项卡，将“预置时间”和“加工时间”都设置为“0”，表示拣选工作过程中拣选工作台作为一个设施不消耗时间，如图 6-16(b)所示。

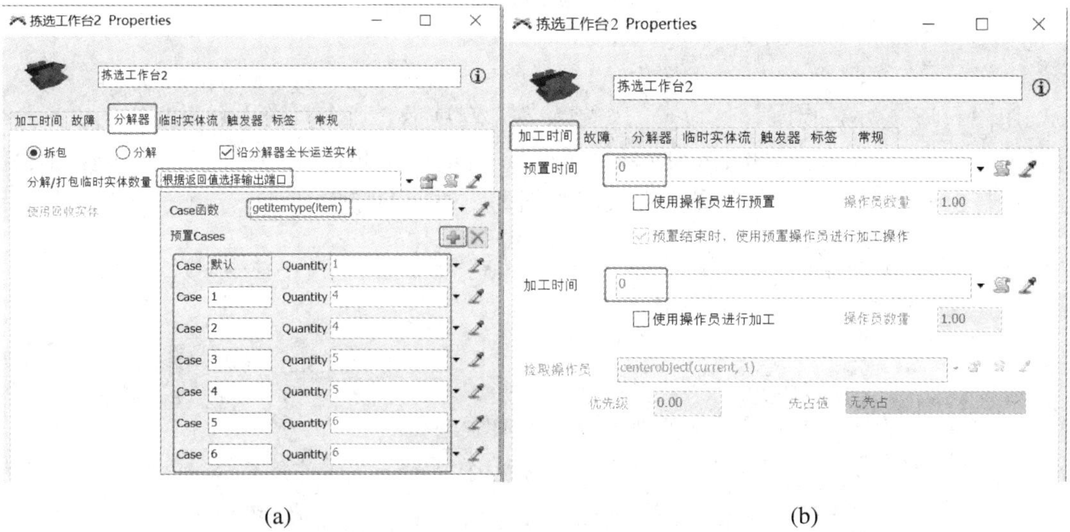

图 6-16　拣选工作台 2 参数设置示意图

步骤 12：辅助区参数设置。

辅助区 1 和辅助区 2 的参数设置完全相同，以辅助区 1 为例，如图 6-17 所示。双击辅助区 1，点击“触发器”选项卡，选择“进入触发”下拉菜单中的“递增”，输入如图 6-17 所示的信息，该内容设置的目的与空货架暂存区相同，然后点击“临时实体流”选项卡，勾选“使用运输工具”选项。

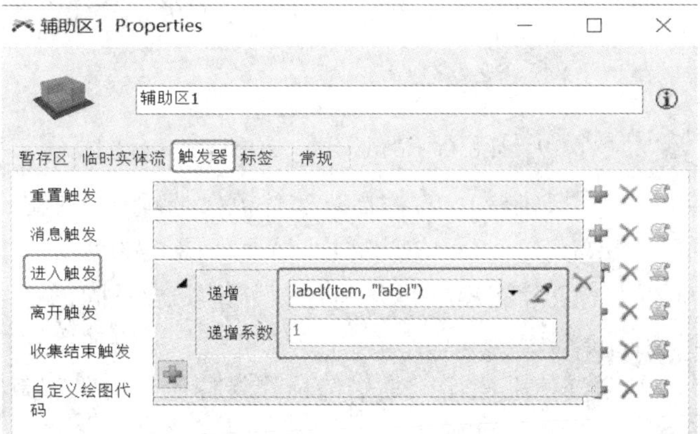

图 6-17　辅助区 1“触发器”设置示意图

步骤 13：打包台 1 参数设置。

如图 6-18 所示，按照步骤 8 的操作，增加一个全局表，命名为“packing list1”，行数为 1，列数为 6，全局表中输入如图 6-18 所示的信息，表示六个包装箱依次要装入的每种货物的数量，该装箱信息与客户订单一致。

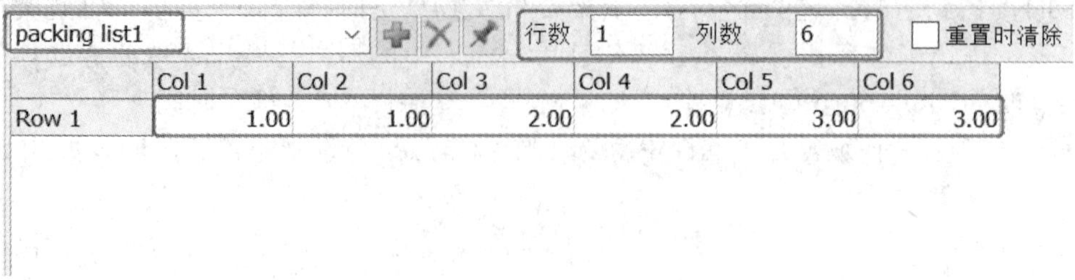

图 6-18　全局表设置示意图

如图 6-19 所示，设置打包台 1 的“触发器”选项卡，点击“进入触发”中的“更新合成器组合列表”，在表格后面的下拉菜单中选择“packing list1”全局表，该操作表示打包台执行打包任务时会按照所选择全局表的数据要求进行对应包装。

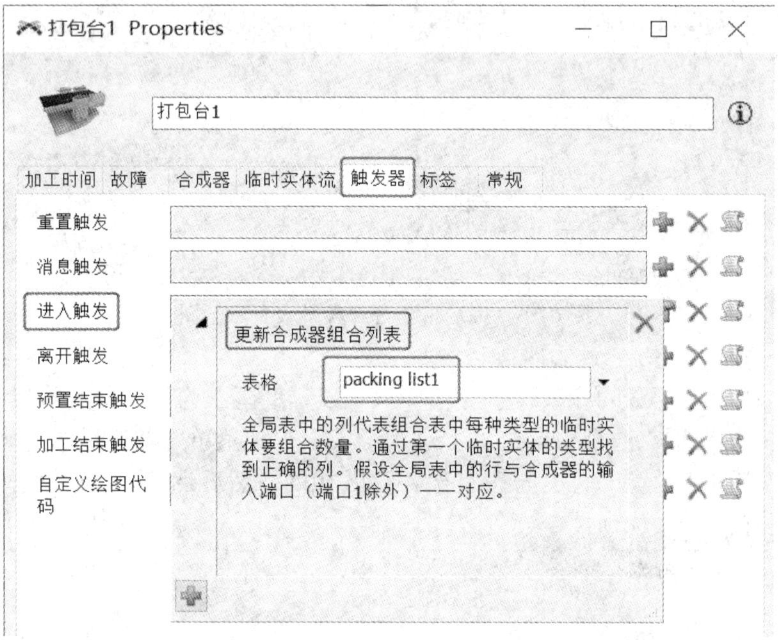

图 6-19　打包台 1“触发器”选项卡设置示意图

如图 6-20 所示，设置打包台 1 的“临时实体流”选项卡，点击“发送至端口”中的“根据返回值选择输出端口”，case 值函数的设置如图 6-20 所示，增加六行并输入数据，该参数设置的目的是将六个客户的订单包裹分别交给不同的快递公司完成寄送。port1 表示对应订单由圆通寄送，port2 表示对应订单由百世快递寄送，port3 表示对应订单由邮政寄送，最后勾选“使用运输工具”选项，将打包台的“加工时间”和“预置时间”都设置为“0”。

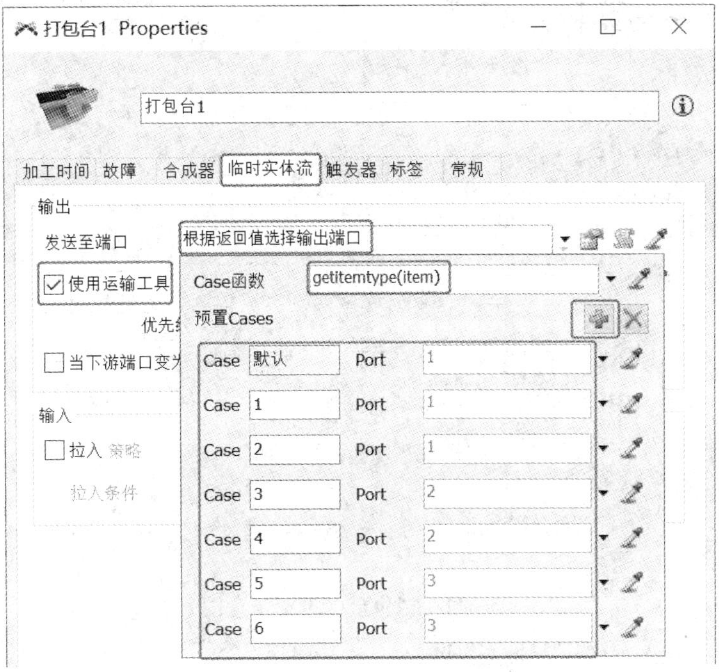

图 6-20　打包台 1“临时实体流”选项卡设置示意图

步骤 14：打包台 2 参数设置。

如图 6-21 所示，按照步骤 8 的操作，增加一个全局表，命名为“packing list2”，行数为 1，列数为 6，全局表中输入如图 6-21 所示的信息，表示六个包装箱依次要装入的每种货物的数量，该装箱信息与客户订单一致。

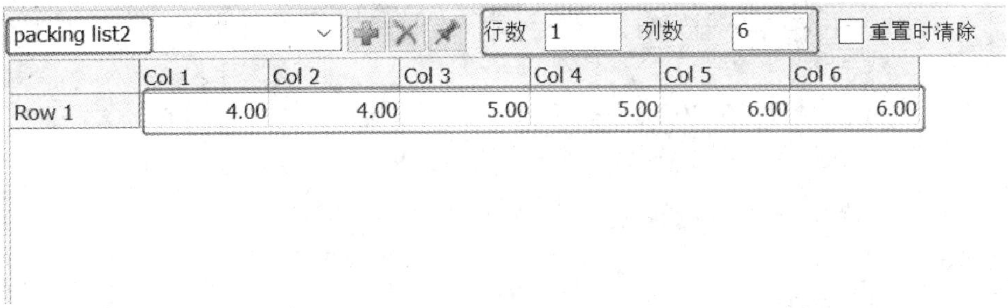

图 6-21　全局表设置示意图

如图 6-22 所示，设置打包台 2 的“触发器”选项卡，点击“进入触发”中的“更新合成器组合列表”，在表格后面的下拉菜单中选择“packing list2”全局表，该操作表示打包台执行打包任务时会按照所选择全局表的数据要求进行对应包装。

步骤 15：包装箱参数设置。

包装箱 1 和包装箱 2 的参数设置相同，以包装箱 1 为例，双击包装箱 1，打开参数视窗，将“到达方式”设置为“到达时间表”，“临时实体种类”设置为“Tote”，“到达次数”设置为“6”次，并点击“刷新到达”，在方框内的表格中输入数据，设置结果如图 6-23 所示，然后点击“触发器”选项卡，在“离开触发”的下拉菜单中选择“根据不同的 case 值设置颜色”，最后点击“应用”和“确定”关闭设置窗口。

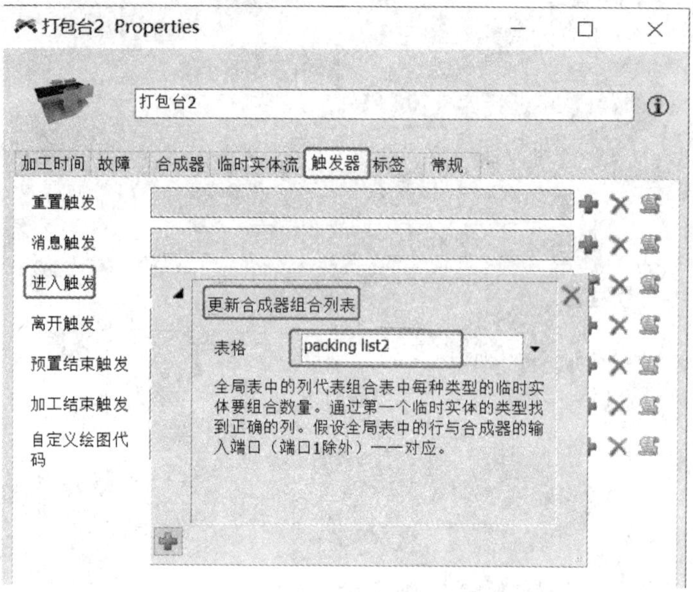

图 6-22　打包台 2 设置示意图

如图 6-23 所示，在方框中填写的信息，第 1 列代表每个空货架到达空货架暂存区的时间，该数值为模型开始运行后的时长而不是代表时刻点，第 3 列的 1～6 代表六种不同编号的空包装箱，第 4 列的 1 代表每种编号的空包装箱各一个，实现的整体效果是点击“运行”模型时，包装箱 1 按照第 1 列的时间值依次产生六个不同类型和颜色的空货架，摆在打包台等待被使用。

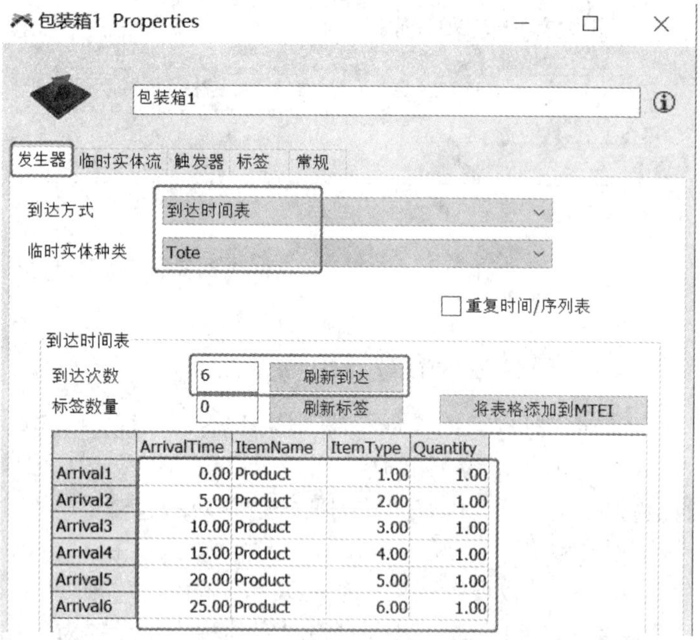

图 6-23　包装箱 1 参数设置示意图

步骤 16：补货作业员参数设置。

如图 6-24 所示，双击补货作业员，打开参数视窗，将“容量”设置为“5”，代表该作业员一次最多可以搬运五件货物，将“装载时间”和“卸载时间”设置为“5”，代表该作业员搬起一次箱子和码放一次箱子需要的时间都为 5 s，最后点击“应用”和“确定”关闭设置窗口。

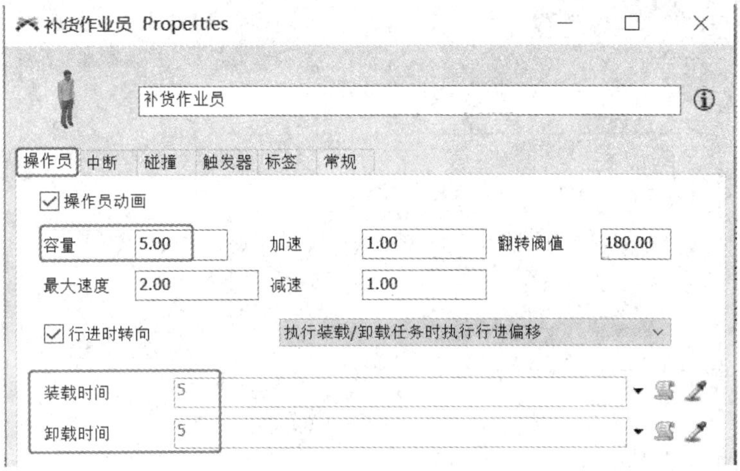

图 6-24　补货作业员参数设置示意图

步骤 17：AGV 参数设置。

AGV01 和 AGV02 的参数设置相同，以 AGV01 为例，双击 AGV01，打开参数视窗，按如图 6-25 所示进行参数设置，将“装载时间”和“卸载时间”设置为“3”，代表该 AGV 顶起一次货架和放下一次货架需要的时间都为 3 s，最后点击“应用”和“确定”关闭设置窗口。

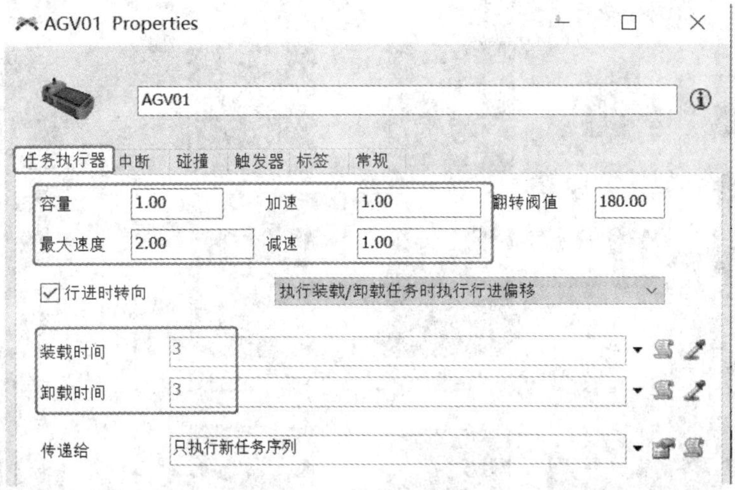

图 6-25　AGV01 参数设置示意图

步骤 18：拣选员参数设置。

拣选员 1 和拣选员 2 的参数设置相同，以拣选员 1 为例，双击拣选员 1，打开参数视窗，按如图 6-26 所示进行参数设置。“容量”设置为“1”，代表该拣选员一次只能按照信息提示拣选一种货物；“装载时间”设置为“3”，代表该拣选员识别目标货位和拿起货物共需要 3 s；“卸载时间”设置为“1”，代表该拣选员将拣选完成的货物放入对应框中需要 1 s。最后点击“应用”和“确定”关闭设置窗口。

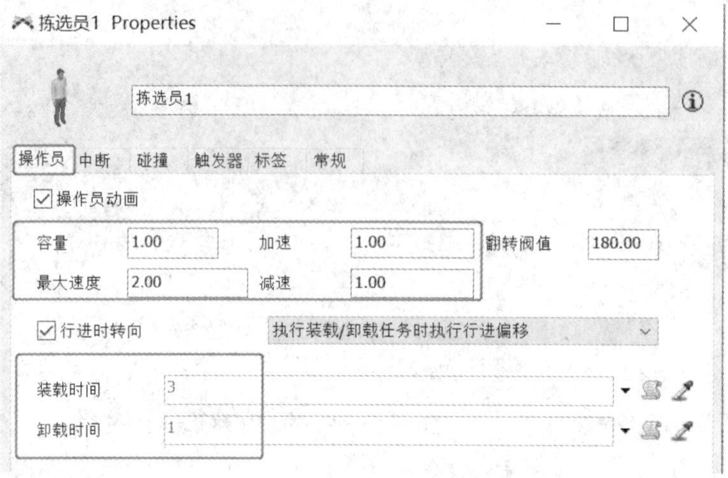

图 6-26　拣选员 1 参数设置示意图

步骤 19：网络节点布置。

如图 6-27 所示，在对应位置整齐放置 13 个网络节点，相邻网络节点之间使用 A 连接，补货台、辅助区 1、辅助区 2、拣选工作台 1、拣选工作台 2、空货架暂存区以及六个储位分别使用 A 连接距离各自最近的网络节点，任选两个网络节点分别与 AGV01 和 AGV02 相连，该设置完成后，AGV01 和 AGV02 会按照网络节点连成的网络路线搬运货物，不会再走两个实体之间的直线，避免撞到障碍物。

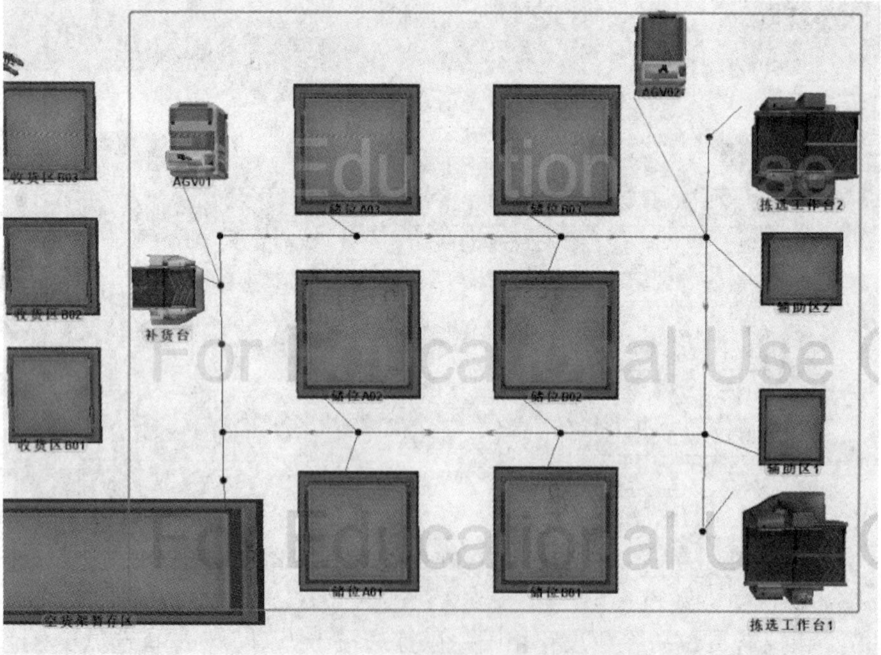

图 6-27　网络节点设置示意图

4. 第四阶段：模型运行

经过以上过程的模型整体设置，可通过对模型重置后进行运行，操作方法是单击仿真控制栏中的“重置”按钮，对设置好的模型重置后点击“运行”，观看仿真效果。

模型仿真最终效果如图 6-28 所示。

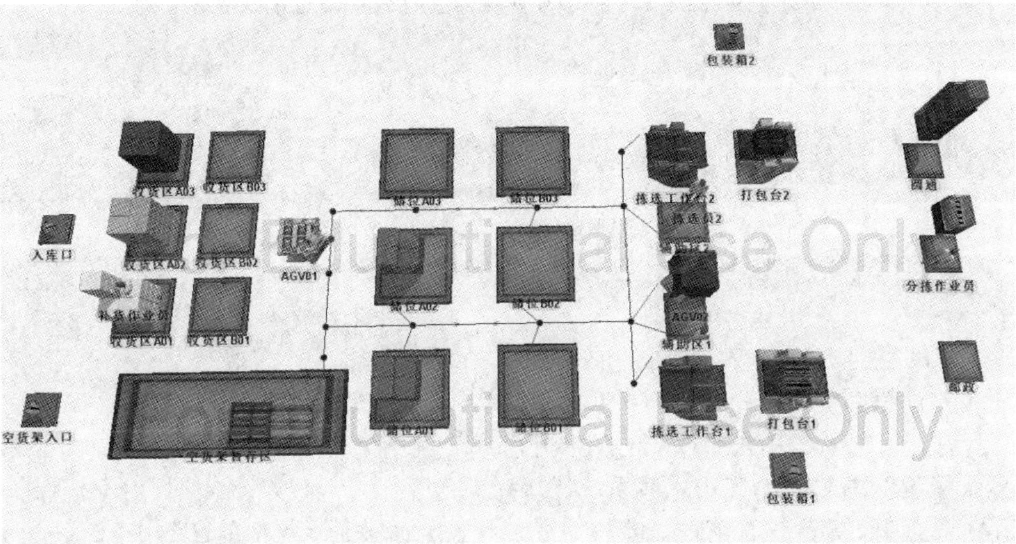

图 6-28　最终运行效果图

【任务结果与评价】

◇ 结果

(1) 分析项目背景，完成实体的合理选择；

(2) 根据流程，完成合理的设施设备布局；

(3) 完成一套可以流畅运行的模型；

(4) 根据运行结果对该物流系统的合理性进行分析。

◇ 评价

• 练习任务

基于本任务的实践学习，完成一个八种货物，经过收货后分别存储在八个储位，然后等订单到达时，有三个拣选台工作台执行拣选任务的模型，学生自主决定布局形式和客户订单信息，其他参数设置与任务 6 中的要求相同。

• 成绩评定标准

对练习模型进行成绩评定，主要评定指标如下：

(1) 实体选择正确性，满分 20 分，每错一个实体扣 5 分，扣完为止；

(2) 布局合理性，满分 30 分，根据功能区的相对位置和面积大小赋分；

(3) 模型运行流畅性，满分 30 分，模型运行过程中停顿 1 次扣 5 分，扣完为止；

(4) 系统合理性分析的正确性，满分 20 分，根据瓶颈环节识别的准确性赋分。

项目三　出入库整体流程仿真

任务 7　To B 物流中心仿真

【实践目的、要求、准备】

◇ 目的

(1) 了解集装货物作业系统的基本构成；

(2) 了解集装货物出入库作业的基本流程；

(3) 了解 B2B 物流节点出入库系统特点；

(4) 掌握 FlexSim 仿真软件在散装零售出入库作业系统仿真方面的应用方法。

◇ 要求

在实践前认真阅读实践知识链接部分内容，并标记不理解的关键词，通过小组合作的形式进行讨论和交流，完成理论知识的学习。实践学时：建议为 4 学时。

◇ 准备

· 任务布置

(1) 教师提前布置。教师提前 1～3 天通知学生进行实践知识链接中的理论内容学习，明确实践目的和要求。

(2) 学生提前准备。学生提前阅读本书，以学习小组的形式学习掌握实践相关理论知识，不理解的内容进行重点标记。

· 任务工具

任务工具包括 FlexSim 仿真软件、电脑、纸笔等。

· 任务分组

由学生自行分组，教师从中调配，3～5 人为一组。

【实践知识链接】

1. 物流中心概述

由国家质量技术监督局发布的国家标准《物流术语》对物流中心的定义是：物流中心(logistics center)是从事物流活动且具有完善信息网络的场所或组织(要面向快递业、运输业的称分拨中心)。物流中心应基本符合下列要求：

(1) 主要面向社会提供公共物流服务；

(2) 物流功能健全；

(3) 集聚辐射范围大；

(4) 存储、吞吐能力强，能为转运和多式联运提供物流支持；

(5) 对下游配送中心客户提供物流服务。

物流中心就其作业性质而言，是从供应者处接受大量的物资，进行倒装、分类、保管、包装加工、信息处理等作业，然后按用户的订货需求实施配送。根据其定义描述，物流中心是物流系统中的上游节点，主要面向企业自有或第三方的配送中心和仓库进行物流作业。

2. 物流中心的分类

按侧重点不同，物流中心可分为储存型物流中心和流通型物流中心。

1) 储存型物流中心

储存型物流中心主要是指以保持保管物原样不变为主要目标的物流中心，该类物流中心货物周转率较低，物流中心的配套更注重对货物的保护和空间利用率的提升，不太注重货物出入库的效率，因此该类物流中心常使用高层立体货架并尽可能增加存储区规划面积。

2) 流通型物流中心

流通型物流中心主要是指以快速周转货物为主要目标的物流中心，该类物流中心货物周转率较高，货物存储时间很短，因此该类物流中心的配套更注重货物出入库效率的提升。该类物流中心会尽可能地避免将货物堆高或长期存储，会最大限度地利用地面空间完成整个流程。地面堆存是快速流通型物流中心常用的存储形式，地面堆存是主要将保管物品放在堆于地面的托盘上，或将货物直接码放于地面。地面堆码要注意以下问题。

(1) 货物堆放要遵循“三不”原则：不阻塞通道、不阻塞消防栓和灭火器、不超高。

(2) 货物堆码要根据物资的特性、自然因素、外部环境的要求，做到科学分类、合理码放、妥善保管。

(3) 不同品种、规格、型号的货物分开码放；相同类型的物资码放在相同的位置；相似类型物资码放在相邻的位置；同类型不同厂家的产品须分开，不得混合重叠。

① 叠码堆放要码放稳定，不偏不倚、不歪不斜，形成整数，以便检点方便。

② 货物应堆放成行成线，标识清晰，无杂物积尘，要在外包装能够承受的压力下和产品不会受到挤压损坏的前提下堆放。不得进行过高重叠堆放和倾斜等容易引起安全隐患的堆放。

③ 堆码货物应易于先进先出，易于搬运装卸，方便物资在仓库内的移动、存放和取出，保证操作作业的安全性，防止物资在搬运装卸过程中受损。

3. 物流中心布局设计

主要的物流中心布局设计类型包括I型、L型以及U型。以U型为例，当定义一个物流中心属于U型时，并不是指该物流中心的建筑外形呈U型，而是指该物流中心的内部运作流程呈U型，特别是货物的流向。不同类型物流中心各具特点。

1) I型物流中心

I型物流中心拥有独立的出、入货台，分别分布在物流中心的两旁，直入直出。由于I型物流中心的运作流向是呈直线型的，各动线平行进行，因此无论是人流或是物流，相互的碰撞交叉点相对较少，可降低操作人员和物流搬运车相撞的可能性。

I 型物流中心存在的主要问题是出、入货台相距较远，从而导致货物的整体运输距离的增加和作业效率的降低，但是由于直线型的流程较为简单，操作人员比较容易适应，可以弥补该方面的不足。此外，由于出、入货台分布在物流中心的两个方向，因此最少需要两组安保人员负责两个货台的监管，增加了人员投入及运作成本。

2) L 型物流中心

需要处理快速货物的物流中心通常会采用 L 型的布局设计，把货物出入物流中心的途径缩至最短，货物流向呈 L 型。L 型物流中心与 I 型物流中心有些类似，同样拥有两个独立货台、较少碰撞交叉点、适合处理快速流转的货物。

L 型物流中心存在的主要问题是除了 L 型流向范围内的货物外，其他功能区的货物的出入效率会相对地降低。因此采用这种类型的物流中心通常是为了同时处理快速流动和慢速流动的货物，把快速流动的货物储存在 L 型流向范围内，把慢速流动的货物储存在 L 型流向范围外，按货物的搬运频率有效利用物流中心内的各功能区。

L 型物流中心特别适合进行交叉式作业(cross-docking)，处理一些“来即走”或是只会在物流中心停留很短时间的货物。

3) U 型物流中心

U 型物流中心的典型特点是出、入货台集中在同一侧。由于物流中心内部流程整体呈现 U 型，其内部各功能区的运作范围经常重叠，交叉点也比较多，因此整体运作效率略低于其他两种类型的物流中心。

另外，由于进出物流中心的货物在同一个货台上进行收发，容易造成混淆，特别是在繁忙时段及处理类似货物的情况下。只有通过组建不同操作人员小组，分别负责货物出、入物流中心业务，才可避免繁忙时段的混乱现场发生，但是当货物出入物流中心的繁忙时段不同时，又会造成人力资源的浪费。

由于 U 型物流中心的出、入货台集中在同一边，只需在物流中心其中一边预留货车停泊及装卸货车道：一方面，可以更有效利用物流中心外围空间；另一方面，也可以集中货台管理，减少货台监管人员数量。

4. 物流中心作业流程设计

物流中心是企业物流体系中重要的节点，集中了企业核心的物流流程，如何设计物流中心作业流程，直接影响企业物流流程的合理化。物流中心的特性或规模的不同，其营运涵盖的作业项目和作业流程也不完全相同，但其基本作业流程可大致归纳如图 7-1 所示。

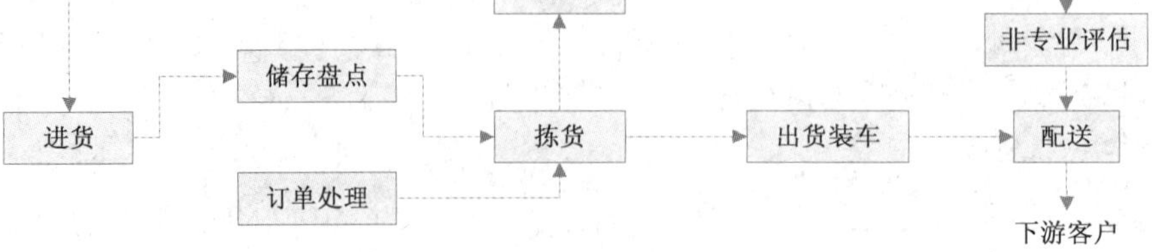

图 7-1　物流中心作业流程环节

物流中心作业环节主要包括进货、入库、拣货和出货等。其中各环节的流程如图 7-2 所示。

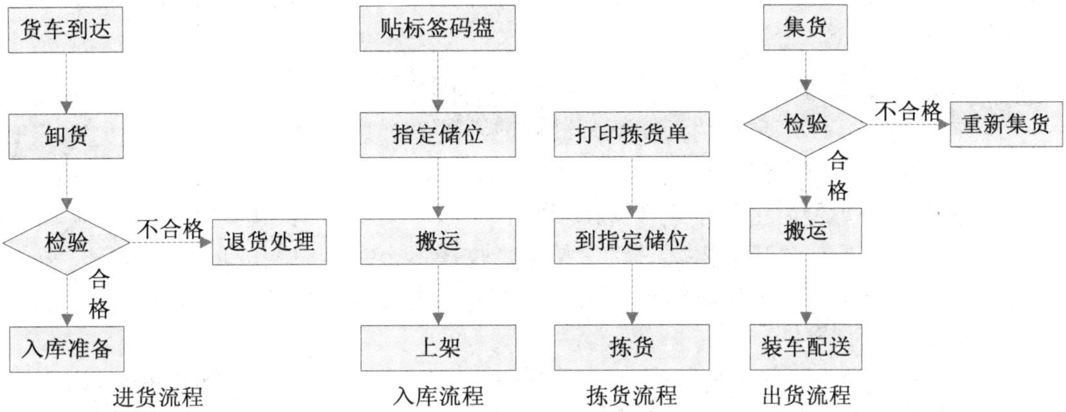

图 7-2　物流中心主要环节流程

(1) 进货：包括把货品做实体上的接收，从货车上将其货物卸下，并核对该货品的数量及状态(数量检查、品质检查、开箱等)，然后记录必要信息或将数据录入计算机。

(2) 入库：把进货验收完的货物按照一定的规则指定储位、整理并搬运到物流中心相应储区的货架上进行储存。

(3) 拣货：按照客户的订单，将不同种类数量的商品从物流中心取出来集中在一起的过程。目的在于正确且迅速地集合顾客所订购的商品。

(4) 出货：将拣取分类完成的货品做好出货检查，装入合适的容器，做好标识，根据指示将物品运至出货准备区，最后装车配送。这些活动的集合即为出货作业。

【任务实施】

一、任务描述

1. 任务背景描述

根据世界卫生组织的数据，全球每年有超过 800 万人死于烟草相关的疾病，其中大部分在中低收入国家。室内公共场所抽烟问题也一直是引起我国人民群众在公共场合个人和群体冲突的重要导火索。中华人民共和国卫生部于 2011 年发布的《公共场所卫生管理条例实施细则》中，明令禁止室内公共场所吸烟，该条例发布后公共场所室内抽烟情况有明显改善，对社会“友善”关系的形成起到了一定的促进作用。

某大型中国烟草企业位于杭州的成品烟物流中心是卷烟生产厂和分销商的物流中转中心，该物流中心分为两大区域：一区主要负责周转母工厂送达的成品烟，由于母工厂生产物流系统为全自动化系统，送达的成品烟都为整托盘集装单元，出入库效率很高；二区主要负责子工厂和外协工厂送达的成品烟，该类型工厂是为弥补母工厂产能不足而建设的，因此生产物流系统为半自动化系统，送达物流中心的成品烟以小包装箱为单位，入库时需要由作业员码成整托盘的集装单元，再由叉车搬运入库，出库时有一部分分销商无法及时将托盘返回，需要拆托盘后整箱装车，其他有条件的分销商可以及时返还托盘，可直接整托盘装车出库，效率较高。本任务对物流中心的二区进行仿真。

2. 流程和参数要求

烟草企业负责子工厂和外协厂货物周转的物流中心二区模型流程及布局图如图 7-3 所示，送货车辆到达后首先停靠在收货月台，经检验及码托盘后由叉车送至一层存储区，当一层存储区无空余货位后由叉车送至升降货梯，由升降货梯送至二层，经叉车送至二层存储区。当接到客户的订单后，由叉车将整托盘货物搬运至空闲的发货月台装车点，当一层有空余货位，二层存储区的货物短期内需要出库时，由叉车和升降梯共同搬运至一层空余存储区，执行出库任务。

任务 7　物流模型介绍演示

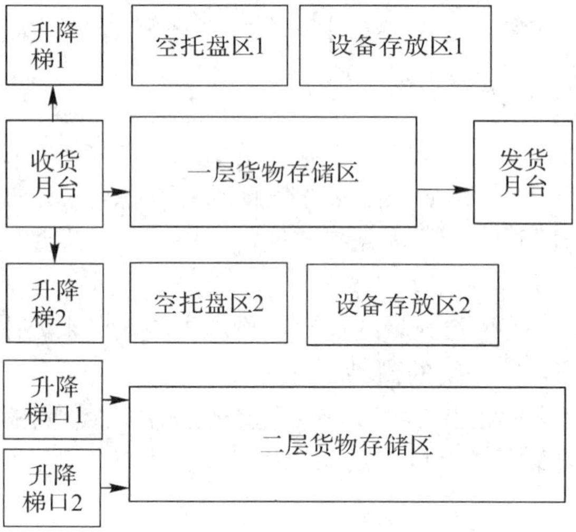

图 7-3　二区模型流程及布局图

主要实体及参数设置如下所述。

(1) 该物流中心的一层地面较厂区地面高 1.2 m，从而在物流中心两侧形成货车装卸货停靠的收发货月台，月台使用视觉类实体的形状实体进行模拟，长宽高为 25 m × 25 m × 1.2 m。

(2) 由送货车产生 8 种不同类型和颜色的货物，前 4 种货物每种 256 个，先按类型分别送达 4 个收货月台，后 4 种货物每种 612 个，在前 4 种货物完成入库后再按照类型分别到送 4 个收货月台。

(3) 组托点 1 负责货物 1 和货物 5 的堆码，组托点 2 负责货物 2 和货物 6 的堆码，组托点 3 负责货物 3 和货物 7 的堆码，组托点 4 负责货物 4 和货物 8 的堆码，每个托盘放 16 个货物，组托点 1 的托盘由空托盘存放区 1 提供，组托点 2 的托盘由空托盘存放区 2 提供，所有托盘由托盘出口提供，托盘出口产生 8 种托盘，第 1、2、5、6 种托盘送至空托盘存放区 1，第 3、4、7、8 种托盘送至空托盘存放区 2。

(4) 组托点 1、2、3、4 分别对应存储区 1A、1B、1C、1D，存储区 2A、2B、2C 和

2D 分别存储货物 5、6、7、8，要求每个存储区为 4 层 8 列的货架，货格宽和高要满足整托盘货物的存储要求。

(5) 前四种货物完成入库后，货物 5、6、7、8 被分别送达至对应收货月台，完成托盘堆码后分别经升降区 1、2 由升降梯 1、2 送至二层对应升降区，存储区 1A 和 1C 的货物出库时分别经拆托点 1 和拆托点 2 以包装箱为单位分别装入提货车 1 和提货车 4，存储区 1B 和 1D 的货物出库时以整托盘为单位分别装入提货车 2 和提货车 3。

(6) 二层平台的尺寸与一层平台一样，二层平台距离地面高度为 6 m。

二、任务实施

1. 第一阶段：拖放实体

步骤 1：拖放实体。

该模型物流中心为双层结构，实体拖放分两批进行，将图 7-4 所示实体统一拖放到一层平台上，将图 7-5 所示实体统一拖放到二层平台上，两个平台都由视觉类实体中的形状实体模拟，具体拖放实体类型及命名如表 7-1 所示。

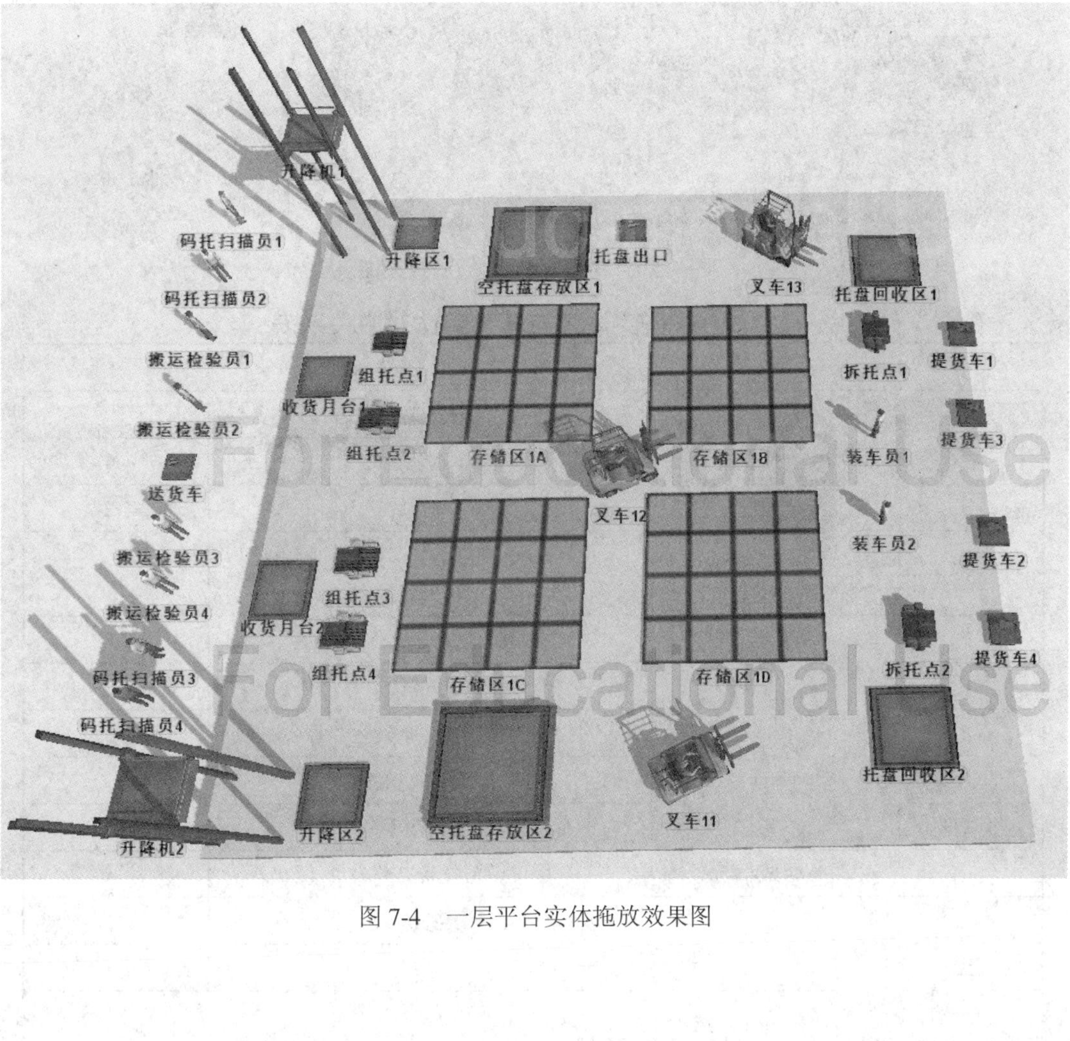

图 7-4　一层平台实体拖放效果图

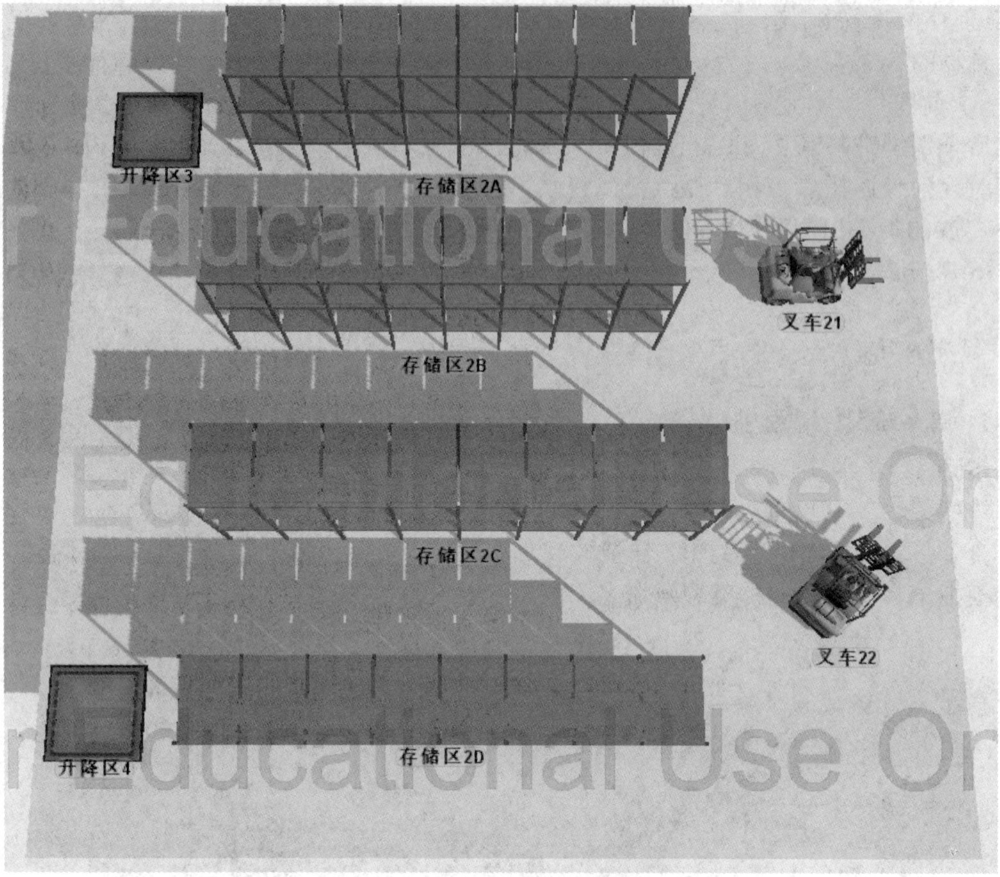

图 7-5　二层平台实体拖放效果图

表 7-1　模型实体盒与真实实体对应关系表

序号	模型实体	真实实体	数量
1	操作员	码托扫描员	4
2		检验搬运员	4
3		装车员	2
4	叉车	叉车 11、叉车 12、叉车 13、叉车 21、叉车 22	5
5	货架	存储区 1A～存储区 2D	8
6	暂存区	收货月台	2
7		空托盘存放区	2
8		空托盘回收区	2
9		升降区	4
10	合成器	组托点 1～4	4
11	发生器	送货车	1
12		托盘出口	1

续表

序号	模型实体	真实实体	数量
13	吸收器	提货车 1～4	4
14	升降机	升降机 1～2	2
15	形状	楼层平台 1～2	2
16	分解器	拆托点	2

2. 第二阶段：逻辑连线

步骤 2：连接端口。

使用 A 连接，从送货车依次分别连接到收货月台 1 和收货月台 2；

使用 S 连接，从送货车依次分别连接到搬运检验员 1、2、3、4；

使用 A 连接，从托盘出口依次分别连接到空托盘存放区 1 和空托盘存放区 2；

使用 A 连接，从空托盘存放区 1 依次分别连接到组托点 1 和组托点 2，从空托盘存放区 2 依次分别连接到组托点 3 和组托点 4；

使用 S 连接，从空托盘存放区 1 连接叉车 11，从空托盘存放区 2 连接叉车 12；

使用 A 连接，从收货月台 1 分别连接到组托点 1 和组托点 2，从收货月台 2 分别连接到组托点 3 和组托点 4；

使用 S 连接，从收货月台 1 依次分别连接到码托扫描员 1 和码托扫描员 2，从收货月台 2 依次分别连接到码托扫描员 3 和码托扫描员 4；

使用 A 连接，从组托点 1 依次分别连接存储区 1A 和升降区 1，从组托点 2 依次分别连接存储区 1B 和升降区 1，从组托点 3 依次分别连接存储区 1C 和升降区 2，从组托点 4 依次分别连接存储区 1D 和升降区 2；

使用 S 连接，从组托点 1 和组托点 2 分别连接叉车 11，从组托点 3 和组托点 4 分别连接叉车 12；

使用 A 连接，从存储区 1A 连接到拆托点 1，从存储区 1C 连接到拆托点 2，从存储区 1B 连接到提货车 3，从存储区 1D 连接到提货车 2；

使用 S 连接，从存储区 1A 和 1B 分别连接到叉车 11，从存储区 1C 和 1D 分别连接到叉车 12；

使用 A 连接，从拆托点 1 依次分别连接到空托盘回收区 1 和提货点 1，从拆托点 2 依次分别连接到空托盘回收区 2 和提货车 4；

使用 S 连接，从拆托点 1 连接到装车员 1，从拆托点 2 连接到装车员 2；

使用 A 连接，从空托盘回收区 1 连接到空托盘存放区 1，从空托盘回收区 2 连接到空托盘存放区 2；

使用 S 连接，从空托盘回收区 1 和空托盘回收区 2 分别连接到叉车 13；

使用 A 连接，从升降区 1 连接到升降区 3，从升降区 2 连接到升降区 4；

使用 A 连接，从升降区 3 依次分别连接到存储区 2A 和存储区 2B，从升降区 4 依次分别连接到存储区 2C 和存储区 2D；

使用 S 连接，从升降区 1 连接到升降梯 1，从升降区 2 连接到升降梯 2；

使用 S 连接，从升降区 3 连接到叉车 21，从升降区 4 连接到叉车 22。

连线完成的效果如图 7-6 所示。

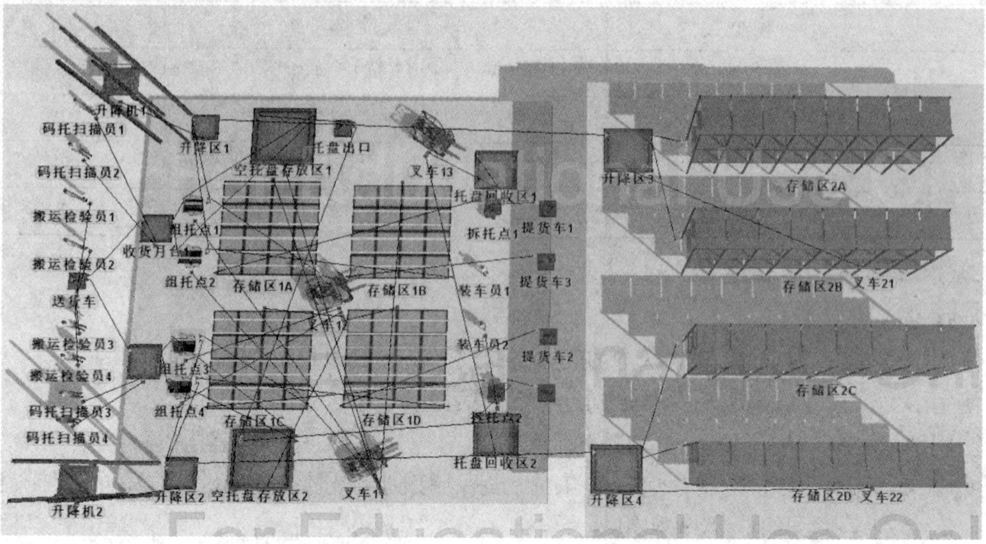

图 7-6　完成连线后的效果图

3. 第三阶段：参数设置

每个实体都有其特有的图形用户界面(GUI)，通过此界面可将数据与逻辑加入模型中。双击实体可打开叫作参数视窗的 GUI。

步骤 3：一层平台参数设置。

双击一层平台的形状，打开参数视窗，在“显示”选项卡中将“可视化显示”改为“立方体”，如图 7-7(a)所示。然后左击“常规”选项卡，如图 7-7(b)所示，将尺寸改为 x = 25、y = 25、z = 1.2，表示一层平台长和宽为 25 m，距离地面高为 1.2 m，1.2 m 高的月台可满足大型货车的快速卸货，最后点击“应用”和“确定”关闭设置窗口。

(a)　　　　(b)

图 7-7　一层平台参数设置示意图

步骤 4：二层平台参数设置。

二层平台与一层平台设置基本相同，只介绍不同的内容设置，如图 7-8 所示，双击二层平台的形状，打开参数视窗，在“常规”选项卡中，设置位置的 z = 6，表示二层平台距离地面高度为 6 m，设置尺寸的 z = 0.5，表示二层平台的地面厚度为 0.5 m，最后点击“应用”和“确定”关闭设置窗口。

图 7-8 二层平台参数设置示意图

步骤 5：送货车参数设置。

如图 7-9 所示，双击送货车，打开参数视窗，在“发生器”选项卡中，设置“到达方式”为“到达时间表”，“到达次数”为“8”，输入如图 7-9 所示数据内容，第 1 列数据代表八种货物装在货车中送达仓库门口时卸货的先后顺序，第 1～4 种货物先卸货并完成入库作业，然后第 5～8 种货物在模型运行到第 2500 s 时再卸货，第 3 列代表货物的类型值，是仿真软件识别该货物的唯一编码，第 4 列代表每种货物产生的数量，数量根据每种货物规划的库存容量设定。

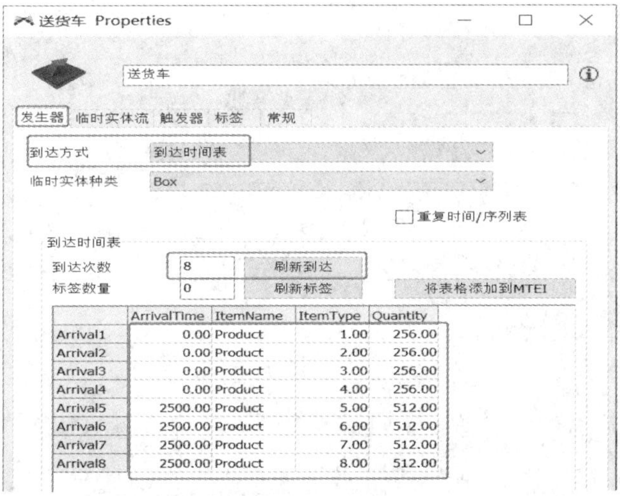

图 7-9 送货车参数设置示意图

在送货车的“临时实体流”选项卡中，选择“发送至端口”下拉菜单中的“根据返回值选择输出端口”并增加 8 行内容，按图 7-10(a)所示填入数据，表示八种不同的货物分别被送到两个不同的收货月台。在“发送至端口”勾选“使用运输工具”，如图 7-10(b)所示，在后面的下拉菜单中选择“根据返回值选择输出端口”并增加 8 行内容，并按图上内容输入数据，第 1 列的 case 值数据代表八种货物，第 2 列的 port 值代表调用搬运检验员完成搬运和检验工作，port 值为 1 表示调用搬运检验员 1 搬运和检验对应货物，以此类推。最后在“触发器”选项卡的“离开触发”下拉菜单中选择“根据不同的 case 值设置颜色”。

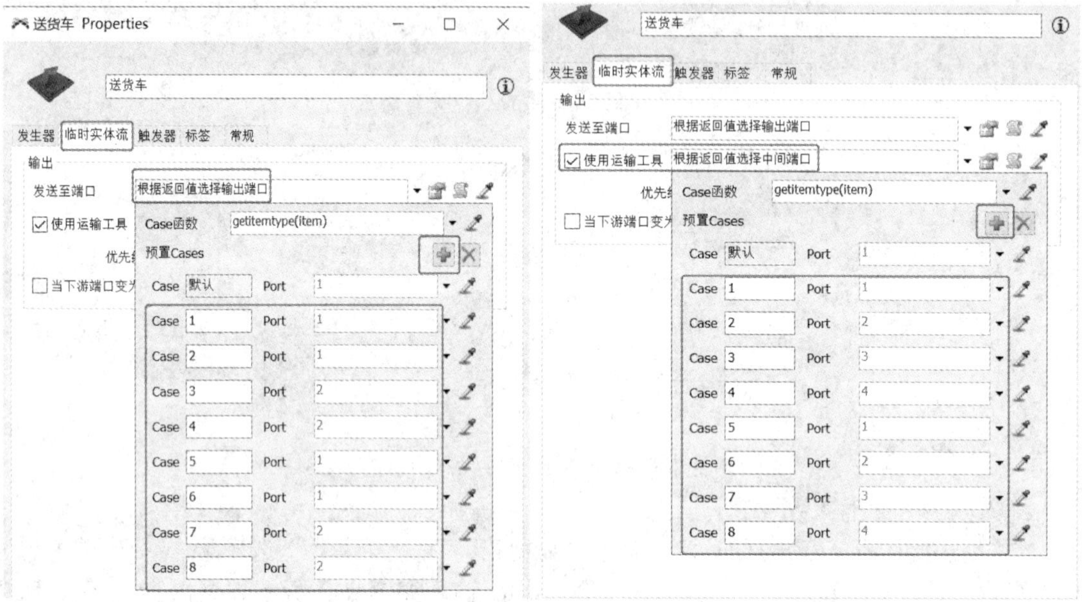

(a)　　(b)

图 7-10　送货车参数设置示意图

步骤 6：收货月台参数设置。

如图 7-11(a)所示，双击收货月台 1，打开参数视窗，在“临时实体流”选项卡中，选

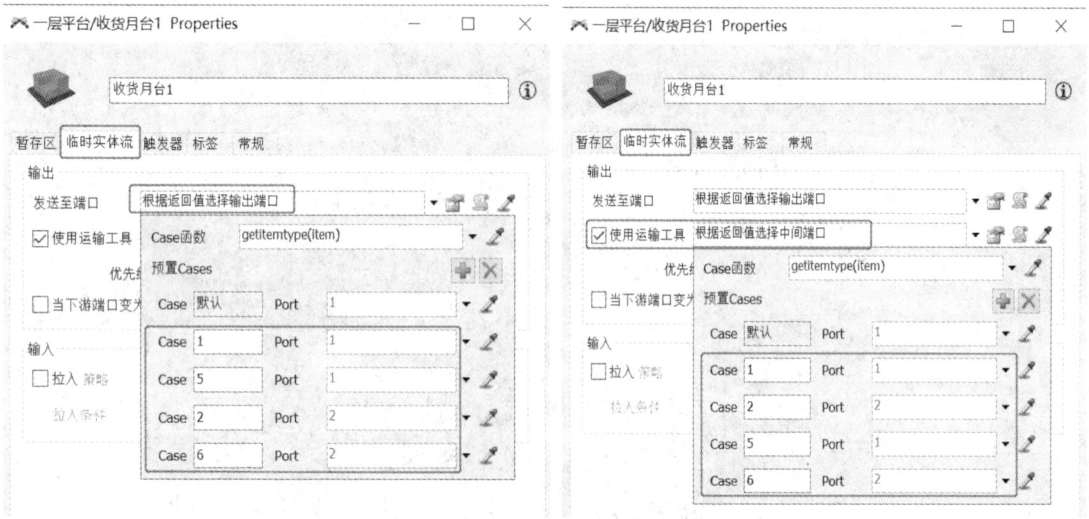

(a)　　(b)

图 7-11　收货月台 1 参数设置示意图

择“发送至端口”下拉菜单中的“根据返回值选择输出端口”并增加4行内容，按图7-11(a)所示填入数据，表示四种不同的货物分别被送到两个不同的组托点，port 1和port 2分别代表组托点1和组托点2。如图7-11(b)所示，勾选“使用运输工具”，在后面的下拉菜单中选择“根据返回值选择输出端口”并增加4行，按图示数据输入，第1列的case值数据代表四种货物，第2列的port值代表调用哪位码托扫描员完成搬运和检验工作，port值为1表示调用码托扫描员1堆码和扫描货物，以此类推。

收货月台2与收货月台1的设置基本相同，主要不同点是如图7-12所示的数据值不同。

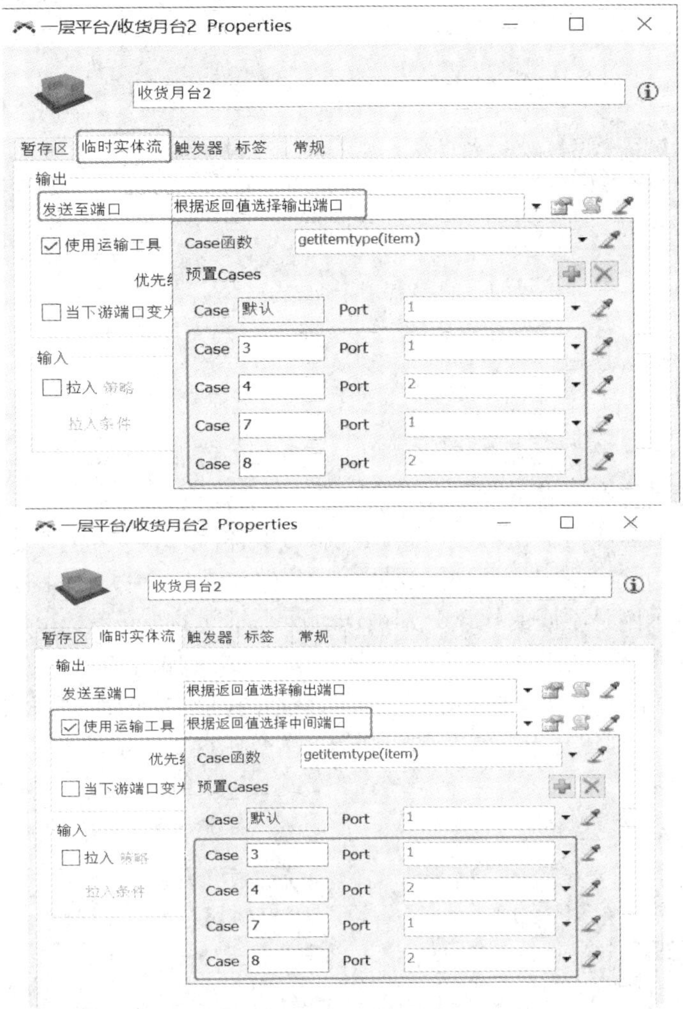

图7-12 收货月台2参数设置示意图

步骤7：托盘出口参数设置。

双击托盘出口，打开参数视窗，如图7-13(a)所示选择“到达方式”为“到达时间表”，“临时实体种类”为“Pallet”，“到达次数”输入“8”，然后点击“刷新到达”，填入图7-13(a)所示的数据，表示八种不同类型的托盘分两批产生。如图7-13(b)所示，点击“临时实体流”选项卡，选择“发送至端口”中的“根据返回值选择输出端口”，添加8行内容并输入如图7-13(b)所示数据，第1列代表八种不同的托盘，第2列代表不同的托盘要进入的空托盘暂存区编号，port 1和port 2分别代表空托盘暂存区1和空托盘暂存区2。最后点击“触发器”

选项卡中的“离开触发”，选择“根据不同的 case 值设置颜色”，实现八种托盘显示八种不同的颜色。

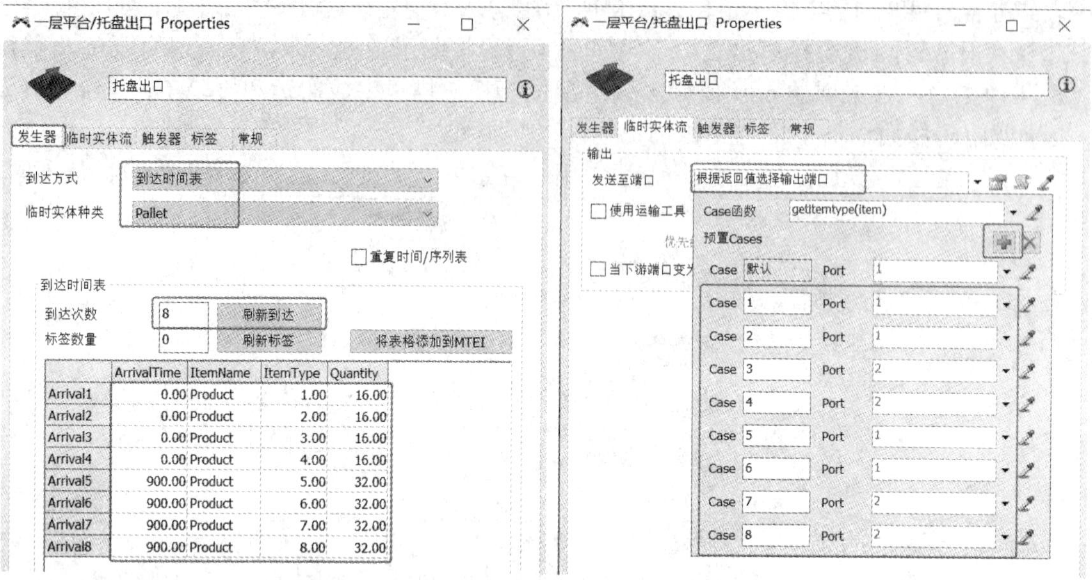

(a)　　(b)

图 7-13　托盘出口参数设置示意图

步骤 8：空托盘暂存区参数设置。

双击空托盘存放区 1，打开参数视窗，在“临时实体流”选项卡中勾选“使用运输工具”，选择“发送至端口”下拉菜单中的“根据返回值选择输出端口”并增加 4 行内容，按图 7-14(a)所示填入数据，表示四种不同的托盘分别被送到两个不同的组托点，port 1 和 port 2 分别代表组托点 1 和组托点 2，空托盘搬运工作由叉车 11 完成。如图 7-14(b)所示，空托盘暂存区 2 的设置与空托盘暂存区 1 基本相同，将剩余四种不同类型的货物分别送到两个不同的组托点，port 1 和 port 2 分别代表组托点 3 和组托点 4，空托盘搬运工作由叉车 12 完成。

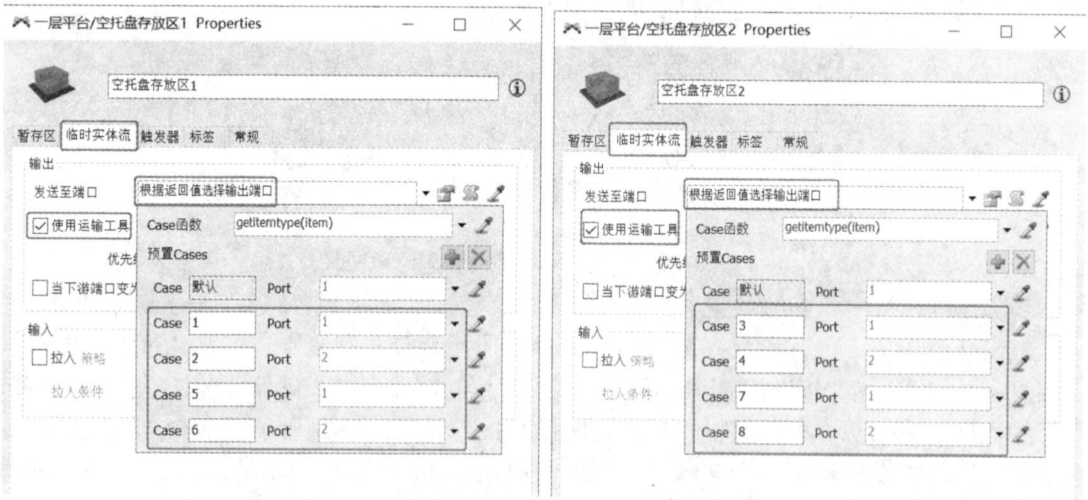

(a)　　(b)

图 7-14　空托盘存放区 1 和空托盘存放区 2 参数设置示意图

步骤 9：组托点参数设置。

双击组托点 1，打开参数视窗，在“临时实体流”选项卡中勾选“使用运输工具”，选择“发送至端口”下拉菜单中的“根据返回值选择输出端口”并增加 2 行内容，按图 7-15(a)所示填入数据，表示第 1 种货物和第 5 种货物集装到托盘上后分别被送到两个不同的区域，port 1 和 port 2 分别代表存储区 1A 和升降区 1，整托盘货物搬运工作由叉车 11 完成。如图 7-15(b)所示，将“加工时间”选项卡中的“加工时间”和“预置时间”设置为“0”，表示组托点本身作为一个码托盘的位置没有消耗时间的动作。

(a)　　　　(b)

图 7-15　组托点 1 参数设置示意图

如图 7-16(a)所示，将组托点 1 的“合成器”选项卡中“组成清单”的值设置为“16”，表示每个托盘码放 16 箱货物。组托点 2 的设置与组托点 1 基本相同，组托点 2 的不同设置点如图 7-16(b)所示，表示第 2 种货物和第 6 种货物集装到托盘上后分别被送到两个不同的区域，port 1 和 port 2 分别代表存储区 1B 和升降区 1，整托盘货物搬运工作由叉车 11 完成。

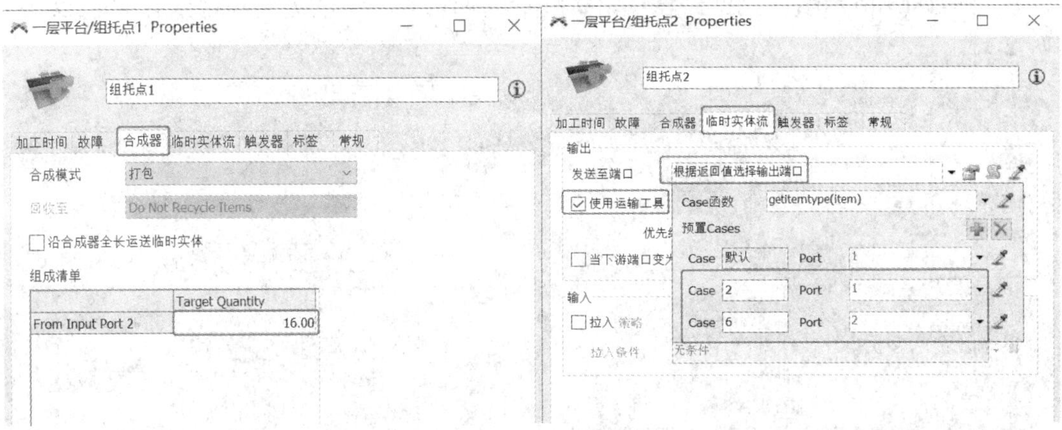

(a)　　　　(b)

图 7-16　组托点 1 和组托点 2 参数设置示意图

组托点 3 的设置与组托点 1 基本相同，主要的不同设置点如图 7-17(a)所示，表示第 3 种货物和第 7 种货物集装到托盘上后分别被送到两个不同的区域，port 1 和 port 2 分别代表存储区 1C 和升降区 2，整托盘货物搬运工作由叉车 12 完成。

组托点 4 的设置与组托点 1 基本相同，主要的不同设置点如图 7-17(b)所示，表示第 4 种货物和第 8 种货物集装到托盘上后分别被送到两个不同的区域，port 1 和 port 2 分别代表存储区 1D 和升降区 2，整托盘货物搬运工作由叉车 12 完成。

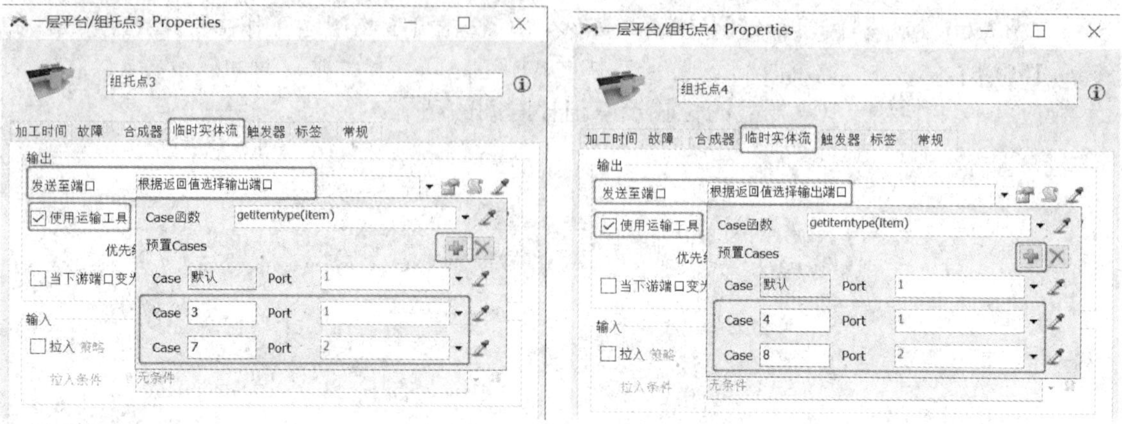

(a)　　(b)

图 7-17　组托点 3 和组托点 4 参数设置示意图

步骤 10：升降区参数设置。

分别双击升降区 1 和升降区 2，打开参数视窗，在“临时实体流”选项卡中，勾选“使用运输工具”，代表整托盘货物从一层到二层的搬运工作分别由两个升降梯完成。

分别双击升降区 3 和升降区 4，打开参数视窗，在“临时实体流”选项卡中，勾选“使用运输工具”，代表整托盘货物在二层的入库搬运工作分别由叉车 21 和叉车 22 完成。

点击升降区 3 的“临时实体流”选项卡，选择“发送至端口”下拉菜单中的“根据返回值选择输出端口”并增加 2 行内容，按图 7-18(a)所示填入数据，这些数据表示第 5 种货物和第 6 种货物分别被送到存储区 2A 和存储区 2B。点击升降区 4 的“临时实体流”选项卡，按图 7-18(b)所示填入数据，表示第 7 种货物和第 8 种货物分别被送到存储区 2C 和存储区 2D。

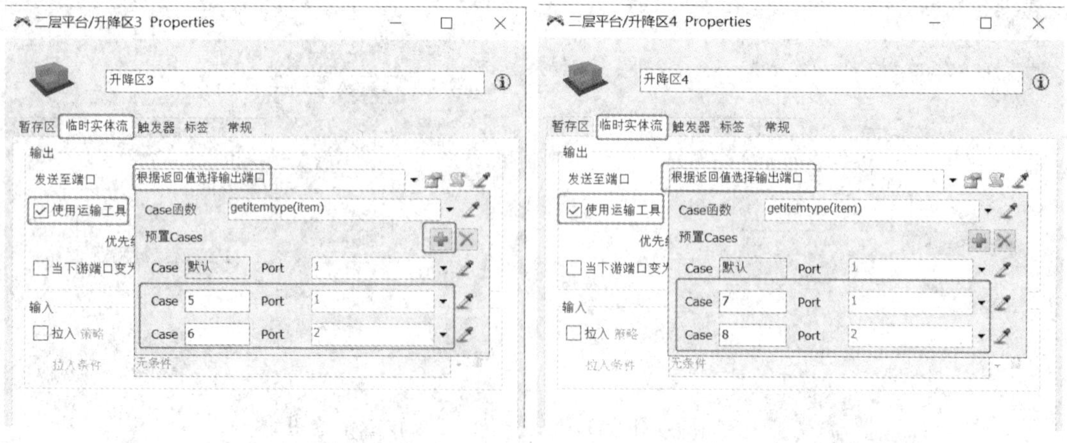

(a)　　(b)

图 7-18　升降区参数设置示意图

步骤 11：一层存储区参数设置。

四个存储区 1A、1B、1C、1D 的设置相同，以存储区 1A 为例，如图 7-19(a)所示，双击存储区 1A，打开参数视窗，在“尺寸表格”选项卡中，将“列数”和“层数”都设置为“4”，代表该存储区共有 16 个储位，“列宽”和“层高”都设置为“1.5”，代表该地面货位为正方形，可以存放 1.25 m 宽的正方形托盘。如图 7-19(b)所示，在“临时实体流”选项卡中勾选“使用运输工具”，代表出库的搬运由叉车 11 完成。

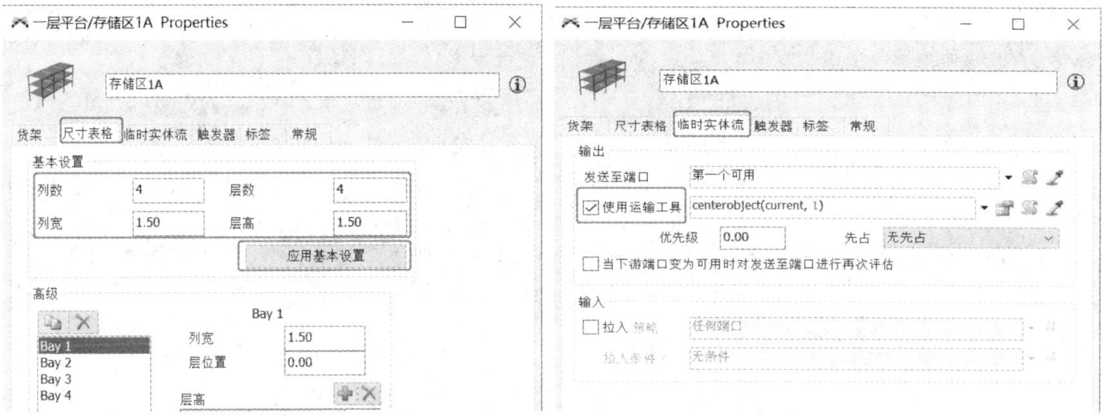

(a)　　　　(b)

图 7-19　存储区 1A 参数设置示意图 1

如图 7-20(a)所示，在“货架”选项卡中，勾选“平放货架”，代表货物的存储方式为地面堆存，“最大容量”设置为“16”，表示存储区 1A 最多可以放 16 托盘的货物，“放置到列”和“放置到层”分别选择“第一个可用列”和“一个可用层”，“最小停留时间”设置为“7000”s，该设置是为保证所有入库作业完成后，再统一开始执行出库作业。如图 7-20(b)所示，“货格容量”为“1”，表示每个货格只存放一托盘货物，不叠加堆放。

(a)　　　　(b)

图 7-20　存储区 1A 参数设置示意图 2

步骤 12：二层存储区参数设置。

四个存储区 2A、2B、2C、2D 的设置相同，以存储区 2A 为例。如图 7-21(a)所示，双击存储区 2A，打开参数视窗，在“尺寸表格”选项卡中，将“列数”设置为“8”和“层数”设置为“4”，代表该存储区共有 32 个货位。“列宽”和“层高”设置为“1.5”

和“1.6”，表示可以存放宽 1.25 m、高 1.33 m 的整托盘货物并预留足够的叉车存取空间。“最大容量”设置为“32”，与该存储区货位数一致。“放置到列”和“放置到层”分别选择“第一个可用列”和“第一个可用层”。如图 7-21(b)所示，“货格容量”为 1，表示每个货位只存放一托盘货物。

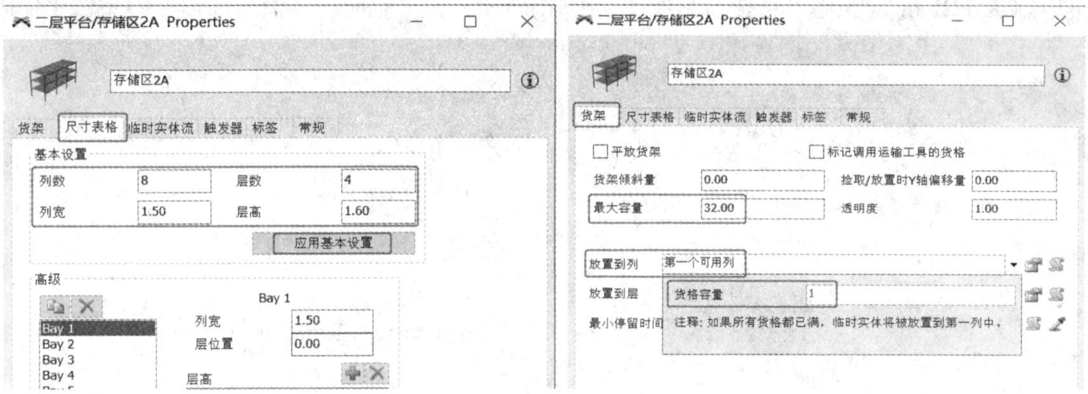

(a)　　(b)

图 7-21　存储区 2A 参数设置示意图

步骤 13：拆托点参数设置。

两个拆托点的设置相同，以拆托点 1 为例。如图 7-22(a)所示，双击拆托点 1，打开参数视窗，在“加工时间”选项卡中，将“加工时间”和“预置时间”设置为“0”，代表拆托点作为一个作业区域不消耗时间。如图 7-22(b)所示，点击“临时实体流”选项卡，勾选“使用运输工具”，代表将托盘上货物装到提货车上的任务由装车员 1 和装车员 2 完成。

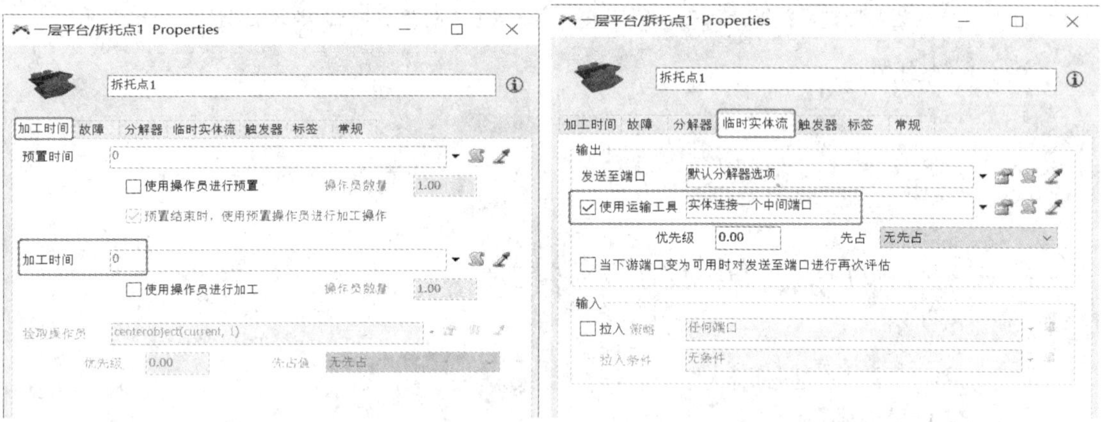

(a)　　(b)

图 7-22　拆托点 1 参数设置示意图

步骤 14：托盘回收参数设置。

分别双击托盘回收区 1 和托盘回收区 2，打开参数视窗，在“临时实体流”选项卡中，勾选“使用运输工具”，代表空托盘回收的搬运工作由叉车 13 完成。

步骤 15：入库人员参数设置。

搬运检验员的参数设置完全相同，以搬运检验员 1 为例。如图 7-23(a)所示，双击打开搬运检验员 1 参数视窗，在“操作员”选项卡中，将“容量”设置为“4”，代表搬运检验员单次最大搬运量为 4 箱货物，“装载时间”和“卸载时间”都设置为“2”，代表搬运检验员搬起一次货物和放下一次货物消耗的时间是 2 s。

码托扫描员的参数设置完全相同，以码托扫描员 1 为例。如图 7-23(b)所示，双击打开码托扫描员 1 参数视窗，在“操作员”项卡中，将“容量”设置为“4”，代表码托扫描员单次最大搬运量为 4 箱货物，“装载时间”设置为“2”，“卸载时间”设置“4”，代表搬运检验员搬起一次货物需要 2 s，将货物整齐地码放到托盘上需要 4 s。

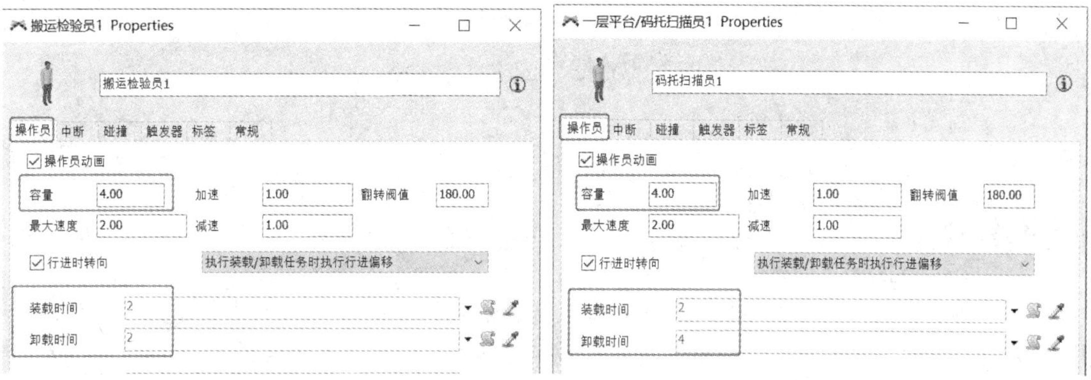

(a)　　　　(b)

图 7-23　搬运检验员 1 和码托扫描员 1 参数设置示意图

步骤 16：装车员参数设置。

装车员的参数设置完全相同，以装车员 1 为例。如图 7-24 所示，双击打开装车员 1 参数视窗，在“操作员”选项卡中，将“容量”设置为“4”，代表装车员单次最大搬运量为 4 箱货物，“装载时间”和“卸载时间”都设置为“2”，代表搬运检验员搬起一次货物和放下一次货物消耗的时间是 2 s。

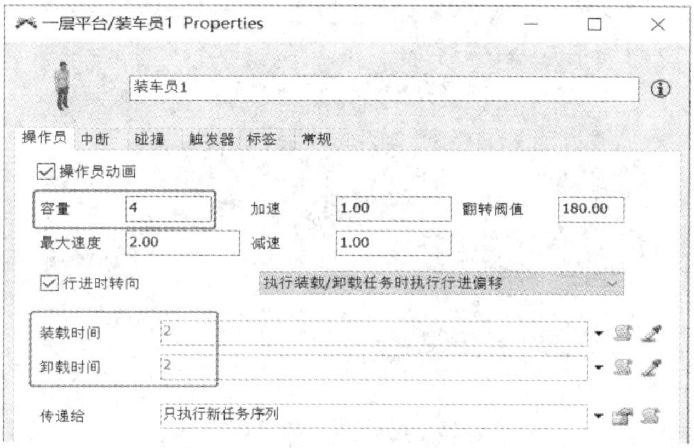

图 7-24　装车员 1 参数设置示意图

步骤 17：叉车参数设置。

叉车 11、12、13、21、22 的参数设置方法基本相同。如图 7-25(a)所示，双击打开叉车 11 参数视窗，在“叉车”选项卡中，将“装载时间”和“卸载时间”设置为“3”，代表叉车叉取一次货物和放下一次货物消耗的时间是 3s，叉车 12 和叉车 13 与叉车 11 的设置完全相同。叉车 21 和叉车 22 的参数设置如图 7-25(b)所示，“装载时间”设置为“3”，

“卸载时间”设置为“6”。

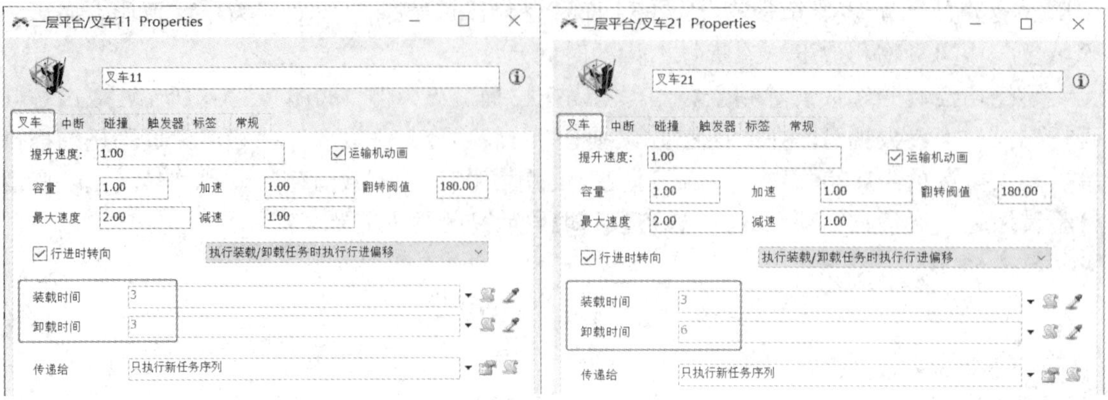

(a)　　(b)

图 7-25　叉车 11 和 21 参数设置示意图

步骤 18：网络节点设置。

运行模型时会出现叉车横穿障碍物的情况，主要原因是没有布置叉车的行驶路线，因此，往一层平台上拖放 13 个网络节点，并按图 7-26 所示进行 A 连接，一层平台上的所有存储区、组托点、拆托点、提货车、空托盘存放区、升降区与就近的网络节点 A 连接，叉车 11 和叉车 12 分别选择一个网络节点 A 连接，可实现叉车按照如图 7-26 所示网络路径有序行驶。

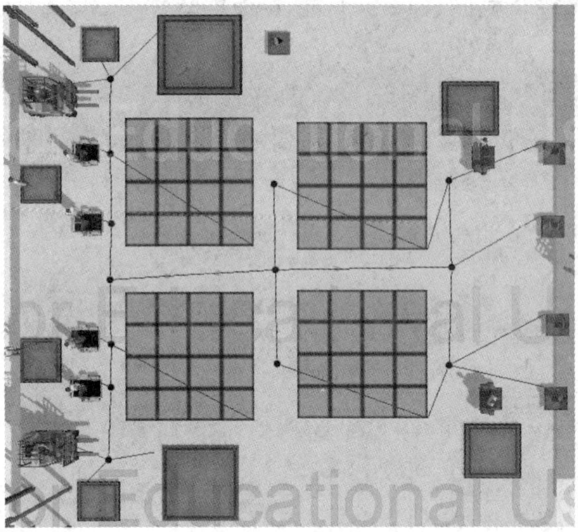

图 7-26　网络节点设置示意图

【任务结果与评价】

◇ 结果

(1) 分析项目背景，完成实体的合理选择；

(2) 根据流程，合理的完成设施设备布局；

(3) 完成一套可以流畅运行的模型；

(4) 根据运行结果对该物流系统的合理性进行分析。

◇ 评价

• 练习任务

在本模型基础上，完成第三层存储空间的建模，库存量与第二层相同，要求第二层存满后开始进行第三层的存储。为第二层货物的出库建立通道，要求第一层完成出库后第二层开始出库。为空托盘回收叉车布置合理的网络路线。

• 成绩评定标准

对练习模型进行成绩评定，主要评定指标如下：

(1) 实体选择正确性，满分 20 分，每错一个实体扣 5 分，扣完为止；

(2) 布局合理性，满分 30 分，根据功能区的相对位置和面积大小赋分；

(3) 模型运行流畅性，满分 30 分，模型运行过程中停顿 1 次扣 5 分，扣完为止；

(4) 系统合理性分析的正确性，满分 20 分，根据瓶颈环节识别的准确性赋分。

任务 8　To C 配送中心仿真

【实践目的、要求、准备】

◇ 目的

(1) 了解散装零售出入库作业系统的基本构成；

(2) 了解散装零售出入库作业的基本流程；

(3) 了解 B2C 物流前端节点出入库系统特点；

(4) 掌握 FlexSim 仿真软件在散装零售出入库作业系统仿真方面的应用方法。

◇ 要求

在实践前认真阅读实践知识链接部分内容，并标记不理解的关键词，通过小组合作的形式进行讨论和交流，完成理论知识的学习。实践学时：建议 4 学时。

◇ 准备

• 任务布置

(1) 教师提前布置。教师提前 1～3 天通知学生进行实践知识链接中的理论内容学习，明确实践目的和要求。

(2) 学生提前准备。学生提前阅读本书，以学习小组的形式学习掌握实践相关理论知识，不理解的内容进行重点标记。

• 任务工具

任务工具包括 FlexSim 仿真软件、电脑、纸笔等。

• 任务分组

由学生自行分组，教师从中调配，3～5 人为一组。

【实践知识链接】

一、配送中心概述

配送中心是指具有完善的配送基础设施和信息网络，可便捷地连接对外交通运输网络，并向末端客户提供短距离、小批量、多批次配送服务的专业化配送场所或组织。

配送中心是基于物流合理化和市场拓展两大需求，以组织配送式销售和供应、以执行实物配送为主要功能的流通型物流结点。它很好地解决了用户多样化需求和厂商大批量专业化生产的矛盾，因此配送中心逐渐成为现代化物流的标志。

二、配送中心分类

配送中心具有满足多量少样的市场需求及降低流通成本的作用。但是由于建造企业的背景不同，其配送中心的功能、构成和运营方式就有很大区别，因此在配送中心规划时应充分注意配送中心的类别及其特点。配送中心的具体分类方式如下。

(1) 按配送中心的设立者分类：制造商型配送中心、批发商型配送中心、零售商型配送中心、专业物流配送中心。

(2) 按配送中心的功能分类：储存型配送中心、流通型配送中心、加工型配送中心。

(3) 按配送中心所处的位置划分：供应型配送中心、销售型配送中心。

(4) 按配送货物的属性分类：食品配送中心、日用品配送中心、医药配送中心、化妆品配送中心、家电配送中心、电子(3C)产品配送中心、书籍配送中心、服饰配送中心、汽车零件配送中心以及生鲜产品配送中心等。

(5) 按服务范围分类：城市配送中心、区域配送中心、国际配送中心。

三、配送中心作业流程

配送中心的特性或规模不同，其营运涵盖的作业项目和作业流程也不完全相同，但其基本作业流程大致可归纳为如图 8-1 所示的流程图。

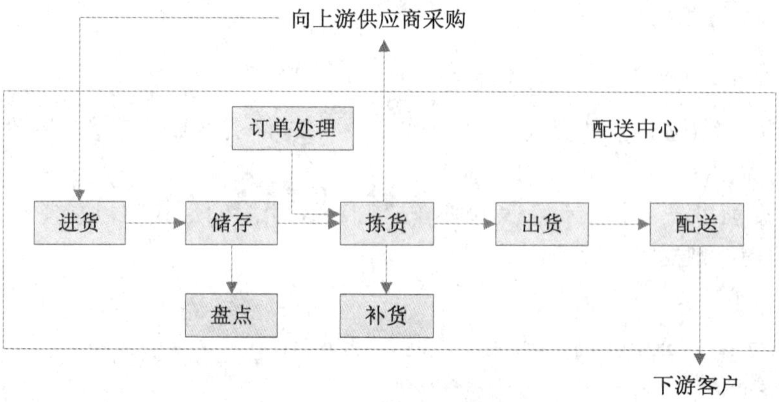

图 8-1　配送中心的基本作业流程

供应货车到达并经收货确认后，便依次将货品入库。为确保在库货品得到良好的保护和管理，需进行定期或不定期的盘点和检查。当接到客户订单后，先将订单依其性质做订单处理，之后即可按处理后的订单信息将客户订购货品从仓库中取出作拣货作业。拣货完成后一旦发觉拣货区所剩余的存量过低，则必须由储存区来补货。当然，若整个储存区的存量亦低于标准，便应向上游供应商采购进货。而从仓库拣出的货品经整理后即可准备出货，等到一切出货作业完成后，司机便可将出货品装上配送车，将之配送到各个客户点进行交货。

四、配送中心系统规划的内容

配送中心是以执行实物配送为主要机能的流通型物流节点。配送中心的建设是基于物流合理化和发展市场两个需要而发展的。配送中心的系统规划主要包括物流系统规划、信息系统规划、运营系统规划等三个方面，基本内容如图 8-2 所示。物流系统规划包括设施布置、物流设备、作业方法；信息系统规划也就是对配送中心信息管理与决策支持系统的规划，包括功能规划、流程规划、信息管理系统规划；运营系统规划包括对组织机构、人员配备、作业规范等的设计。通过系统规划，实现配送中心的高效化、信息化、标准化和制度化。

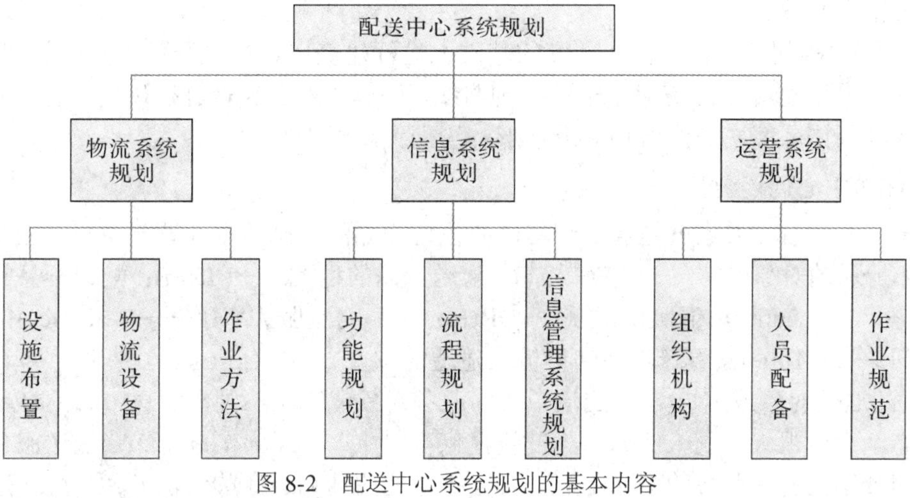

图 8-2 配送中心系统规划的基本内容

1. 配送中心规划阶段划分

配送中心规划分为五个主要阶段，包括筹建准备阶段、系统规划设计阶段、方案评估阶段、详细设计阶段、系统实施阶段，本书主要讲前两个阶段。

1) 筹建准备阶段

在配送中心的筹建准备阶段，首先应该明确建设配送中心的任务、目标以及有关的背景条件。在对配送中心建设的必要性和可行性有了初步结论后，就应该筹建小组进行具体规划，为了避免片面性，筹建小组成员应包括本公司、物流设备制造厂、土建部门的人员以及一些经验丰富的物流专家。

筹建小组应根据企业经营决策的基本方针，进一步确认配送中心建设的必要性。例如配送中心的设置地点，在物流网络中是采取集中型配送中心还是分散型配送中心，生产工厂以及仓库的关系，配送中心的规模以及配送中心的服务水平基本标准。

2) 系统规划设计阶段

本设计阶段需要对配送中心的基本流程、要素和能力、运营系统平面布置、建筑规划等进行全面的规划与设计。

(1) 基本流程设计。将配送中心的作业流程如进货、保管、流通加工、拣取、项目进度按顺序做成流程图，如分货、配货等作业环节，而且初步设定各作业环节的相关作业方法。例如配送中心设定卸货作业的方法时，首先要根据卸货点到仓库的距离，确定使用机械还是人力进行卸货，然后再考虑和所选方式相应的作业方法。

(2) 配送中心的要素和能力设计。根据配送中心各作业环节的功能要求，为各作业环节设备类型的选择设定条件，初步确定各设备应具备的能力。如选定叉车为系统要素之一，要确定叉车类型，并初步根据其应具备的能力决定叉车的规格型号。

(3) 运营系统设计。包括作业程序与标准、管理方法和各项规章制度、对各种票据处理及各种作业指示图、设备的维修制度与系统异常事故的对策设计以及其他有关配送中心的业务规划与设计等。

(4) 平面布置设计。确定各业务要素所需要的占地面积及其相互关系，考虑到物流量、搬运手段、货物状态等因素，做成位置相关图。在平面设计中还要考虑到将来可能发生的变化，要留有余地。

(5) 建筑规划设计。在位置相关图的基础上进行建筑规划，既要确定建筑物的类型，(采用平面或是多层建筑)，还应对车辆的行驶路线、停车场地等因素进行规划。最后结合有关法规限制与周围环境决定建筑物的最终形态与配置。

2. 配送中心规划要素

配送中心的规划要素就是影响配送中心系统规划的基础数据和背景资料，主要包括七个方面：配送的对象或客户——E(Entry)；配送货品的种类——I(Item)；配送货品的数量或库存量——Q(Quantity)；配送的通路——R(Route)；物流服务水平——S(Service)；物流的交货时间——T(Time)；配送货品的价值或建造的预算——C(Cost)。

(1) 配送的对象或客户(E)：配送中心的服务对象或客户不同，配送中心的订单形态和出货形态就会有很大不同。例如为生产线提供准时生产(Just in Time，JIT)配送服务的配送中心和为分销商提供服务的配送中心，其分拣作业的计划、订单传输方式、配送过程的组织将会有很大的区别；而同时销售领域的配送中心，面向批发商和零售商的配送，其出货量的多少和出货的形态也有很大不同。

(2) 配送货品的种类(I)：在配送中心所处理的货品品项数差异性非常大，多则上万种以上，如书籍、医药及汽车零件等配送中心；少则数百种甚至数十种，如制造商型的配送中心。由于品项数的不同，其复杂性与难度也有所不同。

(3) 配送货品的数量或库存量(Q)：这里 Q 包含两个方面的含义：一是配送中心的出货数量，二是配送中心的库存量。出货数量的多少和随时间的变化趋势会直接影响到配送中心的作业能力和设备的配置。

(4) 配送的通路(R)：配送的通路与配送中心的规划有很大关系。常见的几种通路模式如下：

① 工厂→配送中心→经销商→零售商→消费者；

② 工厂→经销商→配送中心→零售商→消费者；

③ 工厂→配送中心→零售店→消费者；

④ 工厂→配送中心→消费者。

因此规划配送中心之前首先必须了解配送的通路的类型，然后根据配送中心在配送的通路中的位置和上下游客户的特点进行规划，才不会造成失败。

(5) 物流服务水平(S)：物流服务水平的主要指标包括订货交货时间、货品缺货率、增值服务能力等。应该针对客户的需求，制订一个合理的服务水准。

(6) 物流的交货时间(T)：在物流服务品质中物流的交货时间非常重要。因为交货时间太长或不准时都会严重影响零售商的业务，因此交货时间的长短与守时与否是物流业者服务品质的重要评估项目。

(7) 配送货品的价值或建造的预算(C)：在配送中心规划时，除了考虑以上的基本要素外，还应该注意研究配送货品的价值和建造预算。

3. 配送中心的总体规划

1) 配送中心的区域规划

配送中心区域规划的程序如图 8-3 所示，首先对配送中心的流程进行分析，在此基础上确定各类作业区域的功能和能力需求，然后对各区域进行细分，确定各子区域的功能和能力。下面重点对仓储区的储运能力规划和拣货区的储运量规划进行介绍。

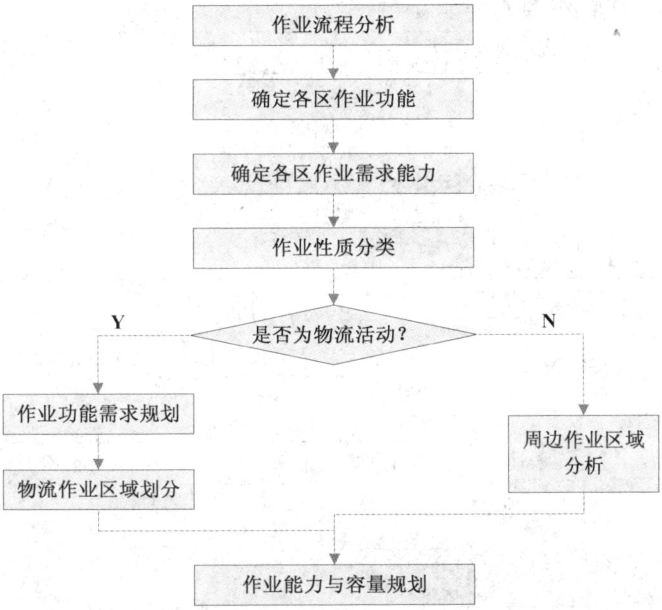

图 8-3　配送中心的区域规划流程图

(1) 仓储区的储运能力规划。仓储区的储运能力的估算方法有两种：周转率估计法和商品送货频率估计法。

(2) 拣货区的储运量规划。配送中心拣货区的运转量估算方法与仓储区估算方法类似，但要注意：仓储区的容量是维持一定期间(厂商送货期间)内的出货量需求的，因此对进出货的特性及出货量均需加以考虑，而拣货区则以单日出货货品所需的拣货作业空间为主，故以品项数及作业面为主要考虑因素，一般拣货区的规划不需包含当日所有的出货量，在拣货区货品不足时则由仓储区进行补货。其规划计算的原则及方法说明如下。

① 年出货量计算：将配送中心的各项进出产品换算成相同拣货单位的拣货量，并估计各项产品的年出货量，如果产品物性差异很大(如干货与冷冻品)或基本储运单位不同(如箱出货与单品出货)，可以分别加以计算。

② 估计各项产品出货天数：依各项产品估计年出货天数。计算各产品平均出货天数的出货量，将各产品年出货量除以年出货天数。

(3) 能力平衡分析。在完成相关作业程序、需求功能及其需求能力的规划后，可依照作业流程的顺序，整理各环节的作业量大小，将配送中心内由进货到出货各阶段的物品动态特性、数量及单位表示出来。因作业时序安排、批次作业的处理周期等因素，可能产生作业高峰及瓶颈，因此需调整原先规划的需求量，以适应实际可能发生的高峰要求。而由于主要物流作业均具有持续性的关系，因此也需考虑前后作业的平衡性，以避免因需求能力规划不当而产生作业的瓶颈。

2) 配送中心的总体布置

在完成各作业程序及作业区域的规划，并且确定主要物流设备与外围设施的基本方案后，即可进行空间区域的布置规划，产生作业区域的区块布置图，标出各作业区域的面积与界限范围。配送中心系统布置常使用系统布局规划(Systematic Layout Planning，SLP)方法。系统布置的一般程序如图 8-4 所示。

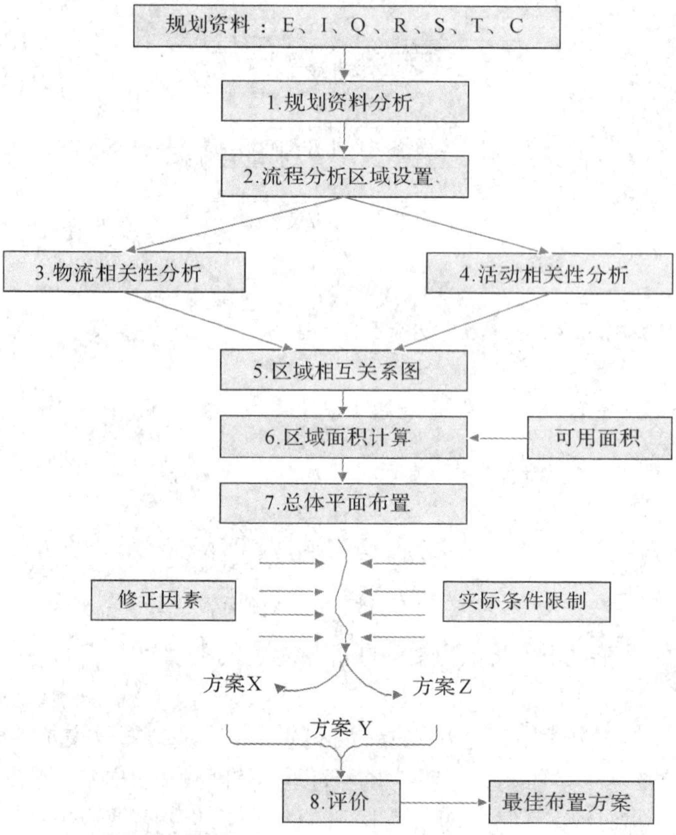

图 8-4　系统布置的一般程序

4. 配送中心拣选作业系统规划

配送中心的拣选作业就是将用户所订的货物从保管处取出，按不同用户分类后集中放置。随着货品经济的发展，用户需求向小批量多种的方向发展，配送中心配送货品的种类和数量将急剧增加，拣选作业在配送中心作业中所占的比例越来越大，是最耗费人力和时间的作业。所以拣选配货就成为配送中心的核心工序，也成为直接影响配送中心的作业效率和经营效益的重要因素。拣选作业系统的规划程序如图 8-5 所示。

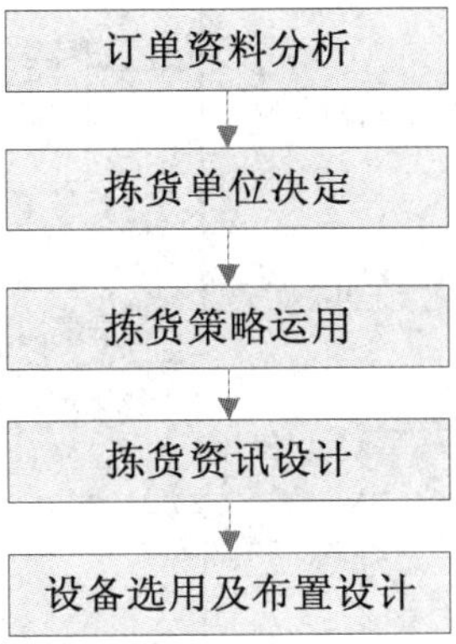

图 8-5　拣选作业系统规划程序

【任务实施】

一、任务描述

作为世界 500 强企业和中国最大的零售商，京东集团始终将企业社会责任放在集团战略的重要位置，大量开展救灾、环保、教育、公益组织服务、扶贫和社会创新等领域工作并取得明显成效，实施了让全供应链实现绿色环保的“青流计划”，上线了“一键捐赠、物资直送”的京东公益“物爱相连”平台，很好地承担了一家互联网企业的社会责任。

作为自建物流体系的电商企业代表，京东集团在全国拥有成熟的物流仓配网络，支撑京东商城 B2C 业务的配送中心内部布局及作业流程具有较强的代表性。下面通过一个简化的仿真模型介绍电商行业配送中心内部功能区和流程规划。

1. 流程和参数要求

1) 配送中心内部的整体布局及流程

图 8-6 所示为配送中心内部的整体布局及流程，整体分为收货区(空托盘暂存区、收货月台、码托盘区)、整托盘货物存储区、拆零拣选区(补货区、机器人拆零拣选区、拣选工作台和复核包装台)、分拣发货区(分拣传送带和分拣口以及发货月台)和办公区五大区域。供应商送达的货物经过检验和码托盘后由叉车送至整托盘货物存储区存储，机器人拆零拣选区是拣货区域，当订单到达时机器人会根据拣选指令将货物从拆零拣选区取出并送至拣选工作台，经过复核打包后由环形分拣传送带按照配送区域进行分拣，当机器人拆零拣选

区的货物库存不足时，由叉车从整托盘货物存储区取货并送至补货区，在补货区由机器人拆托盘后将货物补入拆零拣选区货位，空托盘由叉车送回空托盘区循环使用。

任务 8　物流模型介绍演示

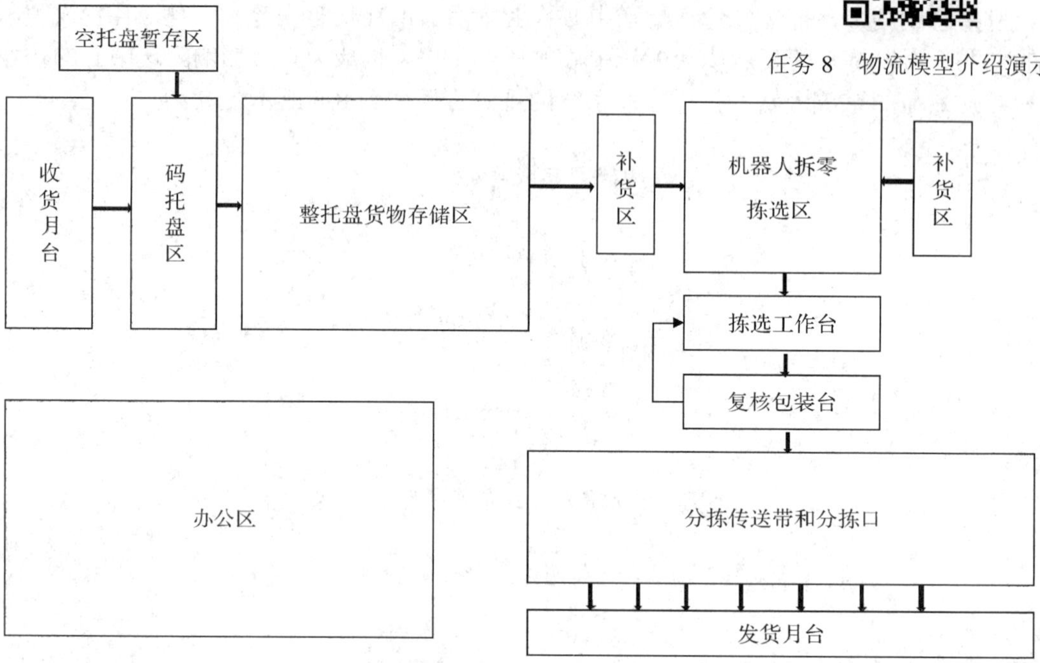

图 8-6　配送中心内部整体布局及流程图

2) 主要参数设置

主要参数设置如下所述。

(1) 发生器模拟的送货车将八种货物不间断地送到配送中心，分类暂存在四个收货月台。空托盘暂存区存放着 200 个托盘供配送中心使用，当有货物到达收货月台时，叉车将空托盘搬运到码托盘区的四个码托点，由收货员进行码托盘作业，作业员码放货物时的单次最大搬运量为 4，每个托盘可以码放 3 层共 12 箱货物，所有托盘长、宽、高均为国家标准规定的 1.2 m、1 m、0.15 m，箱子长、宽、高为 0.6 m、0.5 m、0.25 m，码托作业完成后由叉车送至整托盘货物存储区进行存储。

(2) 整托盘货物存储区有四排货架，共计 200 个货位。每个货架装存储两大类货物，每个货架都是 10 列 5 层共计 50 个货位，每个货位的宽、深、高均为 1.4 m、1.2 m、1.2 m，货架的货位尺寸和整体尺寸由货物存储需求和仓库空间限制计算后设定。

(3) 机器人拆零拣选区共有八个货架，共计 320 个货位，分别命名为货架 B1～B8，每个货架装存储一大类货物，每个货架都是 8 列 5 层共计 400 个货位，每个货位可存储 2 箱货物，每个货位的宽、深、高均为 0.8 m、1.3 m、0.4 m，货架的货位尺寸根据货物存储需求计算后设定，当订单到达时，补货拣选机器人在该拣选区按照订单需求进行拣选作业，当该区某种货物缺货时，叉车会将整托盘货物送至补货区，拆托盘机器人拆托盘后由补货拣选机器人将货物补入对应货位，空托盘由叉车送回空托盘区循环使用。

(4) 配送中心共有两个补货区，每个补货区设置两个补货点，每个补货点负责两个机器人拆零拣选区货架的补货任务，每个补货点的拆托盘任务由分解器和机器人完成。

(5) 拣选工作台区域设置有两个拣选台，每个拣选工作台旁边都配有一个周转箱区存放空周转箱，当订单到达时，补货拣选机器人将空周转箱从周转箱区搬运到拣选台，机器人将拣选出来的货物按照订单要求放到对应周转箱中，复核打包完成后空周转箱再由 AGV 送回周转箱区循环使用，每个周转箱区配有四个不同编码的周转箱供循环使用，周转箱由独立的发生器专门产生。

(6) 复核包装台区域设置有四个复核包装点，每个复核包装点均由一个分解器和一个合成器构成，分解器模拟货物从周转箱中取出并复核订单，合成器模拟将发货单、发票以及货物等装入包装箱，每两个复核包装点共用一个空箱周转区，用于暂存复核后产生的等待被 AGV 送回周转箱区循环使用的空周转箱，发货前最终包装用的纸箱或包装袋由独立的发生器产生，该发生器将送往不同复核包装点的包装箱或包装袋使用不同颜色进行区分。

(7) 分拣传送带和分拣口区域主要由一条环形分拣传送带和八条代表分拣出口的传送带组成，两个复核包装员在四个包装点完成最终包装后将包裹放在环形分拣传送带上，环形分拣传送带的形状根据该区域预留大小确定，八个分拣口根据包裹的收货地从环形分拣传送带上拉下特定的包裹，在对应月台集货后进行装车和配送。

(8) 该模型模拟八个客户按表 8-1 所示下订单，将八个客户与八个周转箱进行信息绑定，当周转箱循环回周转箱区时，根据第一次绑定的客户信息进行循环拣货，保证该模型可以不间断运行。

表 8-1　客户订单信息表

	产品 A	产品 B	产品 C	产品 D	产品 E	产品 F	产品 G	产品 H
订单 1	1		1		1		1	
订单 2		2		2		2		2
订单 3	1	2					1	2
订单 4			1	2	1	2		
订单 5	2		2		2		2	
订单 6		1		1		1		1
订单 7	2	1					2	1
订单 8			2	1	2	1		

注：表内数字表示对应货品的拣选数量。

(9) 办公区为配送中心的集体办公区域，日常运营相关的所有员工都在该区域内办公，该区域需要将视觉类实体“形状”的 3D 显示效果改为办公桌实现，在该仿真模型中办公区与其他功能区没有业务往来，只用于功能区布局规划。

2. 任务实施

1) 第一阶段：拖放实体

步骤 1：拖放实体。

模型使用实体类型及数量总表如表 8-2 所示。

表 8-2　模型使用实体类型及数量总表

序号	模型实体	真实实体	数量
1	操作员	收货员 1～2	2
2		复核包装员 1～2	2
3		办公室员工 1～4	4
4	叉车	入库叉车、补货叉车、空托盘叉车	3
5	货架	货架 A1～A4、货架 B1～B8	12
6	暂存区	收货月台 1～4、补货暂存区 1～4	8
7		空托盘区、周转箱区 1～2、空箱周转区 1～2、空托盘周转区 1～2	7
8	合成器	码托点 1～4、拣选台 1～2、打包台 1～4	10
9	发生器	送货车、空托盘、包装箱、散货、周转箱 1～2	6
10	吸收器	发货月台 1～8	8
11	分解器	分解器 1～4、复核台 1～4	8
12	形状	机器人工作台 1～2、办公桌 1～4	6
13	机器人	拆托盘机器人 1～2、补货拣选机器人 1～4	6
14	任务执行器	AGV01～AGV02	2
15	分拣传送带	环形分拣线	1
16	传送带	分拣口 1～8	8
17	任务分配器	机器人控制台	1
18	网络节点	NN1～NN48	48

步骤 2：整体区域分割。

该模型配送中心较大，整体区域如图 8-7 所示，上半部分从左到右依次为收货区、存储区、拣选区，右侧部分从上到下依次为拣选区、包装分拣区和发货区，左下方区域为办公区。

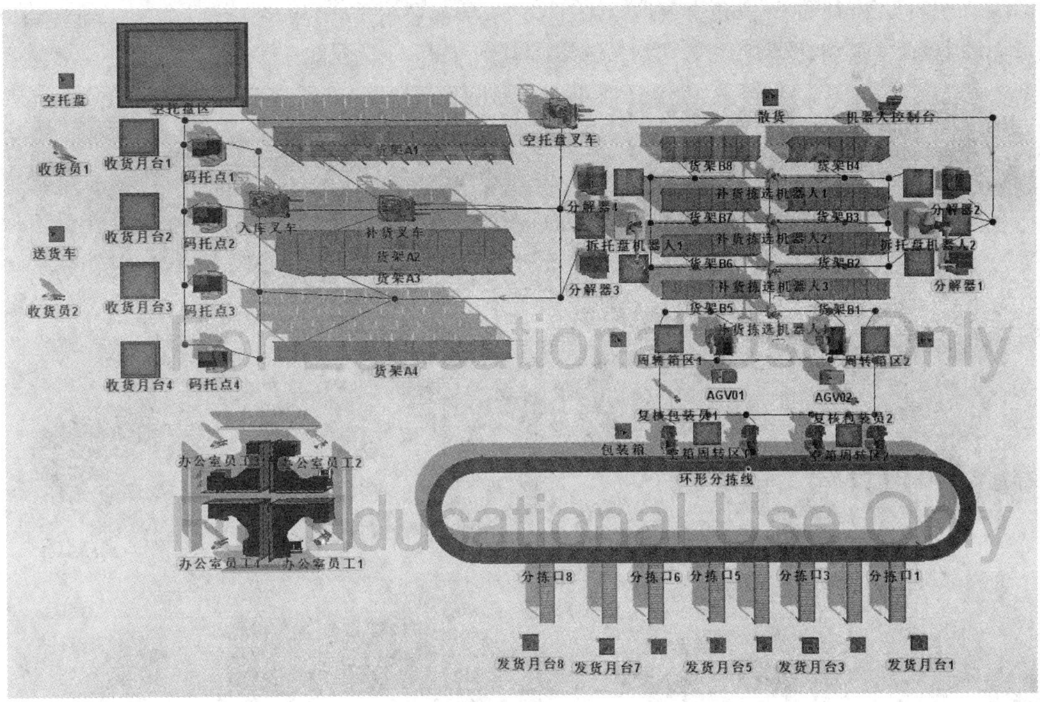

图 8-7　实体拖放整体效果图

图 8-8 所示为收货区和存储区实体托放效果图，在收货月台经过收货检验和托盘堆码后由入库叉车送入存储区。

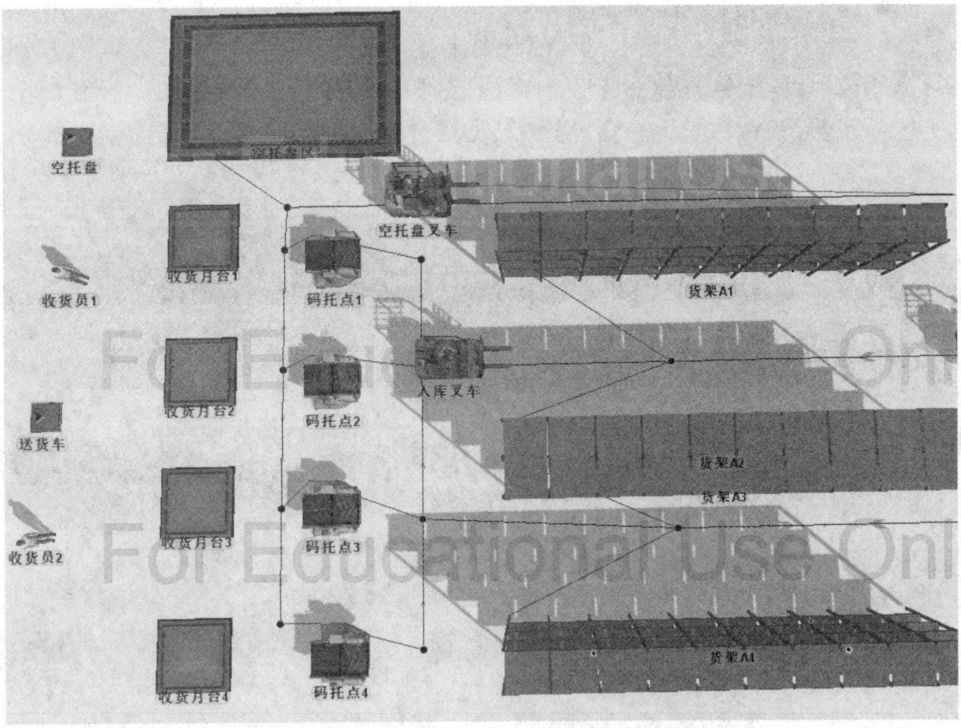

图 8-8　收货区及存储区实体拖放效果图

图 8-9 所示为补货区、机器人区和拣选工作台实体托放效果图，该区域由存储区补货，机器人执行拣选任务。

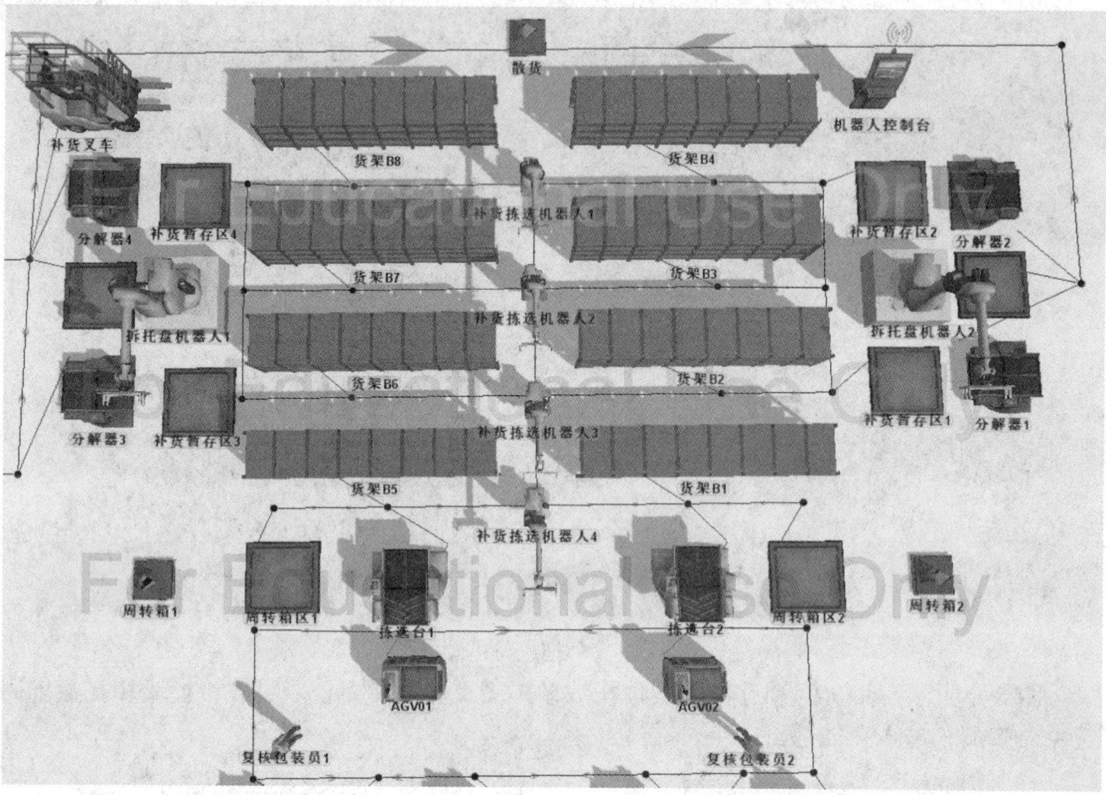

图 8-9　补货区、机器人区和拣选工作台实体拖放效果图

图 8-10 所示为复核包装台、环形分拣线和分拣口实体托放效果图，该区域货物来源于拣选作业区，环形分拣线执行分拣任务，发货月台完成最终的发货。

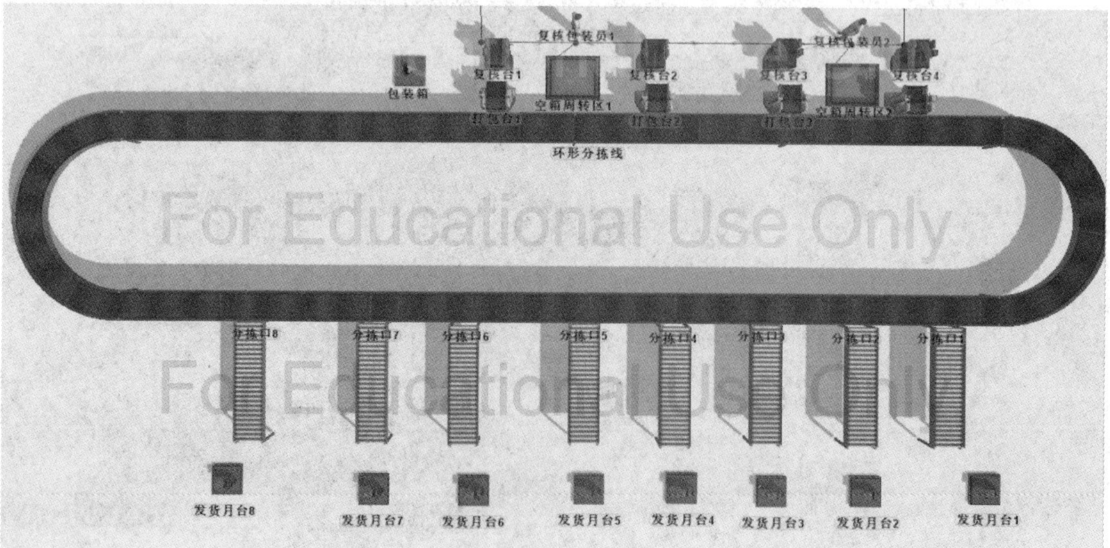

图 8-10　复核包装台、环形分拣线和分拣口实体拖放效果图

图 8-11 所示为办公区实体托放效果图，通过改变形状实体的 3D 形状和尺寸形成办公区，办公区在仿真模型运行过程中不参与实际作业流程。

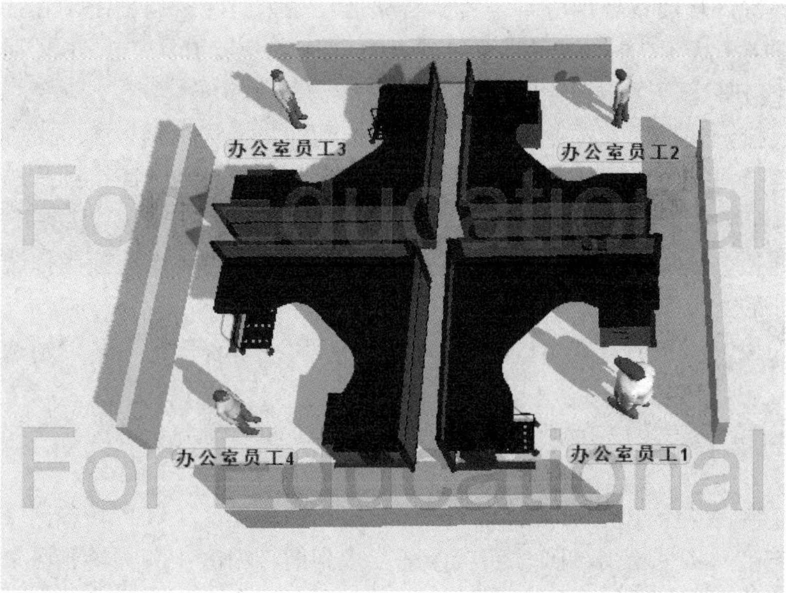

图 8-11　办公区实体拖放效果图

2) 第二阶段：逻辑连线

步骤 3：连接端口。

使用 A 连接，从空托盘连接到空托盘区，从空托盘区依次分别连接到码托点 1、2、3、4；

使用 S 连接，从码托点 1、2、3、4 都连接到入库叉车；

使用 S 连接，从空托盘区、空托盘周转区 1 和空托盘周转区 2 都连接到空托盘叉车；

使用 A 连接，从送货车依次分别连接到收货月台 1、2、3、4；

使用 S 连接，收货月台 1、2 连接收货员 1，收货月台 3、4 连接收货员 2；

使用 A 连接，从收货月台 1 连接到码托点 1，码托点 1 连接到货架 A1，货架 A1 连接到分解器 1，分解器 1 依次分别连接到空托盘周转区 1 和补货暂存区 1，补货暂存区 1 依次分别连接到货架 B1 和货架 B2，空托盘周转区 1 连接到空托盘区；

使用 A 连接，从收货月台 2 连接到码托点 2，码托点 2 连接到货架 A2，货架 A2 连接到分解器 2，分解器 2 依次分别连接到空托盘周转区 1 和补货暂存区 2，补货暂存区 2 依次分别连接到货架 B3 和货架 B4；

使用 A 连接，从收货月台 3 连接到码托点 3，码托点 3 连接到货架 A3，货架 A3 连接到分解器 3，分解器 3 依次分别连接到空托盘周转区 2 和补货暂存区 3，补货暂存区 3 依次分别连接到货架 B5 和货架 B6，空托盘周转区 2 连接到空托盘区；

使用 A 连接，从收货月台 4 连接到码托点 4，码托点 4 连接到货架 A4，货架 A4 连接到分解器 4，分解器 4 依次分别连接到空托盘周转区 2 和补货暂存区 4，补货暂存区 4 依次分别连接到货架 B7 和货架 B8；

使用 S 连接，从货架 A1、A2、A3、A4 都连接到补货叉车；

使用 S 连接，从分解器 1 和分解器 2 连接到拆托盘机器人 2，从分解器 3 和分解器 4 连接到拆托盘机器人 1；

使用 A 连接，从散货依次分别连接到货架 B1、B2、B3、B4、B5、B6、B7、B8；

使用 S 连接，从 4 个补货暂存区、2 个周转箱区和货架 B1、B2、B3、B4、B5、B6、B7、B8 都连接到机器人控制台；

使用 A 连接，从机器人控制台依次分别连接到补货拣选机器人 1、2、3、4；

使用 A 连接，从周转箱 1 连接到周转箱区 1，从周转箱区 1 连接到拣选台 1，从拣选台 1 依次分别连接到复核台 1、2、3、4；

使用 A 连接，从周转箱 2 连接到周转箱区 2，从周转箱区 2 连接到拣选台 2，从拣选台 2 依次分别连接到复核台 1、2、3、4；

使用 A 连接，依次从货架 B1、B2、B3、B4、B5、B6、B7、B8 分别连接到拣选台 1 和拣选台 2；

使用 S 连接，从拣选台 1 和空箱周转区 1 连接到 AGV01，从拣选台 2 和空箱周转区 2 连接到 AGV02；

使用 A 连接，从空箱周转区 1 依次分别连接到周转箱区 1 和周转箱区 2；

使用 A 连接，从空箱周转区 2 依次分别连接到周转箱区 1 和周转箱区 2；

使用 A 连接，从包装箱依次分别连接到打包台 1、2、3、4，打包台 1、2、3、4 依次连接环形分拣线，环形分拣线依次分别连接分拣口 1、2、3、4、5、6、7、8，分拣口 1 连接发货月台 1，分拣口 2 连接发货月台 2，分拣口 3 连接发货月台 3，分拣口 4 连接发货月台 4，分拣口 5 连接发货月台 5，分拣口 6 连接发货月台 6，分拣口 7 连接发货月台 7，分拣口 8 连接发货月台 8；

使用 A 连接，从复核台 1 和复核台 2 连接空箱周转区 1，从复核台 3 和复核台 4 连接空箱周转区 2，然后从复核台 1 连接打包台 1，复核台 2 连接打包台 2，复核台 3 连接打包台 3，复核台 4 连接打包台 4；

使用 S 连接，从复核台 1 和复核台 2 分别连接复核包装员 1，从复核台 3 和复核台 4 分别连接复核包装员 2。

在所有的叉车、机器人和 AGV 取货的位置和卸货的位置都放置网络节点，使用 A 连接，将网络节点就近与实体相连接，选择合适的网络节点连接到每个在网络上行驶的运输工具。

3) 第三阶段：参数设置

每个实体都有其特有的图形用户界面(GUI)，通过此界面可将数据与逻辑加入模型中。双击实体可打开叫作参数视窗的 GUI。

步骤 4：送货车参数设置。

如图 8-12 所示，双击送货车，打开参数视窗，在“发生器”选项卡中，设置“到达方式”为“到达时间表”，“到达次数”为“9”。输入如图 8-12 所示数据内容，第 1 列数据代表八种货物装在货车中送达仓库门口时卸货的先后顺序，第 1～4 种货物先卸货，然后第 5～8 种货物在模型运行到第 20 s 时再卸货，ArrivalTime 列中的最后一行的 80 代表每隔 80 s，前 8 行信息被循环执行一遍，循环执行命令通过勾选图 8-12 中所示的“重复时间/序列表”

实现，保证模型的入库任务可以不断循环执行。第 2 列信息代表货物的名称。第 3 列数据代表货物的类型值，是仿真软件识别该货物的唯一编码。第 4 列代表每种货物每次产生的数量。

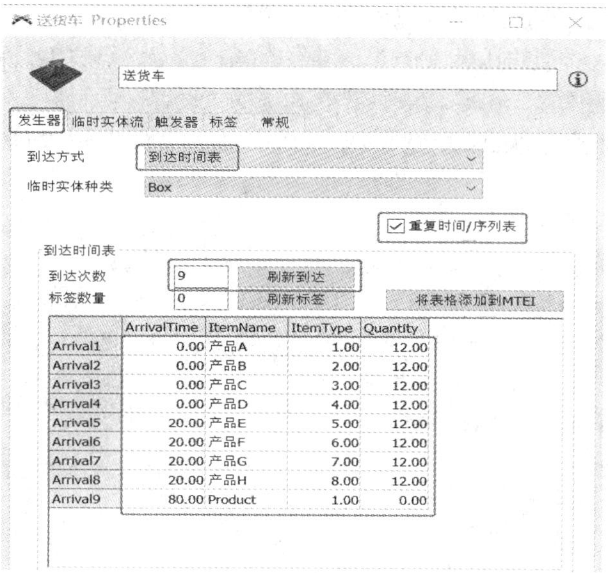

图 8-12　送货车“发生器”选项卡参数设置示意图

如图 8-13(a)所示，在送货车的“临时实体流”选项卡中，选择“发送至端口”下拉菜单中的“根据返回值选择输出端口”并增加 8 行内容，按图 8-13(a)所示填入数据，表示八种不同的货物分别被送到四个不同的收货月台。如图 8-13(b)所示，选择送货车的“触发器”选项卡，在“离开触发”中选择“根据不同的 case 值设置颜色”，给八种产品设置八个不同类型的颜色，然后在离开触发中再增加命令“设置位置、旋转或尺寸”，在弹出的“设置”界面中选择“尺寸”，X 尺寸、Y 尺寸、Z 尺寸分别代表单箱货物的长、宽、高，分别设置为“0.6” m、“0.5” m、“0.25” m。

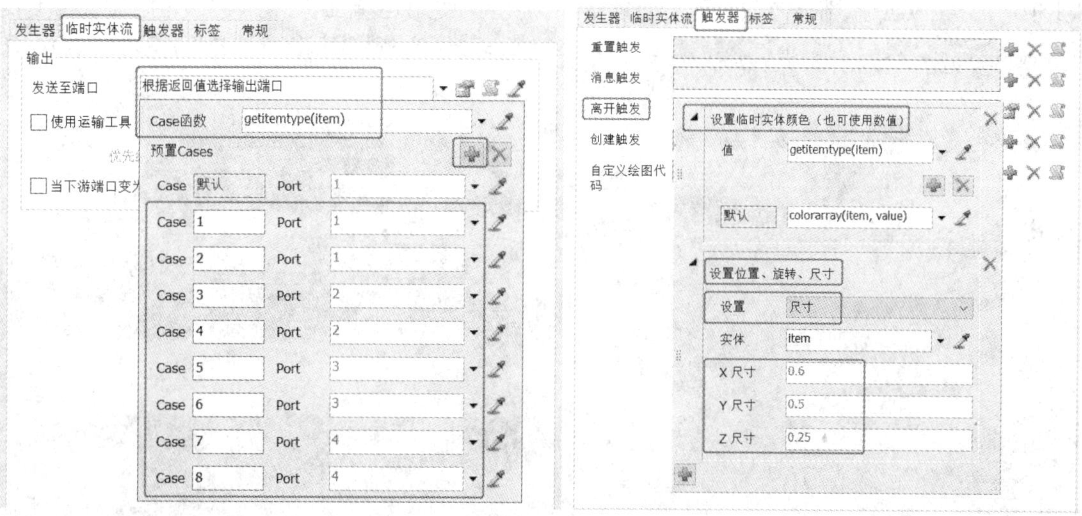

(a)　(b)

图 8-13　送货车“临时实体流”和“触发器”选项卡参数设置示意图

步骤 5：空托盘参数设置。

双击空托盘，打开参数视窗，如图 8-14(a)所示选择“到达方式”为“到达时间表”，“临时实体种类”为“Pallet”，“到达次数”输入“1”，然后点击“刷新到达”，填入图 8-14(a)所示数据，表示共产生同一种类型的托盘 200 个。如图 8-14(b)所示，点击“触发器”选项卡，在“离开触发”中选择“设置位置、旋转、尺寸”，在弹出的“设置”界面中选择“尺寸”，X 尺寸、Y 尺寸、Z 尺寸分别代表空托盘的长、宽、高，分别设置为“1.2” m、“1” m、“0.15” m。

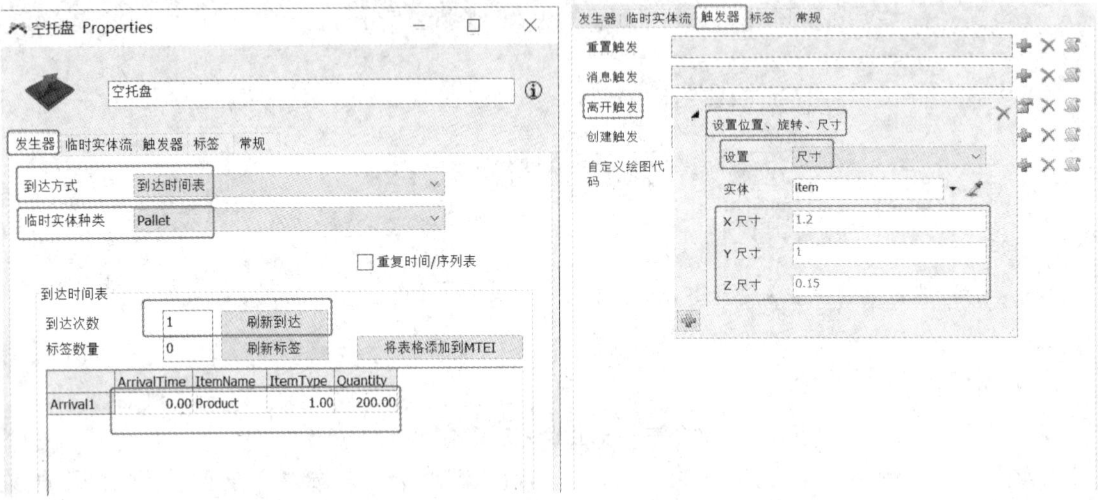

(a)　　(b)

图 8-14　空托盘参数设置示意图

步骤 6：收货月台和空托盘区参数设置。

双击收货月台 1，打开参数视窗，如图 8-15(a)所示，在“暂存区”选项卡中将“最大容量”改为“60”，点击“临时实体流”选项卡，勾选“使用运输工具”，使用收货员搬运货物，收货月台 2、3、4 的设置与收货月台 1 相同。双击空托盘区，打开参数视窗，如图 8-15(b)所示，点击“临时实体流”选项卡，勾选“使用运输工具”，使用空托盘叉车搬运空托盘，在“发送至端口”下拉菜单中选择“循环”，实现空托盘对每个码托点循环供应。

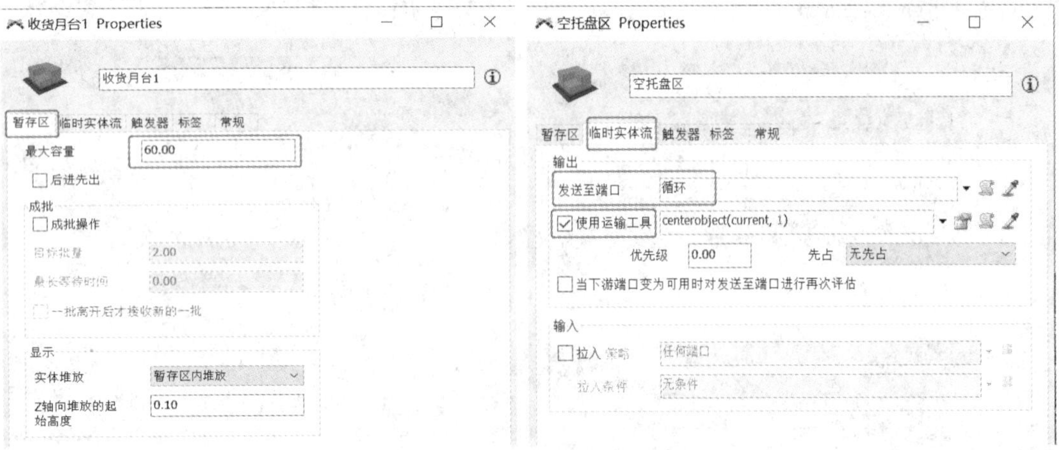

(a)　　(b)

图 8-15　收货月台 1 和空托盘区参数设置示意图

步骤 7：码托点参数设置。

双击码托点 1，打开参数视窗，如图 8-16(a)所示，将“加工时间”选项卡中的“加工时间”设置为“5”，表示码托任务完成后需要消耗 5 s 的时间进行条码扫描并确定上架货位的工作，该项工作由收货员完成，因此需要勾选“使用操作员进行加工”，然后在“捡取操作员”的下拉菜单中选择“By Name”命令，并在弹出的界面中选中“收货员 1”。在“临时实体流”选项卡中，勾选“使用运输工具”，调用入库叉车执行入库上架任务。如图 8-16(b)所示，在“合成器”选项卡中，将“合成模式”设置为“打包”，“组成清单值”设置为“12”。

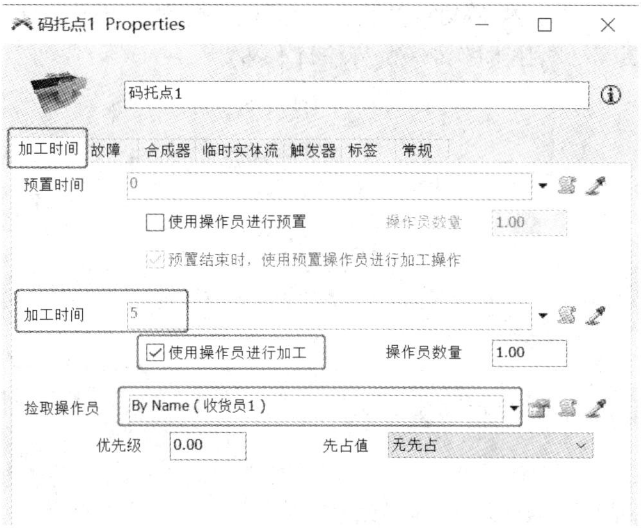

(a)

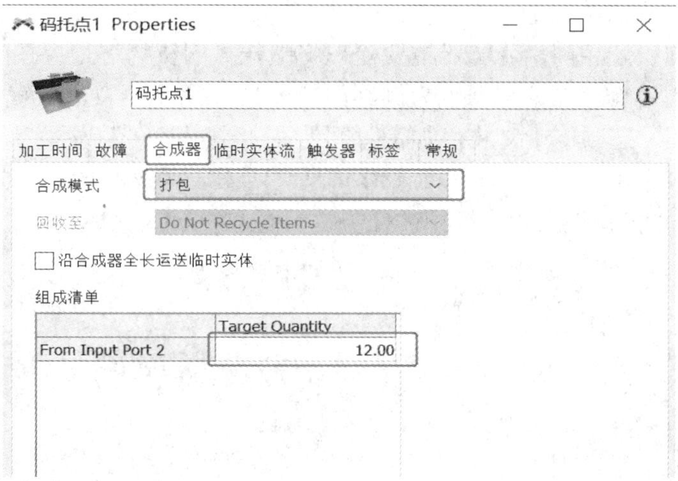

(b)

图 8-16　码托点 1 参数设置示意图

码托点 2 的参数设置与码托点 1 完全相同，码托点 3 和码托点 4 的参数设置基本与码托点 1 相同，唯一的区别是在“捡取操作员”的下拉菜单中选择“By Name”命令后选中“收货员 2”。

步骤 8：货架 A1 参数设置。

货架 A1、A2、A3、A4 的设置相同，以货架 A1 为例。如图 8-17(a)所示，双击货架 A1，打开参数视窗，在“尺寸表格”选项卡中，将“列数”设置为“10”，“层数”设置为“5”，代表该存储区共有 50 个货位；“列宽”和“层高”设置为“1.4”和“1.2”，表示单个货位可以存放宽 1.2 m、高 0.9 m 的整托盘货物，并预留足够的叉车存取空间。如图 8-17(b)所示，在“货架”选项卡中，将“最大容量”设置为“50”，与该货架货位数一致，“放置到列”和“放置到层”分别改为“第一个可用列”和“第一个可用层”，“货格容量”为“1”，表示每个货位只存放一托盘货物。在“最小停留时间”一栏中选择“指定”，输入“5000”，表示所有货物入库后需要存放 5000 s 以上才可以出库，然后点击“临时实体流”选项卡，勾选“使用运输工具”，调用补货叉车执行出库作业。

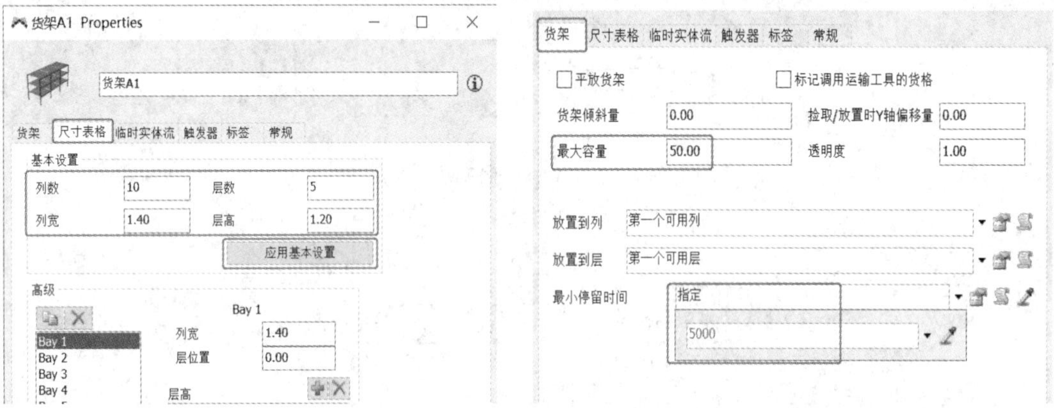

(a)　　　　　　　　　　(b)

图 8-17　货架 A1 参数设置示意图

步骤 9：分解器参数设置。

四个分解器的设置相同，分解器主要模拟将整托盘的货物进行拆托的地点，也就是将托盘和货物分离的地点，以分解器 1 为例。如图 8-18(a)所示，双击分解器 1，打开参数视窗，在“加工时间”选项卡中，将“加工时间”和“预置时间”设置为“0”，代表分解器作为一个作业区域不消耗时间。如图 8-18(b)所示，点击“临时实体流”选项卡，勾选“使用运输工具”，代表将托盘上货物拆掉的任务由拆托盘机器人完成。

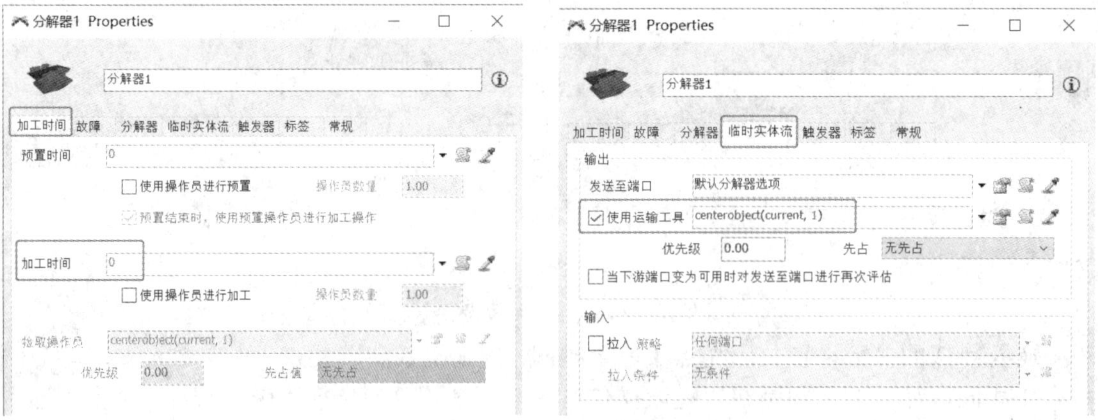

(a)　　　　　　　　　　(b)

图 8-18　分解器 1 参数设置示意图

步骤 10：空托盘周转区参数设置。

两个空托盘周转区的参数设置相同。如图 8-19 所示，双击空托盘周转区 1，打开参数视窗，在“暂存区”选项卡中，勾选“成批操作”选项，将“目标批量”设置为“8”，代表空托盘每积累够 8 个，空托盘叉车搬运一次。在“临时实体流”选项卡中，勾选“使用运输工具”，调用空托盘叉车完成空托盘搬运工作。

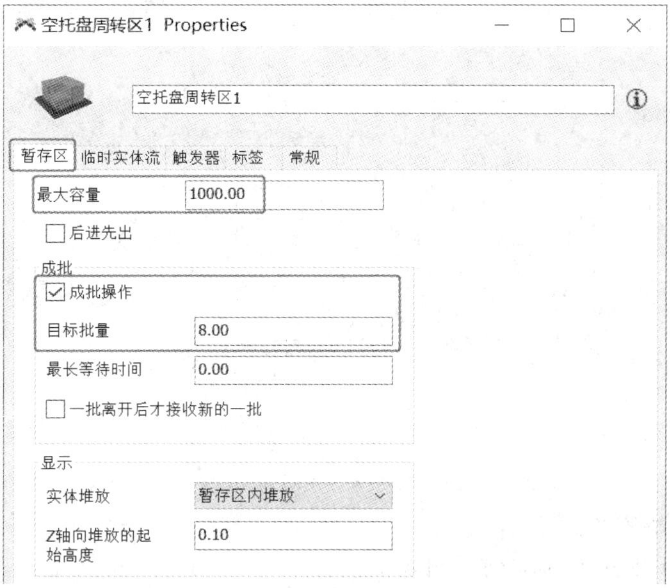

图 8-19　空托盘周转区 1 参数设置示意图

步骤 11：补货暂存区参数设置。

如图 8-20(a)所示，双击补货暂存区 1，打开参数视窗，选择“发送至端口”下拉菜单中的“根据返回值选择输出端口”并增加两行内容，按图 8-20(a)所示填入数据，表示第 1 种货物和第 2 种货物分别被送到货架 B1 和货架 B2；双击补货暂存区 2，打开参数视窗，如图 8-20(b)所示填入数据，补货暂存区 2 的参数设置表示将第 3 种货物和第 4 种货物分别被送到货架 B3 和货架 B4。

图 8-20　补货暂存区 1 和 2 参数设置示意图

如图 8-21(a)所示，双击补货暂存区 3，打开参数视窗，补货暂存区 3 的参数设置表示将第 5 种货物和第 6 种货物分别被送到货架 B5 和货架 B6；如图 8-21(b)所示，双击补货暂存区 4，打开参数视窗，补货暂存区 4 的参数设置表示将第 7 种货物和第 8 种货物分别被送到货架 B7 和货架 B8。在所有补货暂存区的“临时实体流”选项卡中，勾选“使用运输工具”，通过机器人控制台调用补货拣选机器人进行补货上架作业。

(a)　　　　　　　　(b)

图 8-21　补货暂存区 1 和 2 参数设置示意图

步骤 12：散货参数设置。

散货表示在补货任务启动前，机器人拆零拣选区的每个货架上都有满库存的货物，初始状态时拆零拣选区的所有库存货物都由散货提供。如图 8-22(a)所示，点击散货的“发生器”选项，将“到达方式”改为“到达序列”，“到达次数”设置为“8”，点击“刷新到达”，按照图 8-22(a)所示输入数据，表示产生八种不同类型的产品，每种产品各 80 箱。如图 8-22(b)所示，在“临时实体流”选项卡的“发送至端口”下拉菜单中选择“指定端口”，将八种不同货物分别发送到八个不同的机器人拣选区货架。点击“触发器”选项卡，在“离开触发”中选择“根据不同的 case 值设置颜色”，将八种不同的产品设置为八种不同的颜色。

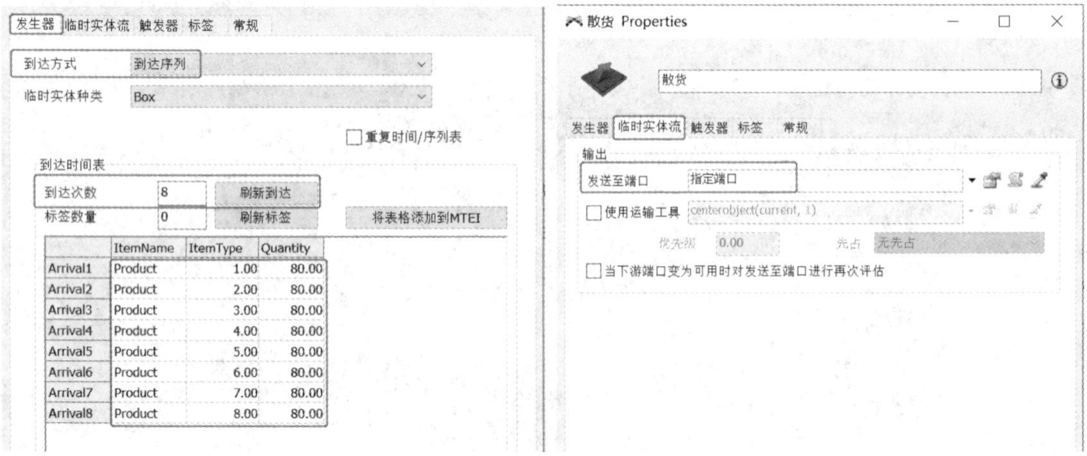

(a)　　　　　　　　(b)

图 8-22　散货参数设置示意图

步骤 13：货架 B1 参数设置。

货架 B1～B8 的设置相同，以货架 B1 为例。如图 8-23(a)所示，双击货架 B1，打开参数视窗，在“尺寸表格”选项卡中，将“列数”设置为“8”和“层数”设置为“5”，代表该存储区共有 40 个货位，“列宽”和“层高”设置为“0.8”和“0.4”，货位尺寸设置根据货物尺寸确定。如图 8-23(b)所示，点击“货架”选项卡将“最大容量”设置为“80”，“放置到列”和“放置到层”分别改为“第一个可用列”和“第一个可用层”，“货格容量”设为“2”，表示每个货位存放两箱货物。

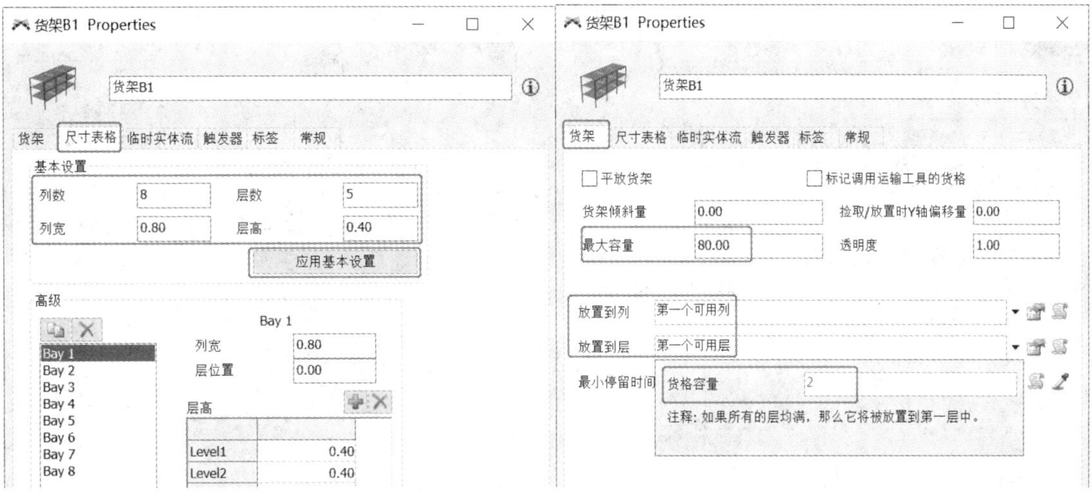

(a)　　　　　　　　　　　　　　(b)

图 8-23　货架 B1“尺寸”和“容量”参数设置示意图

如图 8-24(a)所示，点击“临时实体流”选项卡，勾选“使用运输工具”，调用补货拣选机器人执行拣选出库任务。如图 8-24(b)所示，点击“常规”选项卡，将尺寸行的“Y”值设置为“1.3”，表示货架的深度为 1.3 m。

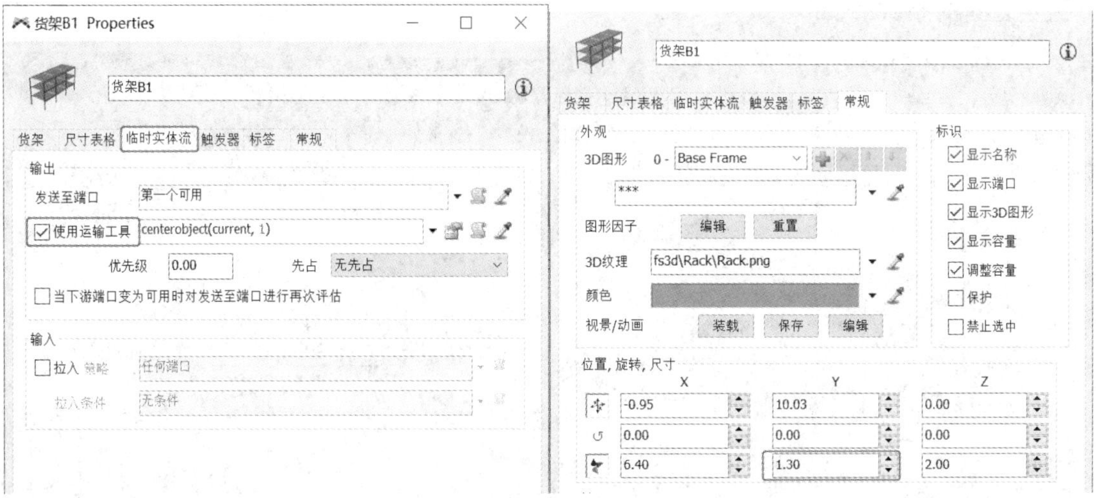

(a)　　　　　　　　　　　　　　(b)

图 8-24　货架 B1“临时实体流”和“常规”选项卡参数设置示意图

步骤 14：周转箱参数设置。

如图 8-25(a)所示，双击周转箱 1，点击“发生器”选项卡，到达方式选择“到达时间表”，“临时实体”种类选择“Tote”，“到达次数”为“4”，点击“刷新到达”，在生成的表格中填入图 8-25(a)所示的内容，表示产生四种不同类型的周转箱各一个，然后点击“触发器”选项卡，在“创建触发”中选择“创建并初始化标签”，填入图 8-25(b)所示的信息。

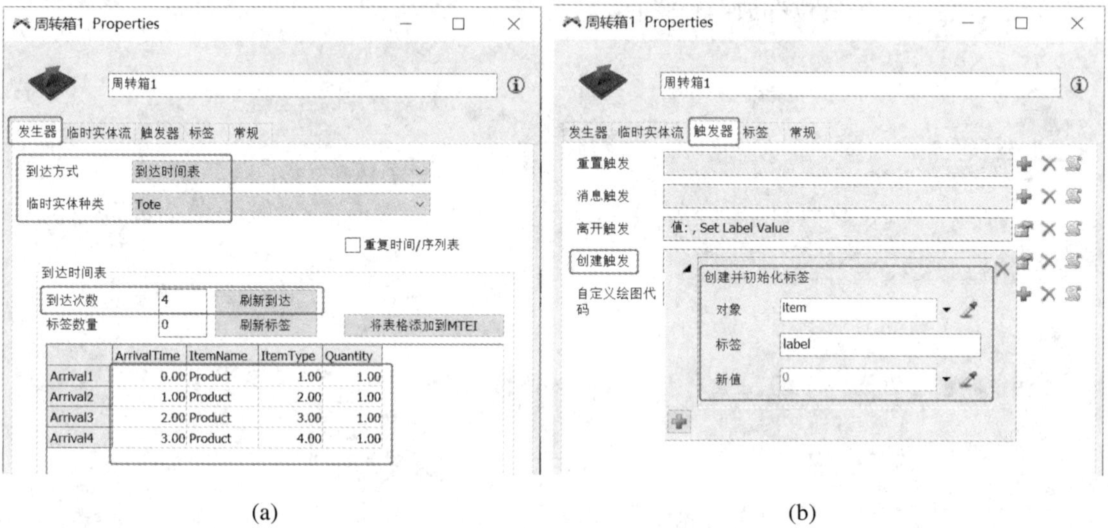

图 8-25　周转箱 1 参数设置示意图

如图 8-26(a)所示，双击周转箱 1，点击“触发器”选项卡，在“离开触发”中选择“根据不同的 case 值设置颜色”，为四种不同的周转箱分别设置不同的颜色。然后在“离开触发”中进行第二项参数设置，选择“设置类型、名称或标签”，在生成的表格中填入图 8-26(b)所示内容，表示分别给四种不同类型的周转箱一个标签值，标签值取值范围为 1 到 4 之间的整数。

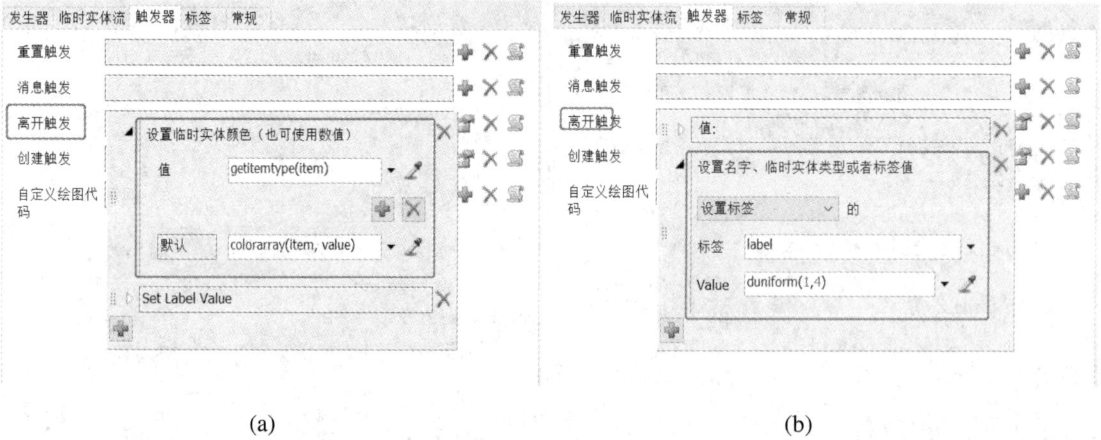

图 8-26　周转箱 1 “触发器”选项卡参数设置示意图

如图 8-27 所示，周转箱 2 的设置与周转箱 1 基本相同，唯一不同点是标签值不同，具体不同点设置如图 8-27 所示，表示分别给周转箱 2 产生的四种不同类型的周转箱一个标签值，标签值取值范围为 5 到 8 之间的整数。

图 8-27　周转箱 2“触发器”选项卡参数设置示意图

步骤 15：周转箱区参数设置。

周转箱区 1、2 的设置相同，分别双击周转箱区 1 和周转箱区 2。点击“临时实体流”选项卡，勾选“使用运输工具”，调用补货拣选机器人将空周转箱搬运到拣选台。

步骤 16：拣选台 1 参数设置。

拣选台的参数设置需要用到全局表，参考任务 6 中的步骤说明新建两个全局表，分别命名为 GlobalTable1 和 GlobalTable2。如图 8-28 所示，GlobalTable1 的数据是客户 1～客户 4 的订单信息。如图 8-29 所示， GlobalTable2 的数据是客户 5～客户 8 的订单信息。

GlobalTable1　行数 8　列数 4

	客户1	客户2	客户3	客户4
产品A	1.00	0.00	0.00	0.00
产品B	1.00	0.00	0.00	0.00
产品C	0.00	1.00	0.00	0.00
产品D	0.00	1.00	0.00	0.00
产品E	0.00	0.00	1.00	0.00
产品F	0.00	0.00	1.00	0.00
产品G	0.00	0.00	0.00	1.00
产品H	0.00	0.00	0.00	1.00

图 8-28　GlobalTable1 参数设置示意图

GlobalTable2　行数 8　列数 4

	客户5	客户6	客户7	客户8
产品A	0.00	0.00	0.00	1.00
产品B	0.00	0.00	0.00	1.00
产品C	0.00	0.00	1.00	0.00
产品D	0.00	0.00	1.00	0.00
产品E	0.00	1.00	0.00	0.00
产品F	0.00	1.00	0.00	0.00
产品G	1.00	0.00	0.00	0.00
产品H	1.00	0.00	0.00	0.00

图 8-29　GlobalTable2 参数设置示意图

双击拣选台 1，打开参数视窗，如图 8-30(a)所示，点击“临时实体流”选项卡，勾选“使用运输工具”，调用 AGV 将拣选完成的周转箱和货物搬运到复核台，“发送至端口”选择“指定端口”。如图 8-30(b)所示，点击“触发器”选项卡，在“进入触发”中选择“更新合成器组合列表”，选择“GlobalTable1”表格。在“加工时间”选项卡中，将“加工时间”和“预置时间”设置为“0”，代表拣选台作为一个作业区域不消耗时间。

拣选台 2 的参数设置与拣选台 1 基本相同，不同的设置点为：点击拣选台 2 的“触发器”选项卡，在“进入触发”中选择“更新合成器组合列表”，选择“GlobalTable2”表格。

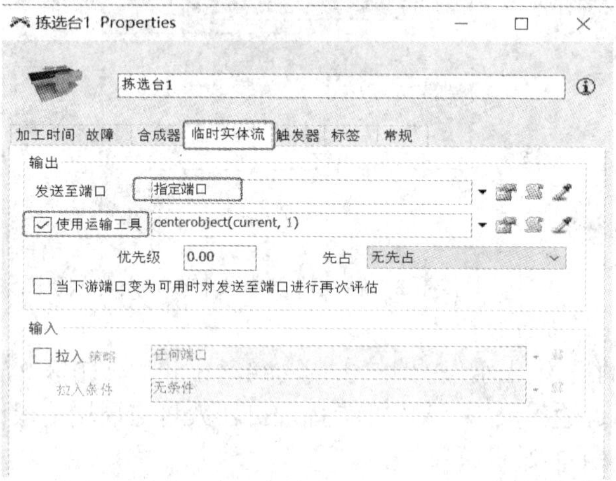

(a)

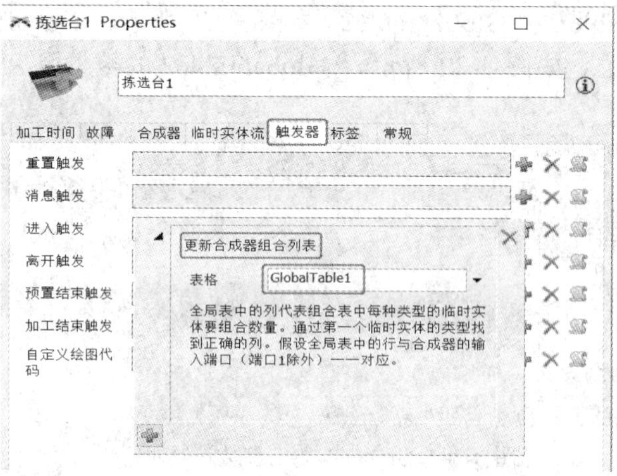

(b)

图 8-30　拣选台 1 参数设置示意图

步骤 17：复核台参数设置。

复核台 1、2、3、4 的参数设置完全相同。双击复核台 1，打开参数视窗，在“临时实体流”选项卡中，勾选“使用运输工具”，调用复核包装员完成复核工作，点击“加工时间”选项卡，将“加工时间”设置为“0”。

步骤 18：包装箱参数设置。

包装箱实体产生最终的包装箱或包装袋。双击包装箱，打开参数视窗，在“发生器”选项卡中，将“到达方式”改为“到达时间表”，勾选“重复时间/序列表”，使包装箱可以循环产生，“到达次数”设置为“8”，点击“刷新到达”，填入图 8-31 所示数据。点击“触发器”选项卡，在“离开触发”中选择“根据不同的 case 值设置颜色”。

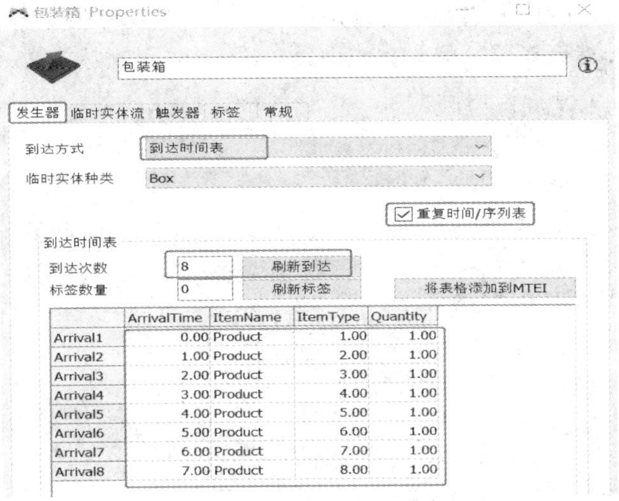

图 8-31　包装箱参数设置示意图

步骤 19：打包台 1 参数设置。

双击打包台 1，打开参数视窗，点击“加工时间”选项卡，设置“加工时间”为“0”，点击“合成器”选项卡，在“组成清单”中输入“2”。所有打包台的参数设置相同。

步骤 20：环形分拣线参数设置。

该实体中参数的设置根据模型大小的不同会有差异，学习者需要根据自己模型的实际情况输入长度、半径等相关数据。

双击环形分拣线，打开参数视窗，点击“布局”选项卡，点击三次绿色的加号，共产生四段分拣传送带。首先设置第 1 段，如图 8-32(a)所示，选中第 1 段后将“类型”设置为“平直”，将“长度”设置为“14”；如图 8-32(b)所示，然后选中第 2 段，将“类型”设置为“弯曲”，将“角度”设置为“−180”，将“半径”设置为“3”，以此类推，分别设置第 3、4、5 段分拣传送带，使分拣传送带形成闭合的环形分拣线。

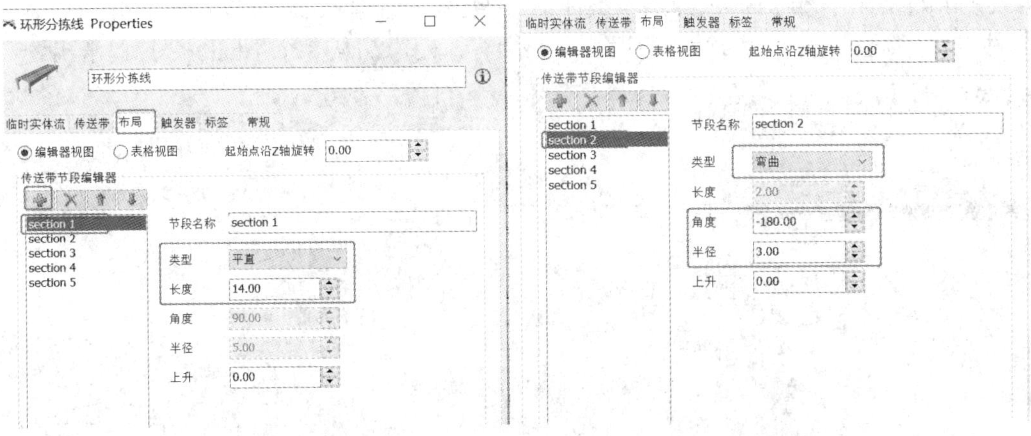

(a)　　　　(b)

图 8-32　环形分拣线参数设置示意图

如图 8-33 所示，点击环形分拣线的“临时实体流”选项卡，设置四个输入点(enter-Point)的位置，输入的数据 3 代表第一个进入环形分拣线的入口在距离分拣传送带起点 3 m 处，同理，距离起点 7 m、11 m 和 74 m 处分别还有三个入口，这四个入口的货物来源分别是打包台 2、3、4、1，然后设置 8 个输出点(out-Point)，输入的数据 25 代表距离分拣传送带起点 25 m 处有第一个分拣口，同理可得，该环形分拣线共有八个分拣口，分别对应后面的分拣口 1～8。

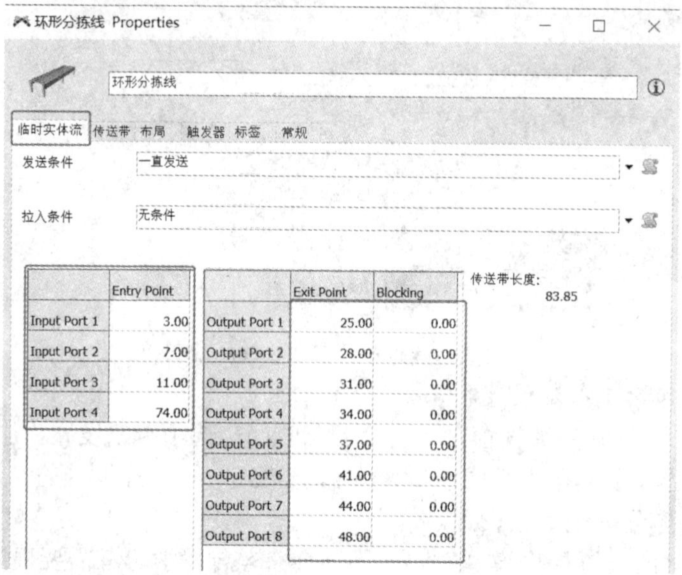

图 8-33　环形分拣线参数设置示意图

步骤 21：分拣口参数设置。

分拣口 1 到分拣口 8 的参数设置基本相同，通过在“常规”选项卡中设置旋转参数，使传送带的传送方向垂直于分拣传送带，然后设置其尺寸参数，如图 8-34(a)所示，将“长度”设置为“4” m，然后点击“临时实体流”选项卡，如图 8-34(b)所示，勾选“拉入策略”，“拉入条件”选择“特定的临时实体类型”，“类型”值输入“1”，表示 1 号客户包装好的产品将要从分拣口 1 滑出；分拣口 2 的拉入条件中，“类型”值输入 2，以此类推，分拣口 8 的拉入条件中，“类型”值输入“8”，实现 8 个不同客户的产品从 8 个不同的分拣口滑出。

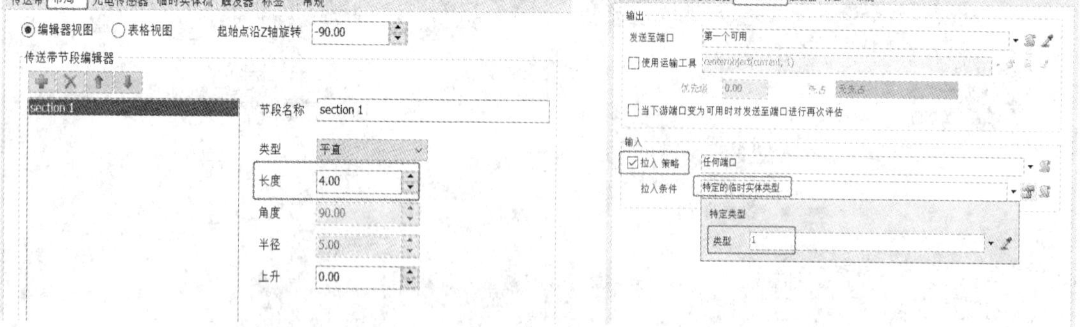

(a)　　　　　　　　　　　　　　(b)

图 8-34　分拣口参数设置示意图

步骤 22：收货员和复核包装员参数设置。

收货员的参数设置完全相同，以收货员 1 为例。如图 8-35 所示，双击打开收货员 1 参数视窗，在“操作员”选项卡中，将“容量”设置为“4”，代表搬运检验员单次最大搬运量为 4 箱货物，“装载时间”和“卸载时间”都设置为“3”，代表搬运检验员搬起一次货物和放下一次货物消耗的时间是 3 s。复核包装员的参数使用默认设置，无须修改。

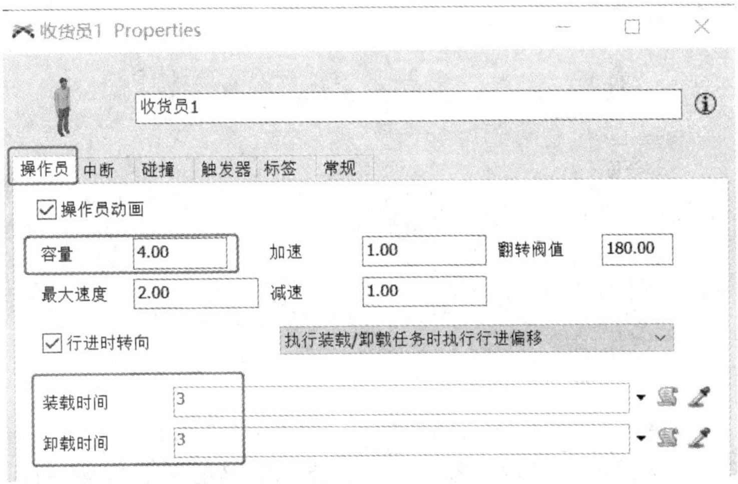

图 8-35　收货员 1“操作员”选项卡参数设置示意图

步骤 23：叉车、机器人和 AGV 参数设置。

入库叉车、补货叉车、空托盘叉车的参数设置方法基本相同，主要参数的数值不同，双击打开入库叉车，具体参数设置如图 8-36(a)所示，在“叉车”选项卡中，将“装载时间”设置为“3”，“卸载时间”设置为“5”，“最大速度”设置为“6”，“加速”和“减速”设置为“2”；双击打开补货叉车，具体参数设置如图 8-36(b)所示，在叉车选项卡中，将“装载时间”设置为“5”，“卸载时间”设置为“3”，“最大速度”设置为“6”，“加速”和“减速”设置为“2”。

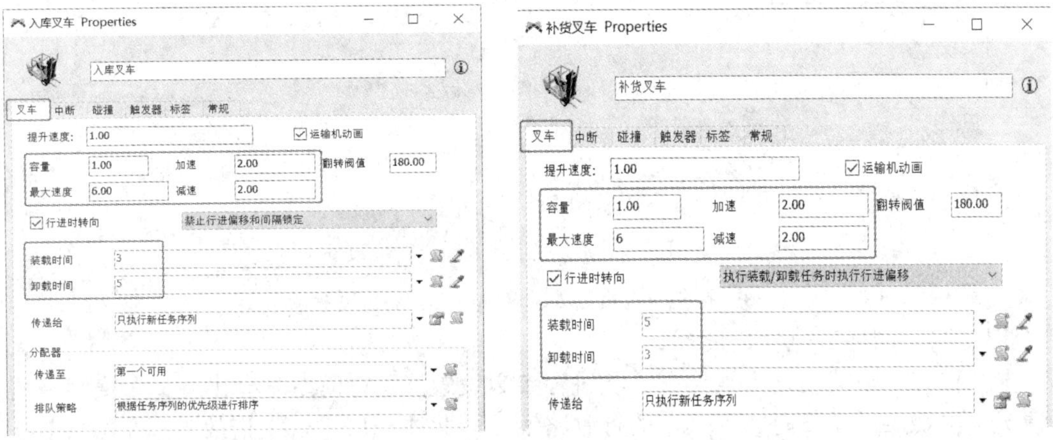

(a)　　　　　　　　　　(b)

图 8-36　入库叉车和补货叉车参数设置示意图

双击打开空托盘叉车，具体参数设置如图 8-37(a)所示，在“叉车”选项卡中，将“装载时间”设置为“3”，“卸载时间”设置为“3”，“最大速度”设置为“6”，“加速”和“减速”设置为“2”。双击打开拆托盘机器人 1，具体参数设置如图 8-37(b)所示，在“任务执行器选”项卡中，将“装载时间”设置为“3”，“卸载时间”设置为“3”，“最大速度”设置为“6”，“加速”和“减速”设置为“2”。

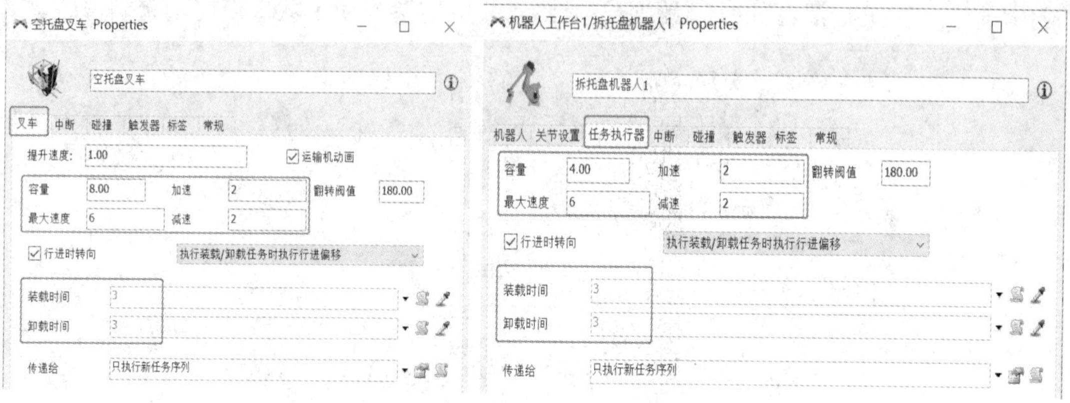

(a)　　　　(b)

图 8-37　空托盘叉车和拆托盘机器人 1 参数设置示意图

双击打开补货拣选机器人，四个补货拣选机器人的参数设置完全相同，以补货拣选机器人 4 为例。具体参数设置如图 8-38(a)所示，在“任务执行器”选项卡中，将“装载时间”设置为“2”，“卸载时间”设置为“2”，“最大速度”设置为“5”，“加速”和“减速”设置为“2”。双击打开 AGV01，具体参数设置如图 8-38(b)所示，在“任务执行器”选项卡中，将“装载时间”设置为“3”，“卸载时间”设置为“3”，“最大速度”设置为“5”，“加速”和“减速”设置为“2”，AGV02 的参数设置与 AGV01 完全相同。

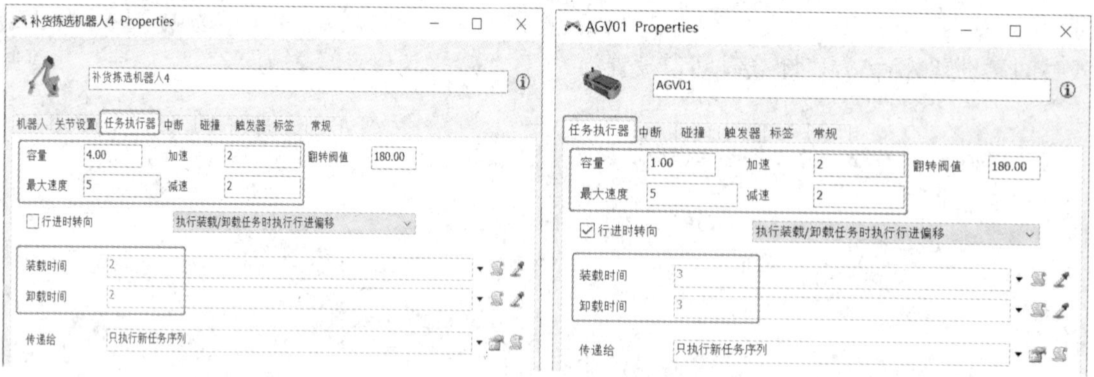

(a)　　　　(b)

图 8-38　补货拣选机器人 4 和 AGV01 参数设置示意图

步骤 24：网络节点参数设置。

参考任务 7 中的网络节点设置方法进行参数设置，运行模型时会出现叉车横穿障碍物的情况，主要原因是没有布置叉车的行驶路线，因此往一层平台上拖放 13 个网络节点，并按图 8-39 所示进行 A 连接，一层平台上的所有存储区、组托点、拆托点、提货车、空托盘存放区、升降区与就近的网络节点 A 连接，叉车 11 和叉车 12 分别选择一个网络节点 A 连接，可实现叉车按照如图 8-39 所示网络路径有序行驶。

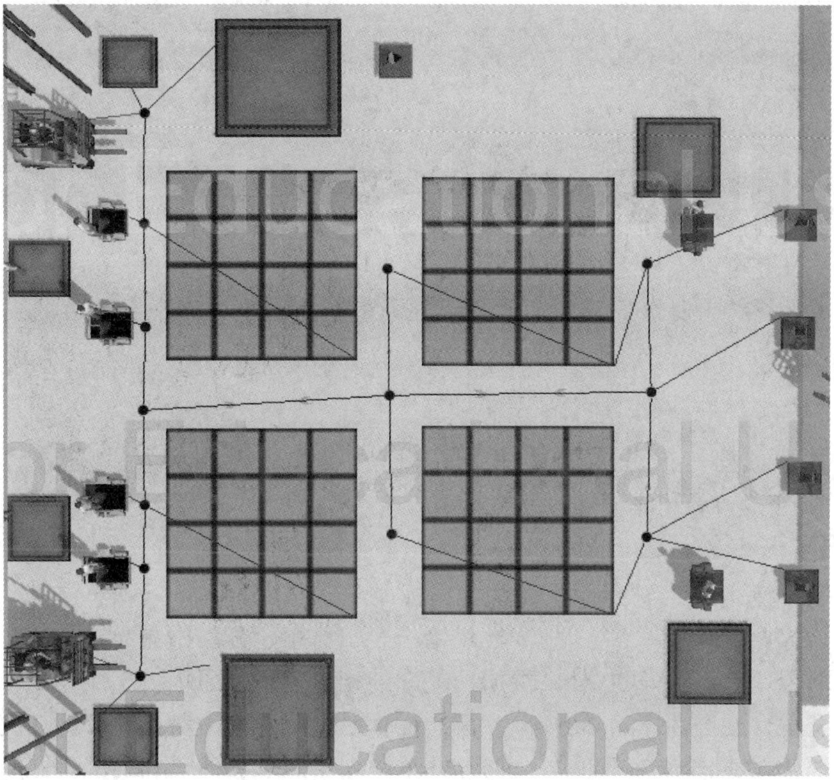

图 8-39　网络节点参数设置示意图

步骤 25：办公区设置。

使用视觉类实体中的形状实体，如图 8-40(a)所示，在形状实体的“常规”选项卡中，导入下载好的 3D 办公桌文件，然后根据模型预留的空间调整位置、旋转和尺寸相关参数值，形成办公区，该模型的办公区是由四个办公桌组合而成，设置完成后的办公区效果如图 8-40(b)所示。

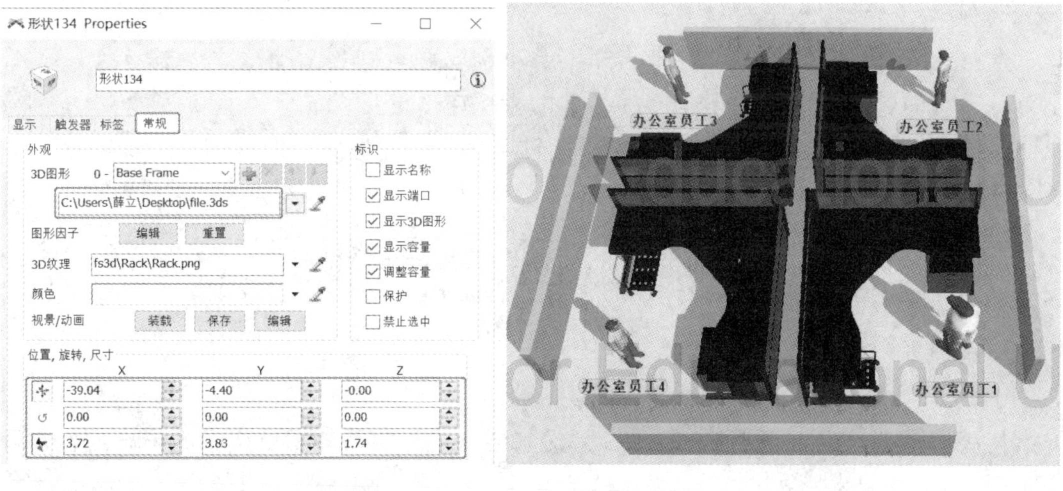

(a)　　(b)

图 8-40　办公区参数设置示意图

【任务结果与评价】

◇ 结果

(1) 分析项目背景，完成 FlexSim 实体的合理选择；

(2) 根据流程，完成合理的设施设备布局；

(3) 完成一套可以流畅运行的模型；

(4) 根据运行结果对该物流系统的合理性进行分析。

◇ 评价

· 练习任务

本模型整体流程是 L 型布局，试根据该模型参数要求，设计一个 I 型布局的配送中心模型，并绘制整体布局和流程图。

· 成绩评定标准

对练习模型进行成绩评定，主要评定指标如下：

(1) 实体选择正确性，满分 20 分，每错一个实体扣 5 分，扣完为止；

(2) 布局合理性，满分 30 分，根据功能区的相对位置和面积大小赋分；

(3) 模型运行流畅性，满分 30 分，模型运行过程中停顿 1 次扣 5 分，扣完为止；

(4) 系统合理性分析的正确性，满分 20 分，根据瓶颈环节识别的准确性赋分。

任务 9　To B&C 仓配中心仿真

【实践目的、要求、准备】

◇ 目的

(1) 了解 To B&C 仓配中心作业系统的基本构成；

(2) 掌握 To B&C 仓配中心出入库作业的基本流程；

(3) 掌握 FlexSim 仿真软件在 To B&C 仓配中心作业系统仿真方面的应用方法。

◇ 要求

在实践前认真阅读实践知识链接部分内容，并标记不理解的关键词，通过小组合作的形式进行讨论和交流，完成理论知识的学习。实践学时：建议为 4 学时。

◇ 准备

· 任务布置

(1) 教师提前布置。教师提前 1～3 天通知学生进行实践知识链接中的理论内容学习，明确实践目的和要求。

(2) 学生提前准备。学生提前阅读本书，以学习小组的形式学习掌握实践相关理论知识，不理解的内容进行重点标记。

- 任务工具

任务工具包括 FlexSim 仿真软件、电脑、纸笔等。

- 任务分组

由学生自行分组，教师从中调配，3～5 人为一组。

【实践知识链接】

1. 仓配一体化概述

将收货、仓储、拣选、包装、分拣、配送等功能集成起来，由一家企业完成，是仓配一体化的基本业务模式，仓配一体化运营企业对客户的服务贯穿整个供应链。比起各环节独立运行的物流服务模式，仓配一体化简化了商品流通过程中的物流环节，缩短配送周期，提高物流效率，促进整个业务流程无缝对接，实现货物的实时追踪与定位，减少物流作业差错率。同时，货物周转环节的减少，势必降低物流费用，降低货物破损率，可以根据供应链的性质和需求定制服务流程。仓配中心是仓配一体化模式的重要节点，具有仓库和配送中心的双重功能，其内部功能区布局规划具有一定特殊性。

2. 仓配中心总平面布置的要求

(1) 要适应仓储企业生产流程，有利于仓储企业生产正常进行。

① 单一的物流方向。仓配中心内商品的卸车、验收、存放地点之间的安排，必须适应仓储生产流程，按一个方向流动。

② 最短的运距。应尽量减少迂回运输，专运线的布置应在仓配中心区中部，并根据作业方式、仓储商品品种、地理条件等，合理安排库房、专运线与主干道的相对位置。

③ 最少的装卸环节。减少在仓配中心商品的装卸搬运次数和环节，商品的卸车、验收、堆码作业最好一次完成。

④ 最大地利用空间。仓配中心总平面布置是立体设计，应有利于商品的合理储存和充分利用仓配中心空间。

(2) 有利于提高仓储经济效益。

① 要因地制宜，充分考虑地形、地质条件，满足商品运输和存放上的要求，并能保证仓容充分利用。

② 平面布置应与竖向布置相适应。所谓竖向布置，是指建设场地平面布局中每个因素，如库房、货场、专运线、道路、排水、供电、站台等，在地面标高线上的相互位置。

③ 总平面布置应能充分、合理地利用我国目前普遍使用的仓储设备，合理配置这类设备的数量和位置，并注意与其他设备的配套，便于开展机械化作业。

(3) 有利于保证安全生产和文明生产。

① 仓配中心内各区域间、各建筑物间，应根据《建筑设计防火规范》的有关规定，留有一定的防护间距，并有防火、防盗等安全设施，经过消防部门和其他管理部门验收。

② 总平面布置应符合卫生和环境要求，既要满足库房的通风、日照等，又要考虑环

境绿化、文明生产，便于增进职工的身体健康。

3. 影响仓配中心布局的主要因素

影响仓配中心区布局的因素有很多，主要有以下几个方面。

(1) 周围环境。仓配中心区周围的环境，包括附近产生有害气体、固体微粒、火星、震动等情况以及交通运输条件、协作单位的分布等。

(2) 物资的构成。仓配中心建成后，储存物品的类别及品种，各种物品的物理化学性质及数量，各类物品所要求的保管条件等，会对仓配中心的布局产生一定影响。

(3) 仓配中心的类型。不同类型的仓配中心对平面布局有不同的要求，如储备型仓配中心与流转型仓配中心不同，综合仓配中心与专业仓配中心不同，危险品仓配中心与一般普通物品仓配中心不同。

(4) 技术作业流程。一般仓配中心的作业主要是入库、出库和保管，从货物进入仓配中心到离开仓配中心，由不同的作业环节构成一个完整的技术作业过程。这个过程要求相应的仓配中心区布局与之相适应。

(5) 仓配中心作业方式。仓配中心作业方式指作业手段是人工作业、机械作业还是自动化作业等。

4. 仓配中心布局的基本原则

在进行仓配中心平面布局时应遵循以下基本原则。

(1) 有利于物品的储存、保管。仓配中心的基本功能就是对物品进行储存保管。仓配中心区的布局就要为物品的保管创造良好的环境，提供适宜的条件，如合理确定库房的位置和朝向。

(2) 有利于实现作业的优化。仓配中心作业优化包括提高作业的连续性，实现一次性作业，减少装卸次数，缩短搬运距离，使仓配中心完成一定的配送任务所发生的装卸搬运量最少。

(3) 有利于仓配中心安全。仓配中心安全包括防火、防爆、防洪和防盗等。

(4) 有利于节省投资。布局中的延伸性设施，如专用线与公路、供电、供水、排水、供暖和通讯等管道线路的布置，直接影响投资和运行费用。

(5) 有利于仓配中心将来扩充。布局应在确保安全、材质完整、作业优化的前提下，尽量紧凑，以便节约用地，方便日后的扩充与发展。

(6) 有利于总体布局整齐美观。平面布局与竖向布局要协调设计、综合考虑，使仓配中心区总体布局整齐美观。

5. 存储场所的布局

存储场所布局的目的是一方面提高仓配中心平面和空间利用率，另一方面提高物品保管质量，方便进出仓配中心作业，从而降低物品的仓储处置成本。

存储场所布局要考虑到：将单位体积大、质量大的物品存放在货架低层，并且靠近出仓配中心区的通道；将周转率高的货物存放在进出仓配中心装卸搬运最便捷的位置；将同一供应商或者同一客户的物品集中存放，以便于进行分拣配货作业；当仓配中心作业过程中出现某种物品物流量大、搬运距离又远的情况时，要进一步合理地调整货位的布局。

存储场所布局分为平面布局和空间布局。

1) 平面布局

根据货垛或货架的排列形式不同，平面布局的形式可以分为垂直式和倾斜式两种。

(1) 垂直式布局，是指货垛或货架的排列与仓配中心的侧墙互相垂直或平行的布局形式。该步局形式具体包括横列式布局和纵列式布局。

① 横列式布局，是指货垛或货架的长度方向与仓配中心长度方向的侧墙互相垂直的布局形式。这种布局的优点是：主通道长且宽，副通道短，整齐美观，便于对物品的存取和查点，如果用于库房布局，还有利于通风和采光；缺点是：主通道占用面积大，仓配中心的面积利用率减小。

② 纵列式布局，是指货垛或货架的长度方向与仓配中心长度方向的侧墙互相平行的布局形式。在仓配中心，存储时间短、出入库频繁的货物放置在主通道两侧，存储时间长、出入库不频繁的物品放置在仓配中心内侧。这种布局的优点是：可以根据物品存储时间的不同和进出频繁程度安排货位；缺点是：主通道短，副通道长，不便于对物品的存取和查点。

(2) 倾斜式布局，是指货垛或通道与仓配中心侧墙或主通道成一定夹角的布局形式。该布局形式具体包括货垛倾斜式布局和通道倾斜式布局。

① 货垛倾斜式布局，是指货垛与仓配中心侧墙或主通道成一定夹角的布局形式。这种布局的最大优点是：便于叉车作业、缩小叉车的回转角度、提高作业效率；缺点是：造成许多死角，仓配中心内部面积不能被充分利用。

② 通道倾斜式布局，是指通道与仓配中心侧墙之间成一定夹角的布局形式。仓配中心的通道斜穿保管区，把仓配中心划分为具有不同作业特点的区域。这种布局形式的优点是：避免了死角，充分利用仓配中心面积；缺点是：货位和进出仓配中心路径较多，仓配中心内布局形式复杂，不便于叉车作业。

倾斜式布局方式主要适用于品种单一、批量大的物品。一般综合仓配中心主要采用垂直式布局，而且以横列式布局为主。

2) 空间布局

空间布局也称为仓配中心内部竖向布局，指库内物品在仓配中心立体空间上的布局，其目的在于充分有效地利用仓配中心空间。空间布局的形式主要有以下几种。

① 就地堆码。借助于物品的外部轮廓或包装进行堆码。

② 托盘、集装箱堆码。将物品装入集装箱或码放在托盘上，然后对集装箱或托盘进行堆码。

③ 货架存放。将物品直接放入货架，或装入托盘后放入货架。

④ 架上平台。在货架上方铺设一层承载板，构成二层平台，可直接堆放物品或摆放货架。

⑤ 空中悬挂。将某些物品悬挂在仓配中心的墙上或顶部。

6. 非保管场所的布置

仓配中心内除去货架和货垛所占的保管面积外的其他部分为非保管面积。非保管面积由通道、墙间距、收发货区、管理人员办公区等区域面积构成。

1) 通道

库房内的通道，分为运输通道(主通道)、作业通道(副通道)和检查通道。运输通道供装卸搬运设备在仓配中心内行走，其宽度主要取决于装卸搬运设备的外形尺寸和单元装载的大小。运输通道的宽度一般为 1.5～3 m。如果仓配中心内安装有桥式起重机，运输通道的宽度可以为 1.5 m，甚至更窄些。如果使用叉车作业，其通道宽度可通过计算求得。当单元装载的宽度不太大时，可利用下式计算：

$$A = R + D + L + C$$

式中：A 为通道宽度；R 为叉车外侧转向半径；D 为货物到叉车驱动轴中心线的间距；L 为货物长度；C 为转向轮滑行的操作余量。

作业通道是供作业人员存取搬运物品的行走通道。其宽度取决于作业方式和货物的大小。当通道内只有一人作业时，其宽度可按下式计算：

$$a = b + l + 2c$$

式中：a 为作业通道的宽度；b 为作业人员的身体厚度；l 为货物的最大长度；c 为作业人员活动余量。

如果是用手动叉车进入作业通道作业，则通道宽度应视手动叉车的宽度和作业特点而定。一般情况下，作业通道的宽度为 1 m 左右。

检查通道是供仓配中心管理人员检查库存物品的数量及质量行走的通道，其宽度只要能使检查人员自由通过即可，一般为 0.5 m 左右。

2) 墙间距

为了减少库存物品受到仓配中心外温湿度的影响，货垛、货架都应与墙体保持一定的距离，不允许货垛、货架直接靠墙堆码和摆放。

墙间距的作用：一方面是使货垛和货架与仓配中心墙保持一定的距离，避免物品受潮；另一方面也可作为检查通道或作业通道。墙间距宽度一般为 0.5 m 左右，当墙间距同时作为作业通道时，其宽度需增加一倍，墙间距兼做作业通道是比较有利的，它可以使仓配中心内通道形成网络，方便作业。

3) 收发货区

收发货区是供收货、发货时临时存放物品之用的作业场地，可划分为收货区和发货区，也可以划定一个收发货区，收发货并用。

收发货区的位置应靠近仓配中心门和运输通道，可设在库房的两端或适中的位置，并要考虑到收货、发货互不干扰的情况。对靠近专用线的仓配中心，收货区应设在专用线的一侧，发货区设在靠近公路的一侧。如果专用线进入库房，收货区应设在专用线的两侧。

收发货区面积的大小，应根据以下情况而定。

① 一次收发批量的大小。收发货区应能够容纳一个最大批量的订单。如有专用线进入仓配中心内的仓配中心，其收货区应能存放 1～2 车的物品。

② 物品规格品种的多少。为了避免收发货时发生混淆，不同规格品种的物品应分开摆放，所以规格品种愈多占用面积愈大。

③ 供货方和用户的数量。对于供货商的进货和不同用户的发货，都应单独存放，避免收发错误。因此供货方和用户的数量愈多，所占用的收发面积愈大。

④ 收发作业效率的高低。收发作业效率高能加速货位周转，可节省收发货区的面积。

⑤ 仓配中心的设备情况。它包括装卸、验收的设备的情况。仓配中心内如有桥式起重机可节省装卸机械作业所占的面积；若采用自动计量或采用自动识别与分拣系统，则可以边卸车边码垛或边下垛边装车，能大大节省收发货区的面积。

⑥ 收发货的均衡性。当收发货在时间上比较均衡时，收发货区的面积能得到充分的利用，从而相对节省收发货区的占地面积。

⑦ 发货方式。采取送货制时，送货前需要根据各个用户的订单进行备货、包装等活动，通常需要有足够的备货场地；而采取提货制时，发货区面积可大大减少。

4) 管理人员办公区

仓配中心管理人员需要一定的办公区域，可设在仓配中心内也可设在仓配中心外。总的看来，管理人员的办公室设在仓配中心内，特别是单独隔成房间，既不经济又不安全，所以管理人员办公区一般设在仓配中心外，使仓配中心内部的可用作业面积更大。

【任务实施】

一、任务描述

任务 9　物流模型介绍演示

2015 年 7 月 4 日，国务院印发《国务院关于积极推进“互联网+”行动的指导意见》，我国物流行业积极拥抱互联网，在“互联网+物流”方面成果丰硕，云仓配供应链管理(厦门)有限公司就是其中的典型代表。云仓配供应链管理(厦门)有限公司(简称云仓配)成立于 2006 年，注册资金 3000 万，总部设于厦门特区。云仓配致力打造一个全国性、多层次的智慧仓配平台，为快消品牌商以及制造、流通及零售企业提供集“厂内物流+干线运输+仓配一体化”基础物流服务，同时叠加结算、金融、集采等供应链增值服务，并通过信息化系统实现全网链的高效协同。

截至 2020 年 6 月，云仓配布局全国，设有 17 个片区中心，69 个自建实体物流网点，自营配送中心(Distribution Center，DC)仓库 35 个，管控仓储面积 40 万平方米，自有及可调用运力车辆有 17 000 多辆，构建有省际 + 城际 + 城市配送的三级运输服务网络，覆盖全国除港澳台外 95%以上的县级市。作为国内快消领域的行业引领者，云仓配大力布局终端网络，服务链接百万级终端客户，是可口可乐、百威英博、中粮集团、华润怡宝、中顺洁柔等快消领域龙头企业紧密的全国性战略伙伴，也为维他奶、海天集团、徐福记等众多合作客户提供区域化服务。

下面通过一个简化的仿真模型介绍仓配中心内部功能区分布和主要作业流程。

1. 流程和参数要求

1) 仓配中心整体布局及流程图

仓配中心整体布局及流程图如图 9-1 所示。

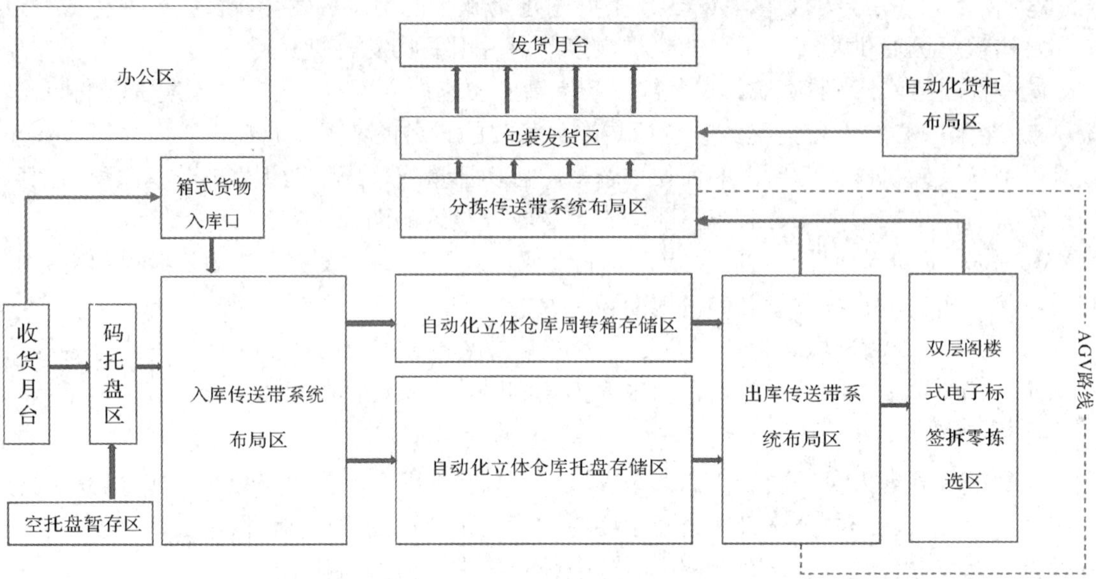

图 9-1　仓配中心整体布局及流程图

图 9-1 为仓配中心整体布局及流程图，整体分为收货区(收货月台、码托盘区和空托盘暂存区)、自动化立体仓库存储区(箱式货物入库口、自动化立体仓库周转箱存储区和自动化立体仓库托盘存储区)、出入库传送带系统布局区(包括入库传送带系统布局区和出库传送带系统布局区)、双层阁楼式电子标签拆零拣选区、自动化货柜布局区、分拣包装发货区(分拣传送带系统布局区、包装发货区和发货月台)、办公区七大区域。

入库模式：供应商送达的货物在收货月台进行检验和暂存，然后根据实际需要人工码托盘入库或整箱直接入库，人工码托盘的货物经过入库传送带系统的长、宽、高和重量限制的检验后直接进入自动化立体仓库托盘存储区，不满足限制条件的需要返回入库传送带系统的起点进行调整后再次入库。整箱货物经箱式货物入库口由入库传送带系统进入自动化立体仓库周转箱存储区，也可以在入库传送带系统中由码托机器人自动堆码后集装为整托盘货物，经长、宽、高和重量限制的检验后进入自动化立体仓库托盘存储区。

出库模式：当整托盘货物需要出库时，由自动化立体仓库托盘存储区执行出库任务，可以经出库传送带系统和 AGV 衔接送至发货区，也可以由出库传送带系统中的拆托盘机器人将托盘上的若干箱货物抓取并放到分拣传送带上，经包装发货区出库；当不足一托盘的若干箱货物需要出库时，由自动化立体仓库周转箱存储区执行出库任务，经出库传送带系统和分拣传送带直接送至包装发货区。

单位价值高的货物直接存入自动化货柜，出库时直接从自动化货柜取出并发货，双层阁楼式电子标签拆零拣选区的货物主要由自动化立体仓库存储区补货，当有单个商品需要出库时从双层阁楼式电子标签拆零拣选区拣选并经过分拣包装发货区发货。

2) 主要参数设置

主要参数设置如下所述。

(1) 发生器模拟的送货车运送四种货物到仓配中心，暂存在收货月台。空托盘区实时存放着托盘供配送中心使用。当有货物到达收货月台时，空托盘叉车将空托盘搬运到码托点，由搬运机器人进行码托盘作业，每个托盘可以码放四层共 16 箱货物，所有托盘长、宽、高均为国家标准规定的 1.2 m、1 m、0.12 m，箱子长、宽、高为 0.6 m、0.5 m、0.25 m，码托作业完成后由入库传送带系统送至货架 A1～A4 存储，入库传送带系统输送的所有整托盘货物，都需要经过检验点的检验，80%合格的整托盘货物由堆垛机进行上架入库，20%不合格的整托盘货物在调整点进行超长、超宽、超高、超重或其他异常情况的调整后再次入库。

(2) 货架 A1～A4 有四排货架，共计 320 个货位。每个货架装随机存储四大类货物，每个货架都是 10 列 8 层共计 80 个货位，每个货位的宽、深、高均为 1.4 m、1.3 m、1.5 m，货架的货位尺寸和整体尺寸由货物存储需求和仓库空间限制计算后设定，整托盘货物整体尺寸变化时，货架的货格尺寸可进行相应调整。

(3) 发生器模拟的送货车 2 运送四种箱式货物到仓配中心，暂存在入库暂存区。箱子长、宽、高为 0.6 m、0.5 m、0.2 m，由搬运机器人 2 和入库传送带系统将 70%的整箱货物送至货架 B1～B2 存储，30%的货物经码托机器人码托和检验后送至货架 A1～A4 存储。

(4) 货架 B1～B2 有两排货架，共计 880 个货位。每个货架随机存储四大类箱式货物，每个货架都是 20 列 22 层共计 440 个货位，每个货位的宽、深、高均为 0.7 m、0.7 m、0.5 m，货架的货位尺寸和整体尺寸由货物存储需求和仓库空间限制计算后设定，整箱货物外尺寸变化时，货架的货格尺寸可进行相应调整。

(5) 整托盘货物的出库有两种方式：第一种是由堆垛机、出库传送带系统和 AGV 直接送至发货区；第二种是由堆垛机、出库传送带系统、拆托台、拆托机器人、分拣传送带系统送至包装暂存区打包发货，当某托盘货物需要部分出库、剩余货物再次存储时采用该种方式。

(6) 双层阁楼式电子标签拆零拣选区有两层共计 120 个拣选货位，每个货位的宽、深、高均为 0.7 m、0.6 m、0.4 m，每层由两个货架和两个拣选台组成，层与层之间由升降梯连接，每个货架均为 6 列 5 层，该区域是为满足订购量不满一整箱的散货订单的出库需求而设置的，该区域的货物由货架 B1～B2 存储区经过出库传送带系统和补货叉车完成入库上架，拣选完成的订单由拣选传送带和分拣传送带系统送至包装台打包发货。

(7) 自动化货柜布局区是为满足包括精密配件在内的小型贵重物品的仓配需求而设置的区域，该区域由两个自动化货柜和一个出库作业员组成，每个自动化货柜存储区有 1 列 10 层共 10 个货位，每个货位可存储 10 个货物，单个自动化货柜可存储 100 个货物。

(8) 打包台将整箱出库的货物和拆零拣选的货物按照订单要求打包后在发货月台集货发出。

(9) 为叉车、AGV、包装机器人、出库作业员等需要移动的装卸搬运人员和设备都配置网络节点。

(10) 该模型的整托盘出库和入库作业同时连续运行，不设置特殊的整托盘货物采购和销售订单。双层电子标签拆零拣选区模拟四个客户按表 9-1 所示订单信息进行拣选，将四个客户与四个周转箱进行信息绑定，四个周转箱的产生采用循环模式，保证拆零区的拣选可以不间断运行。

表 9-1　客户订单信息表

	产品 A	产品 B	产品 C	产品 D
订单 1	1	2	3	4
订单 2	2	1	4	3
订单 3	3	4	1	2
订单 4	4	3	2	1

2. 实践任务实施

1) 第一阶段：拖放实体

步骤 1：拖放实体。

该模型较大，具体拖放实体类型及命名如表 9-2 所示。

表 9-2　模型使用实体类型及数量总表

序号	模型实体	真 实 实 体	数量
1	操作员	拣选员 1～2、出库作业员	3
2	堆垛机	堆垛机 1～2(搭配货架 A1～A4)、堆垛机 3(搭配货架 B1～B2)、堆垛机 4～5(搭配货架 D1～D2)	5
3	叉车	出库叉车、补货叉车、空托盘叉车	3
4	货架	货架 A1～A4、货架 B1～B2、货架 C1～C4、货架 D1～D2	12
5	暂存区	收货月台、入库暂存区、取货台 1～2、空托盘区 1～2、包装暂存区 1～4、发货区 1～2	4
6	合成器	码托点 1～2、拣选台 1～4、打包台 1～4	10
7	发生器	送货车 1～2、空托盘、包装箱、周转箱、精密配件	6
8	吸收器	发货月台 1～6	6
9	分解器	拆托台	1
10	形状	形状 1～5(自动化货柜 1)、形状 6～10(自动化货柜 2)、形状 11(二层拆零拣选区平台)、形状 12(码托机器人底座)、形状 13(拆托机器人底座)、形状 14～16(空托盘区 2 挡板)	16
11	机器人	码托机器人、拆托盘机器人、搬运机器人 1～2	4
12	任务执行器	AGV01～AGV02	2
13	分拣传送带	分拣传送带 20	1
14	传送带	传送带 1～19、传送带 21～31	30
15	任务分配器	AGV 控制台	1
16	网络节点	NN1～NN16(叉车、AGV、包装机器人、出库作业员)	16
17	处理器	调整点、检测点	2

该模型仓配中心较大，整体实体托放效果图如图 9-2 所示，上半部分从右到左依次为收货区、入库传送带系统布局区、存储区、出库传送带系统布局区和双层电子标签拆零拣选区，下半部分从左到右依次为自动化货柜区、分拣传送带系统布局区及发货区，右下方

区域为办公区。

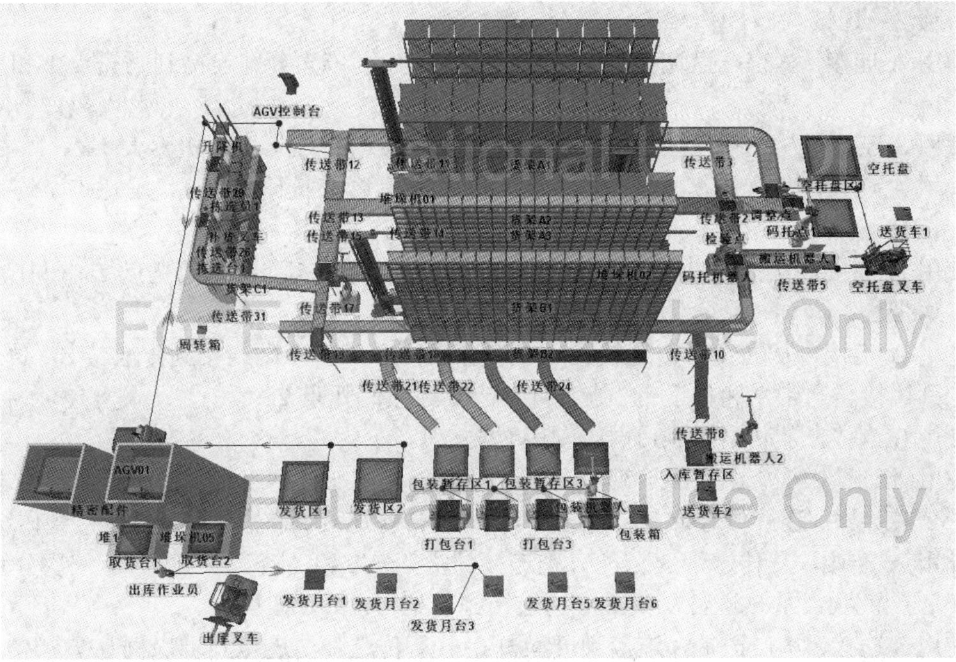

图 9-2　整体实体拖放效果图

该模型的传送带实体较多，参数设置较复杂，因此对出入库传送带布置区域的所有传送带进行了编号，便于对其从逻辑连线和参数设置进行描述，入库传送带区域的传送带编号如图 9-3(a)所示，出库传送带区域的传送带编号如图 9-3(b)所示。

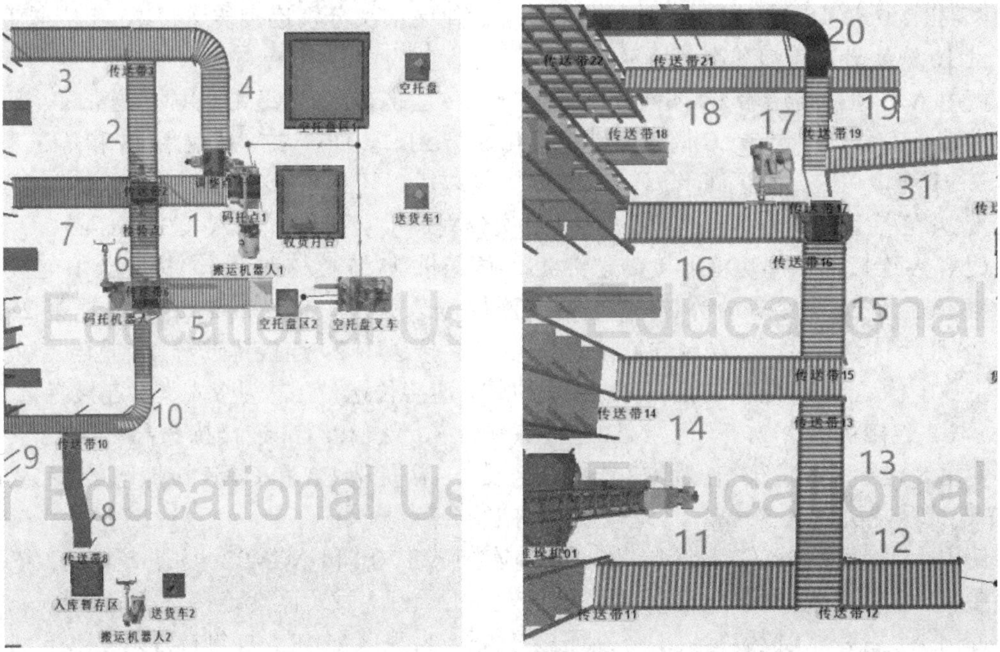

(a)　　　　　　　　　　　　　　　　(b)

图 9-3　传送带系统部分编号图

2) 第二阶段：逻辑连线

步骤 2：连接端口。

使用 A 连接，从空托盘连接到空托盘区，空托盘区依次分别连接到码托点 1 和空托盘区 2。

使用 S 连接，从空托盘区连接空托盘叉车，收货月台连接搬运机器人 1。

使用 A 连接，从送货车 1 连接收货月台，收货月台连接码托点 1，码托点 1 连接传送带 1。

使用 A 连接，从空托盘区 2 连接到传送带 5，传送带 5 连接到码托点 2，码托点 2 连接到传送带 6。

使用 A 连接，从送货车 2 连接到入库暂存区，入库暂存区连接到传送带 8，传送带 8 依次分别连接传送带 9 和传送带 10，传送带 10 连接码托点 2。

使用 S 连接，从传送带 10 连接码托机器人。

使用 A 连接，从传送带 1 连接到检验点，从检验点依次分别连接到传送带 2 和传送带 7；传送带 2 依次分别连接传送带 3 和传送带 4；传送带 4 连接调整点，调整点连接到传送带 1。

使用 A 连接，从传送带 3 依次分别连接到货架 A1 和 A2；从传送带 7 依次分别连接到货架 A3 和 A4；从传送带 9 依次分别连接到货架 B1 和 B2。

使用 S 连接，从传送带 3 连接到堆垛机 01，从传送带 7 连接到堆垛机 02，从传送带 9 连接到堆垛机 03；从货架 A1 和 A2 连接到堆垛机 01，从货架 A3 和 A4 连接到堆垛机 02，从货架 B1 和 B2 连接到堆垛机 03。

使用 A 连接，从货架 A1 和 A2 连接到传送带 11，从货架 A3 和 A4 连接到传送带 14，从货架 B1 和 B2 连接到传送带 18；传送带 11 连接传送带 12，传送带 14 依次分别连接传送带 13 和传送带 15；传送带 15 连接拆托台，拆托台依次分别连接传送带 16 和传送带 17，传送带 16 依次分别连接传送带 A3 和 A4。

使用 A 连接，传送带 18 依次分别连接分拣传送带 20 和传送带 19，传送带 17 连接分拣传送带 20，分拣传送带 20 依次分别连接传送带 21、传送带 22、传送带 23 和传送带 24，传送带 21 连接包装暂存区 1，传送带 22 连接包装暂存区 2，传送带 23 连接包装暂存区 3，传送带 24 连接包装暂存区 1；传送带 19 依次分别连接货架 C1、C2、C3 和 C4。

使用 A 连接，从周转箱连接传送带 25，传送带 25 连接拣选台 1，拣选台 1 连接传送带 26，传送带 26 连接拣选台 2，拣选台 2 连接传送带 27，传送带 27 连接传送带 28，传送带 28 连接拣选台 3，拣选台 3 连接传送带 29，传送带 29 连接拣选台 4，拣选台 4 连接传送带 30，传送带 30 连接传送带 31，传送带 31 连接传送带 17；从货架 C1 连接拣选台 1，从货架 C2 连接拣选台 2，从货架 C3 连接拣选台 3，从货架 C4 连接拣选台 4。

使用 S 连接，从货架 C1 和 C2 连接拣选员 1，从货架 C3 和 C4 连接拣选员 2；从传送带 27 连接升降机，从传送带 12 连接 AGV 控制台。

使用 A 连接，从 AGV 控制台依次分别连接 AGV01 和 AGV02；从传送带 12 依次分别连接发货区 1 和发货区 2；发货区 1 连接发货月台 1，发货区 2 连接发货月台 2。

使用 A 连接，从包装箱依次分别连接打包台 1、打包台 2、打包台 3 和打包台 4；从包装暂存区 1 连接发货月台 1，包装暂存区 2 连接发货月台 2，包装暂存区 3 连接发货月台 3，包装暂存区 4 连接发货月台 4；打包台 1 连接发货月台 3，打包台 2 连接发货月台 4，打包台 3 连接发货月台 5，打包台 4 连接发货月台 6。

使用 S 连接，从包装暂存区 1、包装暂存区 2、包装暂存区 3 和包装暂存区 4 连接到包装机器人；从发货区 1、发货区 2、打包台 1、打包台 2、打包台 3 和打包台 4 连接到出库叉车。

使用 A 连接，从精密配件依次分别连接货架 D1 和货架 D2；货架 D1 连接取货台 1，货架 D2 连接取货台 2；取货台 1 连接发货月台 3，取货台 2 连接发货月台 4。

使用 S 连接，从货架 D1 连接堆垛机 4，货架 D2 连接堆垛机 5；取货台 1 和取货台 2 连接出库作业员。

在各类叉车、机器人、作业员和 AGV 取货的位置和卸货的位置都放置网络节点，使用 A 连接，将网络节点就近与实体相连接，在运输工具行驶的路线上合理放置网络节点形成完整路径，选择合适的网络节点连接到每个在网络上行驶的运输工具。

3) 第三阶段：参数设置

每个实体都有其特有的图形用户界面(GUI)，通过此界面可将数据与逻辑加入模型中。双击实体可打开叫作参数视窗的 GUI。

步骤 3：送货车 1 参数设置。

双击送货车 1，打开参数视窗，在“发生器”选项卡中，设置“到达方式”为“到达时间表”，“到达次数”为“5”。输入如图 9-4(a)所示数据内容，第 1 列数据代表四种货物装在货车中送达仓库门口时卸货的先后顺序，ArrivalTime 列中的最后一行的 200 代表每隔 200 s，前 4 行信息被循环执行一遍，循环执行命令通过勾选图中所示的“重复时间/序列表”实现，保证模型的入库任务可以不断循环执行。第 2 列信息代表货物的名称。第 3 列数据代表货物的类型值，是仿真软件识别该货物的唯一编码。第 4 列代表每种货物每次产生的数量。

如图 9-4(b)所示，选择送货车 1 的“触发器”选项卡，在“离开触发”中选择“根据不同的 case 值设置颜色”，给四种产品设置四个不同类型的颜色；然后在“离开触发”中再增加命令“设置位置、旋转、尺寸”，在弹出的设置界面中选择“尺寸”，X 尺寸、Y 尺寸、Z 尺寸分别代表单箱货物的长、宽、高，分别设置为“0.6” m、“0.5” m、“0.25” m。

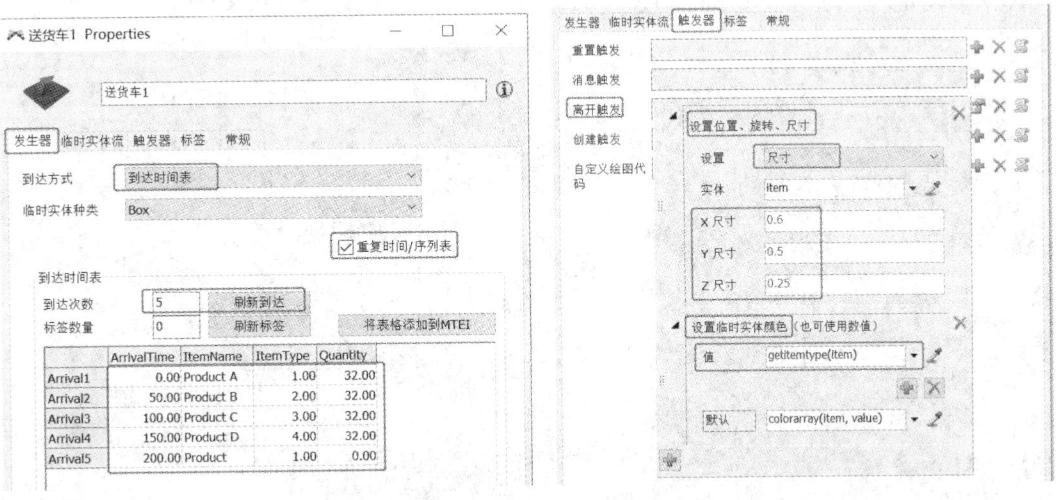

(a)　　　　(b)

图 9-4　送货车 1 参数设置示意图

步骤 4：送货车 2 参数设置。

如图 9-5(a)所示，选择送货车 2 的“发生器”器选项卡，将“到达时间间隔”设置为“exponential”(0.0，30.0，0)。如图 9-5(b)所示，选择送货车 2 的“触发器”选项卡，在“离开触发”中选择“设置临时实体类型和颜色”，将“临时实体类型”设置“为 duniform(1，4)”，送货车产生四种不同类型不同颜色的货物；然后在“离开触发”中再增加命令“设置位置、旋转、尺寸”，在弹出的设置界面中选择“尺寸”，X 尺寸、Y 尺寸、Z 尺寸分别代表单箱货物的长、宽、高，分别设置为“0.6” m、“0.5” m、“0.2” m。

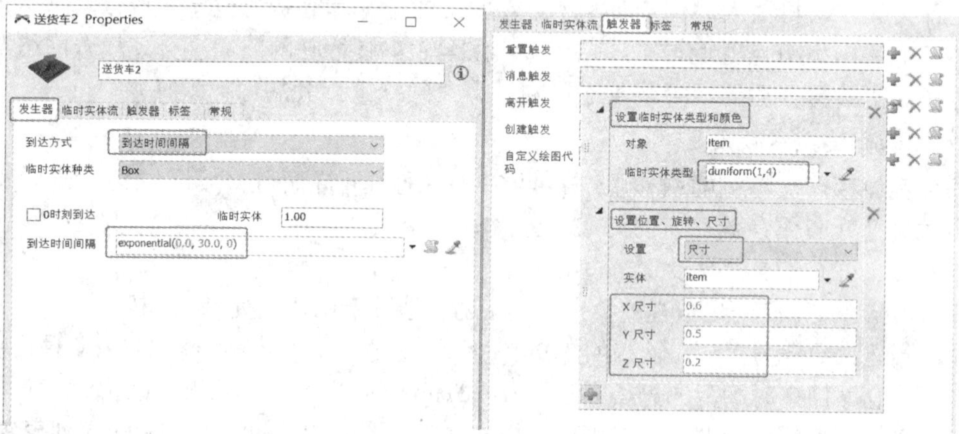

(a)　　(b)

图 9-5　送货车 2 参数设置示意图

步骤 5：空托盘参数设置。

双击空托盘，打开参数视窗。如图 9-6(a)所示，选择“到达方式”为“到达时间间隔”，“临时实体种类”为“Pallet”，“到达时间间隔”输入“25”，表示每隔 25 s 产生 1 个托盘。如图 9-6(b)所示，点击“触发器”选项卡，在“离开触发”中选择“设置位置、旋转、尺寸”，在弹出的设置界面中选择“尺寸”，X 尺寸、Y 尺寸、Z 尺寸分别代表空托盘的长、宽、高，分别设置为“1.2” m、“1” m、“0.12” m。

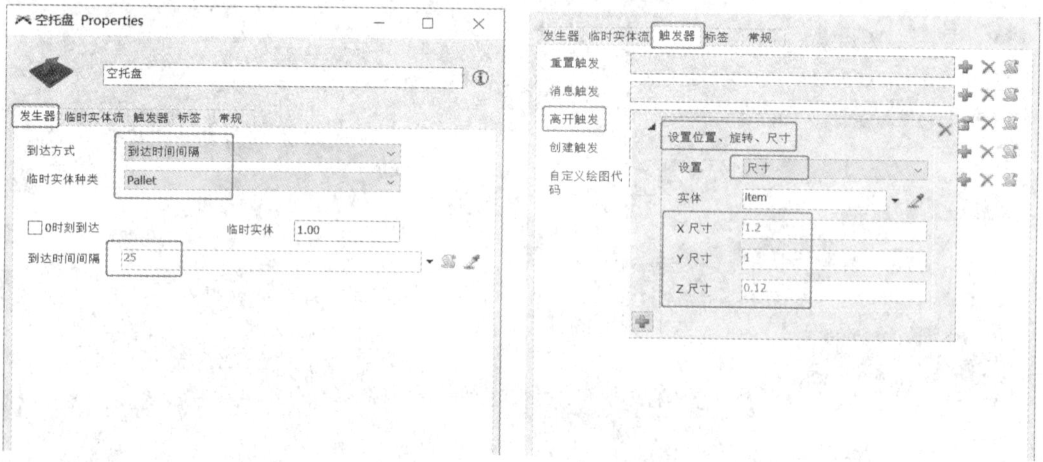

(a)　　(b)

图 9-6　空托盘参数设置示意图

步骤 6：收货月台、空托盘区、入库暂存区和包装暂存区参数设置。

双击收货月台打开参数视窗，在暂存区选项卡中将“最大容量”改为“32”，在“临时实体流”选项卡中勾选“使用运输工具”，调用搬运机器人 1 执行码托盘任务；双击空托盘区 1 打开参数视窗，如图 9-7(a)所示，在“暂存区”选项卡中将“最大容量”改为“50”；如图 9-7(b)所示，点击“临时实体流”选项卡，勾选“使用运输工具”，使用空托盘叉车搬运空托盘，在“发送至端口”下拉菜单中选择“按百分比”，实现空托盘对两个码托点的同时供应，90%的空托盘供应给码托点 1，10%的空托盘供应给空托盘区 2。

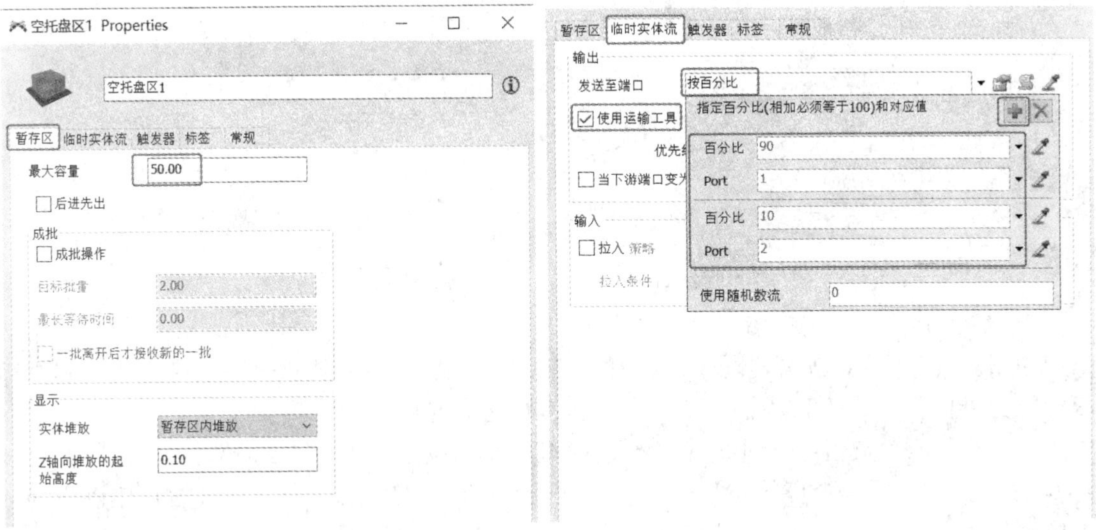

(a)　　　　(b)

图 9-7　空托盘区 1 参数设置示意图

双击空托盘区 2 打开参数视窗，在“暂存区”选项卡中将“最大容量”改为“5”，将“常规”选项卡中的位置 Z 的值改为“0.5”，表示空托盘放置在 0.5 m 高的立方体台上。

双击入库暂存区打开参数视窗，在“临时实体流”选项卡中，勾选“使用运输工具”，使用搬运机器人 2 搬运整箱货物。

包装暂存区 1～4 的设置完全相同，点击“临时实体流”，勾选“使用运输工具”。

步骤 7：码托点 1 和码托点 2 参数设置。

双击码托点 1 打开参数视窗，将“加工时间”选项卡中的“加工时间”和“预置时间”设置为“0”，表示机器人码托任务完成后不需要消耗时间进行其他操作，在“合成器”选项卡中，将码托点 1 的“组成清单”值设置为“16”，表示每个托盘码放 4 层货物，将码托点 2 的“组成清单值”设置为“12”，表示每个托盘码放 3 层货物。

步骤 8：传送带 1 和传送带 5 参数设置。

如图 9-8 所示，双击传送带 1 打开参数视窗，在“常规”选项卡中，将尺寸中的“Y”值设置为“1.2”，与托盘宽度保持一致，在“布局”选项卡中，将“长度”设置为“3”。传送带 5 的长度为 4，其他设置与传送带 1 相同。

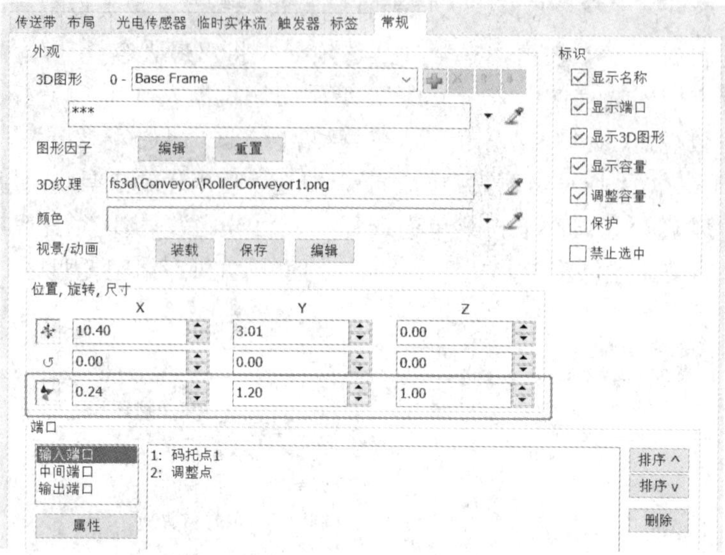

图 9-8　传送带 1 参数设置示意图

步骤 9：传送带 2、3、6、7 参数设置。

如图 9-9(a)所示，双击传送带 2 打开参数视窗，在“常规”选项卡中，将尺寸中的“Y”值设置为“1.2”，与托盘宽度保持一致，在“布局”选项卡中，将“长度”设置为“5”；如图 9-9(b)所示，点击“临时实体”流选项卡，在“发送至端口”的下拉菜单中选择“按百分比”，80%的码放合格的整托盘货物进入传送带 3，20%的码放不合格的整托盘货物进入传送带 4。

传送第 7 和传送带 3 的参数设置完全相同，传送带 3 的宽度和长度设置与传送带 1 一致，另外在传送带 3 的“临时实体流”选项卡中勾选“使用运输工具”，调用堆垛机 01 搬运货物。

传送带 6 的“常规”选项卡中的设置与传送带 2 一致，另外在传送带 3“布局”选项卡中，将“长度”设置为 3。

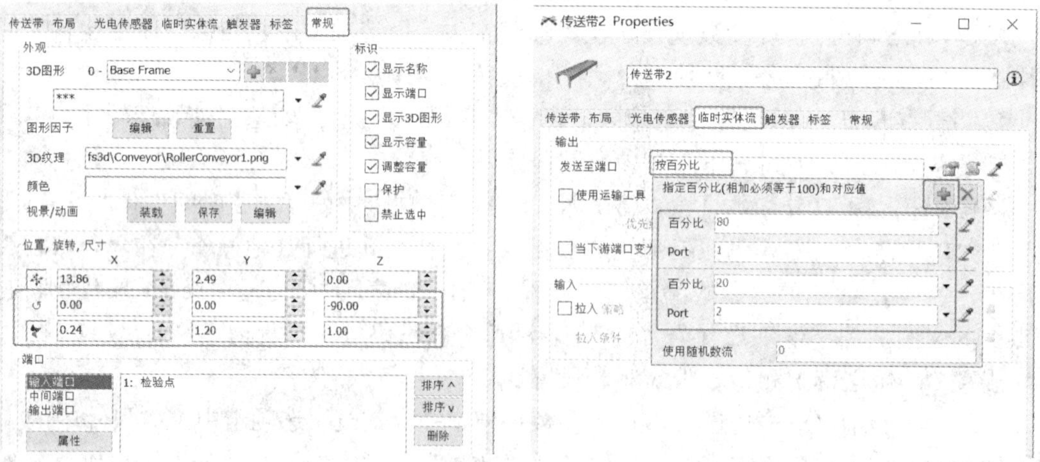

(a)　　(b)

图 9-9　传送带 2 参数设置示意图

步骤 10：传送带 4 参数设置。

如图 9-10(a)所示，双击传送带 4 打开参数视窗，在“常规”选项卡中，将尺寸中的“Y”值设置为“1.2”，与托盘宽度保持一致；如图 9-10(b)所示，在“布局”选项卡中，将传送带 4 设置为 3 段结构，第 1 段和第 3 段为直传送带，第 2 段为弯曲传送带，“半径”为 1，角度为“-90”，传送带整体形状为 L 型，起点为传送带 1 的出口，终点为调整点。

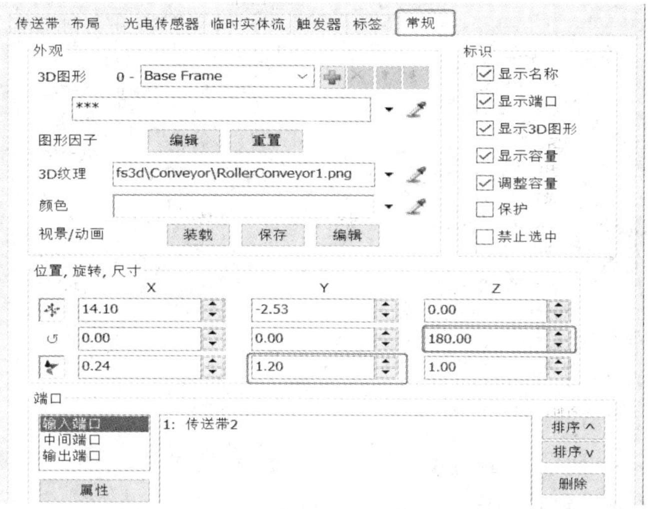

(a)

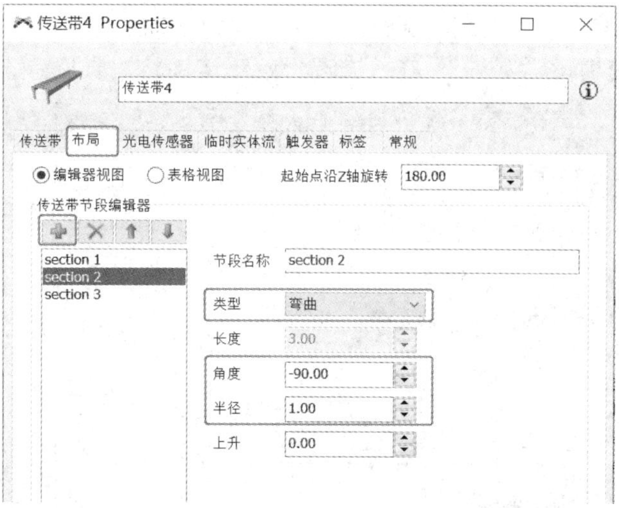

(b)

图 9-10　传送带 4 参数设置示意图

步骤 11：检验点和调整点参数设置。

分别双击检验点和调整点打开参数视窗，在“处理器”选项卡中，将“加工时间”都设置为“5”，代表检验托盘堆码是否合格以及对不合格托盘的调整均需要耗时 5 s。

步骤 12：传送带 8 参数设置。

如图 9-11(a)所示，双击传送带 8 打开参数视窗，在“常规”选项卡中，将尺寸中的“Y”值设置为“0.7”，旋转的“Z”值设置为“-90”；如图 9-11(b)所示，在“布局”选项卡中，添加 3 段平直传送带，第 1 段和第 3 段的上升值为“0”，第 2 段的上升值为“1”，就形成了爬坡上升的传送带，可以将货物传送到 2 m 高的位置，点击“临时实体”流选项卡，在“发送至端口”的下拉菜单中选择“按百分比”，70%的整箱货物直接进入货架 B1 或 B2，30%的整箱货物经过码托机器人码托盘后进入货架 A1～A4。

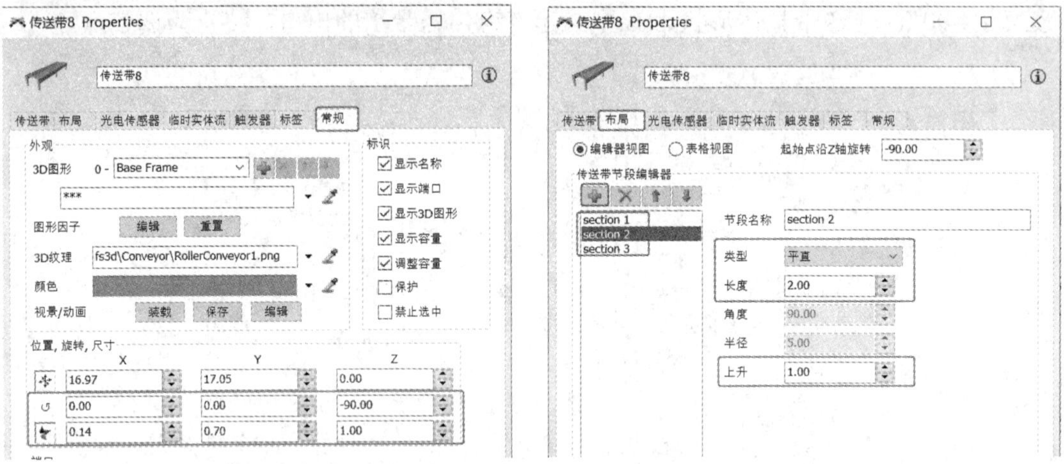

(a)　　　　(b)

图 9-11　传送带 8 参数设置示意图

步骤 13：传送带 9 参数设置。

如图 9-12 所示，双击传送带 9 打开参数视窗，在“常规”选项卡中，将尺寸中的“Y”值设置为“0.7”，Z 值设置为“2”，表示该传送带宽为 0.7 m，高为 2 m。在“临时实体流”选项卡中，勾选“使用运输工具”，在“布局”选项卡中将“长度”设置为“3”。

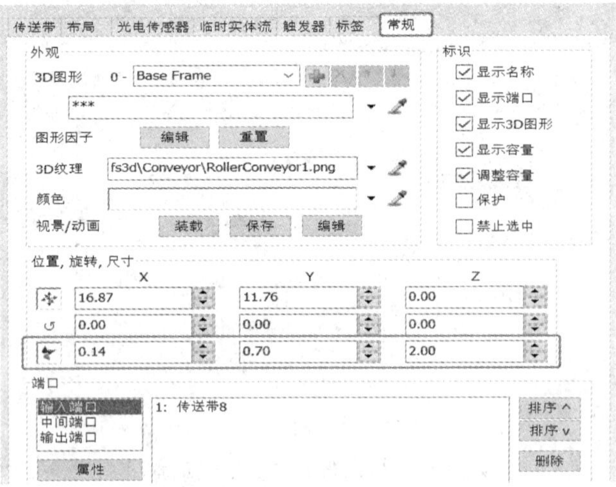

图 9-12　传送带 9 参数设置示意图

步骤 14：传送带 10 参数设置。

如图 9-13(a)所示，双击传送带 10 打开参数视窗，在“常规”选项卡中，将旋转中的“Z”值设置为“180”，将尺寸中的“Y”值设置为“0.7”，“Z”值设置为“2”，表示该传送带宽为 0.7 m，高为 2 m；如图 9-13(b)所示，在“布局”选项卡中，添加 3 段传送带，第 1 段和第 3 段为直传送带，“长度”设置为 3，第 2 段为半径为 1 的弯曲传送带，“角度”

为型“180”，传送带整体形状为“L”型，起点为传送带 8 的出口，终点为码托点 2。

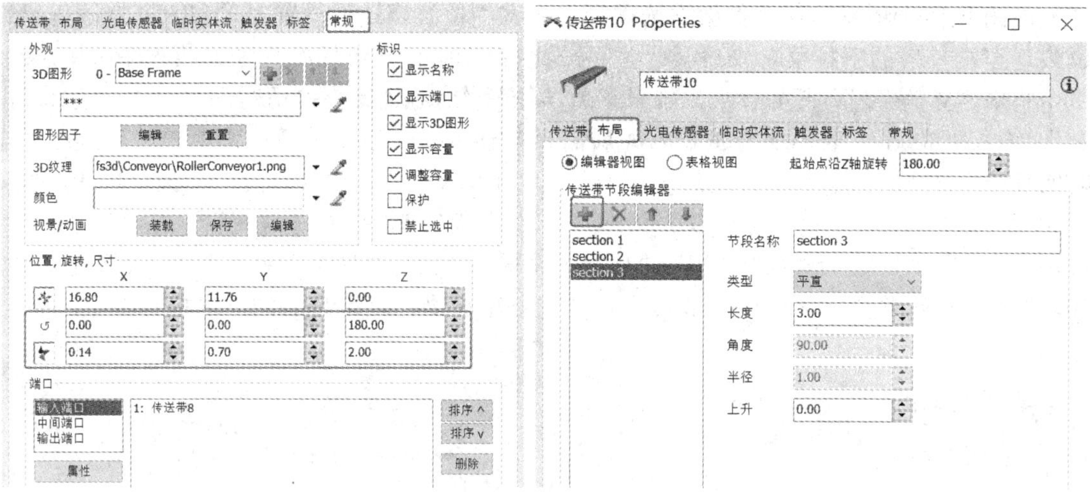

(a)　　　　(b)

图 9-13　传送带 10 参数设置示意图

步骤 15：货架 A1～A4 参数设置。

如图 9-14(a)所示，在“货架”选项卡中，将“最大容量”设置为“80”，与该货架货位数一致，“放置到列”和“放置到层”分别改为“第一个可用列”和“第一个可用层”，单个货格容量为“1”，表示每个货位只存放 1 托盘货物。在“最小停留时间”一栏中选择“指定”，输入“3000”，表示所有货物入库后需要存放 3000 s 以上才可以出库；然后点击“临时实体流”选项卡，勾选“使用运输工具”，调用堆垛机执行出库作业。货架 A1、A2、A3、A4 的设置相同，以货架 A1 为例。如图 9-14(b)所示，双击货架 A1 打开参数视窗，在“尺寸表格”选项卡中，将“列数”设置为“10”，“层数”设置为“8”，代表该存储区共有 80 个货位，“列宽”和“层高”设置为“1.4”和“1.5”，表示单个货位可以存放对应尺寸的整托盘货物并预留足够的叉车存取空间。

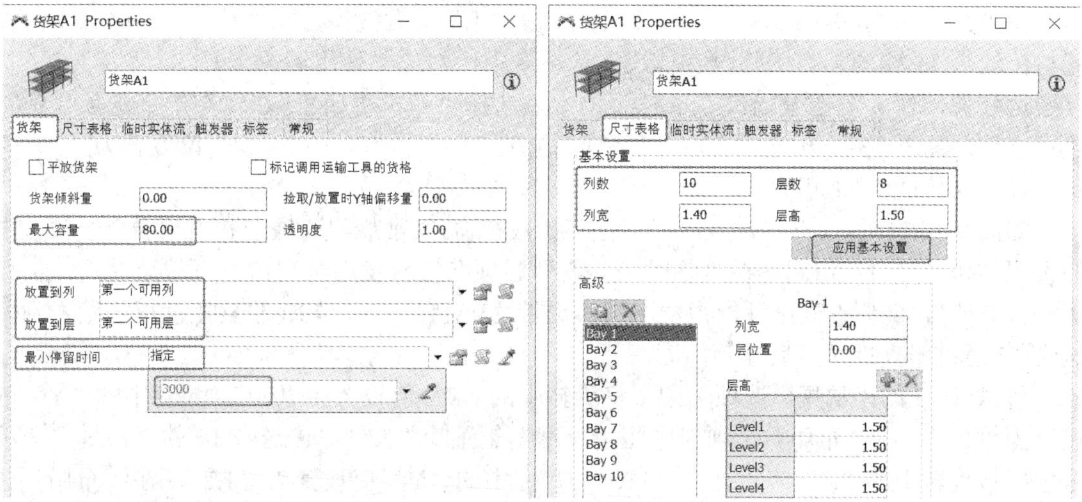

(a)　　　　(b)

图 9-14　货架 A1 参数设置示意图

步骤 16：货架 B1～B2 参数设置。

如图 9-15(a)所示，在“货架”选项卡中，将“最大容量”设置为“440”，与该货架货位数一致，“放置到列”和“放置到层”分别改为“第一个可用列”和“第一个可用层”，单个货格容量为“1”，表示每个货位只存放 1 箱货物。在“最小停留时间”一栏中选择“指定”，输入“3000”，表示所有货物入库后需要存放 3000 s 以上才可以出库；然后点击“临时实体流”选项卡，勾选“使用运输工具”，调用堆垛机执行出库作业。货架 B1、B2 的设置相同，以货架 B1 为例。如图 9-15(b)所示，双击货架 B1 打开参数视窗，在“尺寸表格”选项卡中，将“列数”设置为“20”，“层数”设置为“22”，“列宽”和“层高”设置为“0.7”和“0.5”，表示单个货位可以存放对应尺寸的整箱货物并预留足够的堆垛机存取空间。

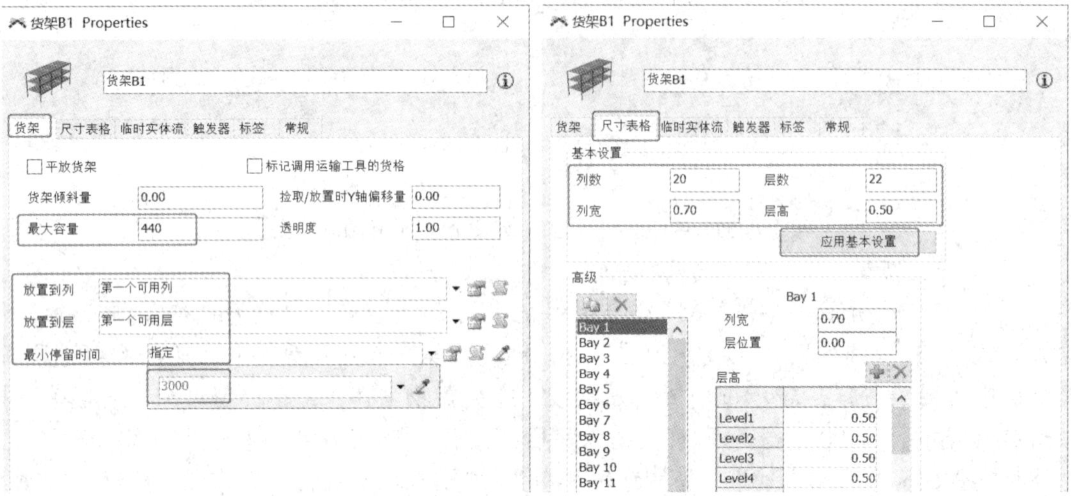

(a)　　　　(b)

图 9-15　货架 B1 参数设置示意图

步骤 17：传送带 11～传送带 16 参数设置。

传送带 11 参数设置与传送带 3 相同，但是不需要勾选“临时实体流”选项卡中的“使用运输工具”。如图 9-16(a)所示，双击传送带 12 打开参数视窗，在“常规”选项卡中的设置与传送带 11 相同，在“临时实体流”选项卡中，勾选“使用运输工具”，调用 AGV 执行搬运任务，在“发送至端口”下拉菜单中，选择“随机端口”，在“布局”选项卡中将“长度”设置为“3”。传送带 13 的“常规”选项卡中，将旋转中的“Z”值设置为“−90”，其他设置与传送带 11 相同。

如图 9-16(b)所示，双击传送带 14 打开参数视窗，“常规”选项卡和“布局”选项卡中的设置与传送带 11 相同，在“临时实体流”选项卡的“发送至端口”下拉菜单中，选择“按百分比”，60%的整托盘货物发送到传送带 13 直接出库，40%的整托盘货物发送到传送带 15 经机器人拆托盘后整箱出库。

传送带 15 的“常规”选项卡中，将旋转中的“Z”值设置为“90”，尺寸中的“Y”值设置为“1.2”，在“布局”选项卡中将“长度”设置为“3.5”。传送带 16 的“常规”选项卡中，将旋转中的“Z”值设置为“180”，尺寸中的“Y”值设置为“1.2”，在“布局”选项卡中将“长度”设置为“5”，勾选“临时实体流”选项卡中的“使用运输工具”，调用堆垛机将剩余的半托盘货物送回仓库。

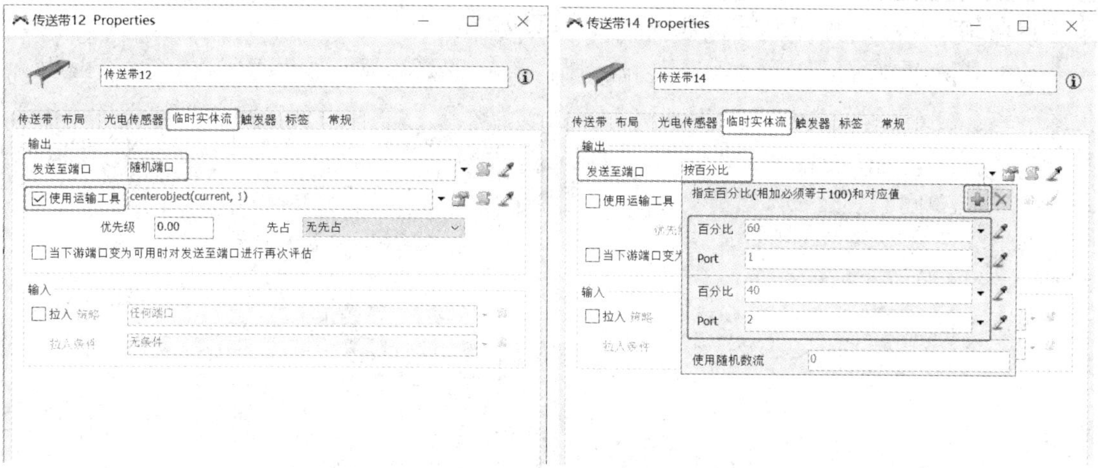

(a)　　　　(b)

图 9-16　传送带 12 和 14 参数设置示意图

步骤 18：拆托台参数设置。

如图 9-17(a)所示，双击拆托台打开参数视窗，在“分解器”选项卡中选择“拆包”，分解/打包临时实体“数量”设置为“2”，实现每托盘货物被机器人拆走 2 箱出库；如图 9-17(b)所示，在“临时实体流”选项卡选择“默认分解器选项”，实现分解器的第一个出口为托盘出口，第二个出口为货物出口，勾选“使用运输工具”，调用拆托机器人进行拆托盘任务，在“加工时间”选项卡中，将“加工时间”和“预置时间”设置为“0”。

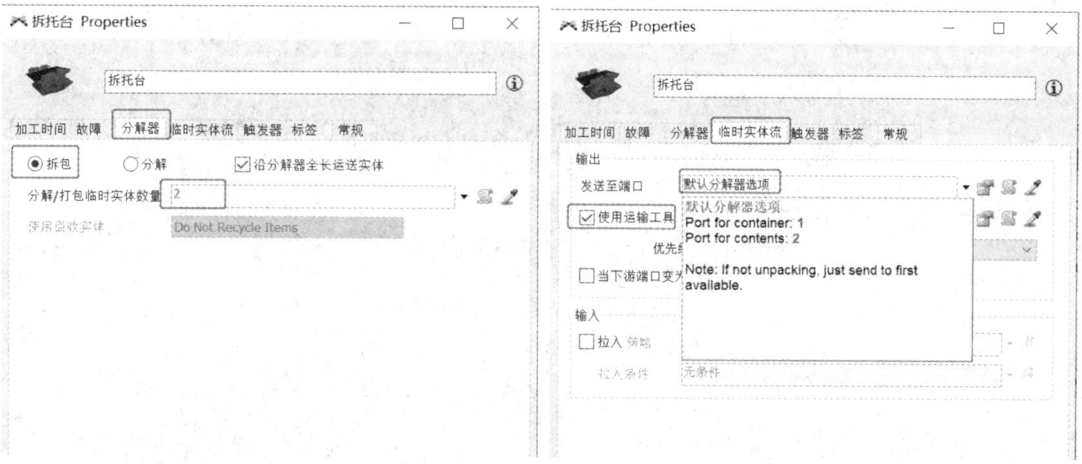

(a)　　　　(b)

图 9-17　拆托台参数设置示意图

步骤 19：传送带 17～传送带 19 参数设置。

如图 9-18(a)所示，双击传送带 17 打开参数视窗，将旋转中的“Z”值设置为“90”，尺寸中的“Y”值设置为“0.7”，在“布局”选项卡中将“长度”设置为“3”。如图 9-18(b)所示，双击传送带 18 打开参数视窗，“常规”选项卡中的参数设置与传送带 9 相同，在“布局”选项卡中将传送带“长度”设置为“5”，在“临时实体流”选项卡的“发送至端口”下拉菜单中，选择“按百分比”，70%的整箱货物发送到传送带 20 直接出库，30%的整箱货物发送到双层电子标签拆零拣选区补充该区域库存。

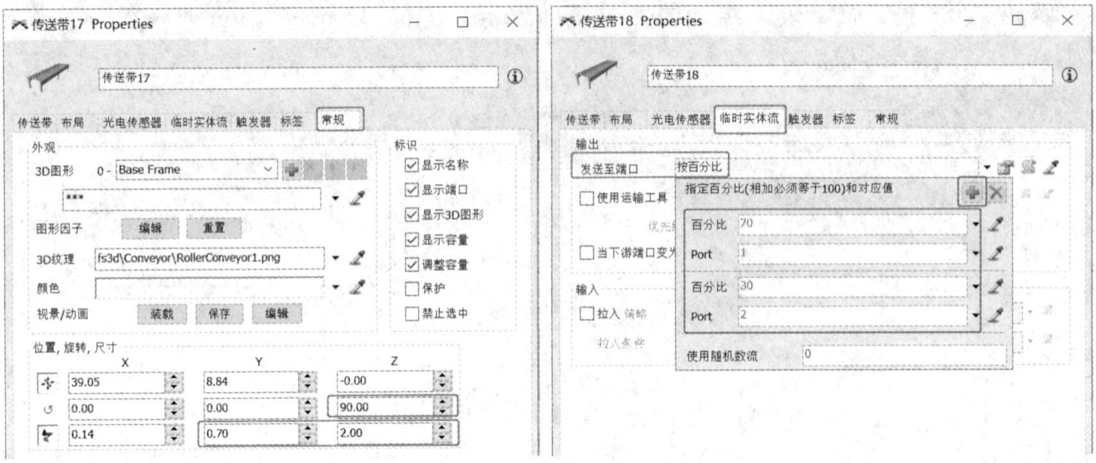

(a)　　　　(b)

图 9-18　传送带 17 和 18 参数设置示意图

如图 9-19 所示，双击传送带 19 打开参数视窗，在“临时实体流”选项卡的“发送至端口”下拉菜单中，选择“循环模式”，保证货物可以均匀地补充到双层电子标签拆零拣选区的每个货架。常规选项卡中的参数设置与传送带 18 一致，在“布局”选项卡中将“长度”设置为“2”。

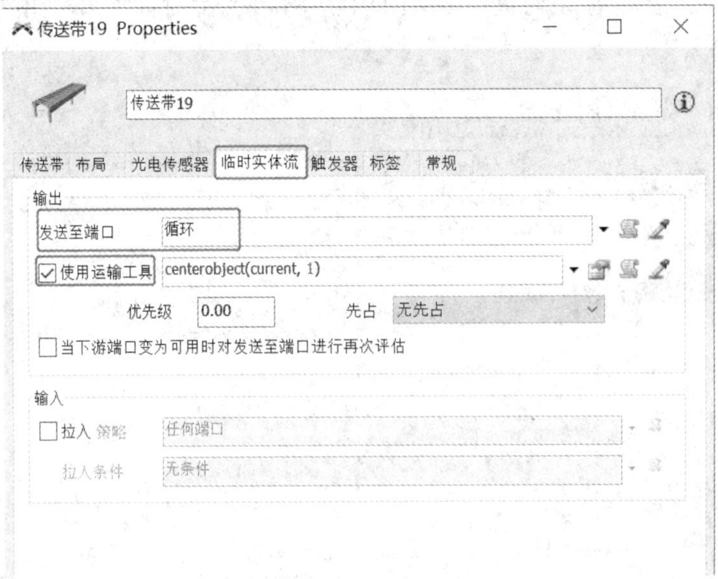

图 9-19　传送带 19 参数设置示意图

步骤 20：传送带 20 参数设置。

传送带 20 为分拣传送带，共有两个入货口和四个出货口。如图 9-20(a)所示，双击传送带 20 打开参数视窗，在“布局”选项卡中添加 3 段传送带，第 1 段和第 3 段为直线传传送带，第 2 段为弯曲传送带，弯曲“角度”为“90”，“半径”为“1”。如图 9-20(b)所示，在“临时实体流”选项卡中设置 Input Port1 和 Input Port2 的 Entry Point 值都为

“0”，表示货物入口在传送带 20 的起点；设置 Output Port1、2、3、4 的 Exit Point 值分别为 6、9、12、15，表示在传送带 20 的长 6 m、9 m、12 m 和 15 m 处分别有四个货物出口。

(a)　　　　(b)

图 9-20　分拣传送带 20 参数设置示意图

步骤 21：传送带 21～传送带 24 参数设置。

传送带 21～传送带 24 的“布局”选项卡参数设置相同，如图 9-21(a)所示，双击传送带 21 打开参数视窗，在“布局”选项卡中添加 2 段传送带，第 1 段“类型”设置为“弯曲”，“角度”为“45”，“半径”为“2”，“上升”值为“−1”；如图 9-21(b)所示，第 2 段“类型”设置为“平直”，“长度”为“3”，“上升”值为“−0.5”，最终形成一个弯曲前进后再直线向前过程中逐渐降低 1.5 m 高度的传送带，用于模拟分拣口，常规中的参数设置与传送带 17 相同。

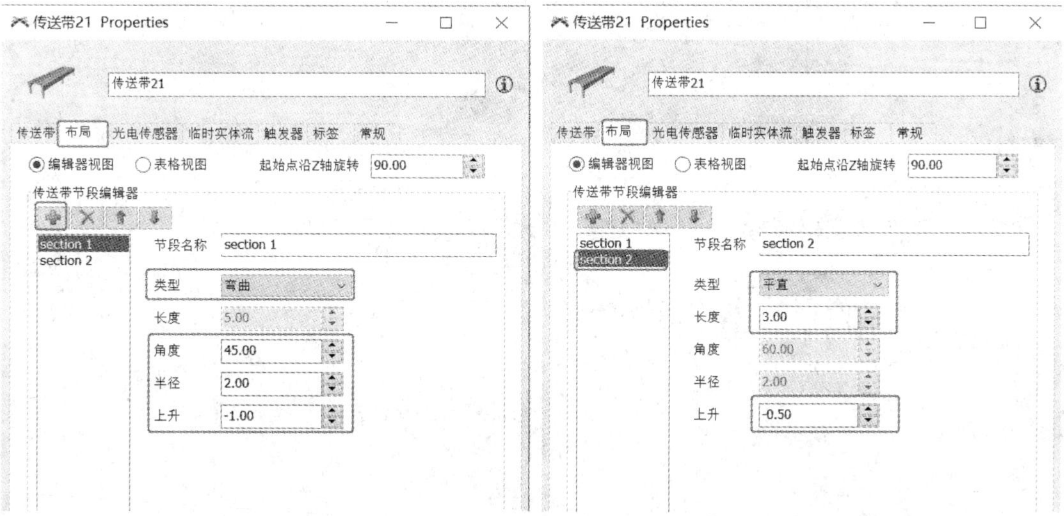

(a)　　　　(b)

图 9-21　传送带 21 参数设置示意图

如图 9-22 所示，双击传送带 21 打开参数视窗，在“临时实体流”选项卡中勾选“拉入”，在“拉入条件”的下拉菜单中选择“特定临时实体类型”，“类型”值输入“1”，传送带 22、23、24 分别执行相同操作，“类型”值分别输入 2、3、4，代表四个分拣口分别输送四种不同的货物。

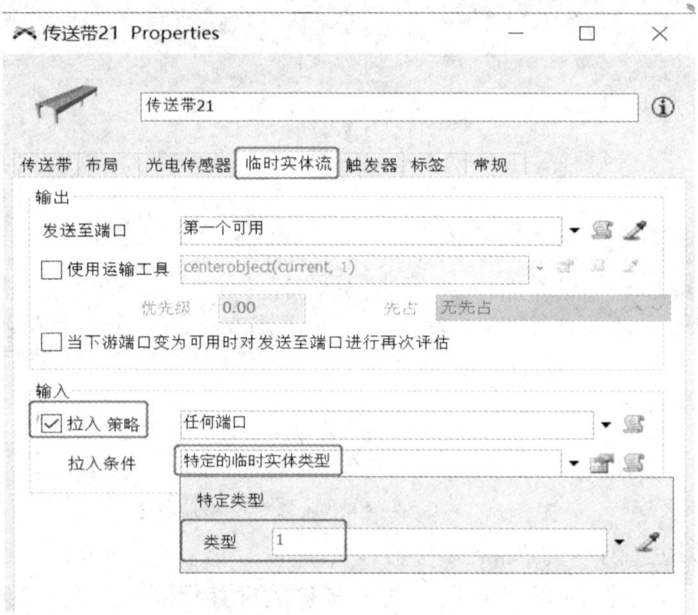

图 9-22　传送带 21 参数设置示意图

步骤 22：包装箱参数设置。

包装箱实体产生最终的包装箱或包装袋，如图 9-23(a)所示，双击包装箱打开参数视窗，在“发生器”选项卡中，将“临时实体种类”设置为“Pallet”。如图 9-23(b)所示，点击“临时实体流”选项卡，在“发送至端口”中选择“随即可用端口”。

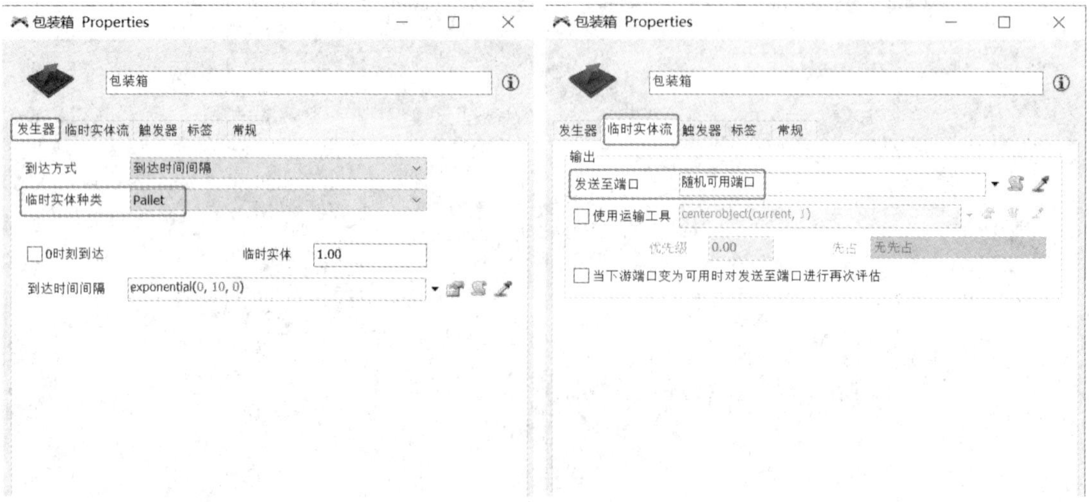

(a)　　(b)

图 9-23　包装箱参数设置示意图

步骤 23：打包台参数设置。

打包台 1～4 的参数设置相同，双击打包台 1 打开参数视窗，将“加工时间”选项卡中的“加工时间”和“预置时间”设置为“0”，表示打包任务完成后不需要消耗时间进行其他操作，在“合成器”选项卡中，将码托点 1 的“组成清单”值设置为“8”，表示每个包装箱放 8 个货物，在“临时实体流”选项卡中，勾选“使用运输工具”，调用出库叉车完成搬运任务。

步骤 24：周转箱参数设置。

如图 9-24 所示，双击周转箱打开参数视窗，在“发生器”选项卡中，设置“临时实体种类”为“Tote”，模拟周转箱，设置“到达方式”为“到达时间表”，“到达次数”为“5”。输入如图 9-24 所示数据内容，第 1 列数据代表 4 个订单到达的先后顺序，“ArrivalTime”列中的最后一行的 200 代表每隔 200 s 前 4 行信息被循环执行一遍，循环执行命令通过勾选图 9-24 中所示的“重复时间/序列表”实现，保证模型的拣选任务可以不断循环执行。第 2 列信息代表订单的名称。第 3 列数据代表订单编号，是仿真软件识别该货物的唯一编码。第 4 列代表每个订单的订购次数。在“触发器”选项卡中，点击“离开触发”，选择“根据不同的 case 值设置颜色”。

	ArrivalTime	ItemName	ItemType	Quantity
Arrival1	0.00	订单1	1.00	1.00
Arrival2	50.00	订单2	2.00	1.00
Arrival3	100.00	订单3	3.00	1.00
Arrival4	150.00	订单4	4.00	1.00
Arrival5	200.00	Product	0.00	0.00

图 9-24　周转箱参数设置示意图

步骤 25：货架 C1～C4 参数设置。

如图 9-25(a)所示，在“货架”选项卡中，将“最大容量”设置为“30”，与该货架货位数一致，“放置到列”和“放置到层”分别改为“第一个可用列”和“第一个可用层”，单个货格容量为 1，表示每个货位只存放 1 箱货物。然后点击“临时实体流”选项卡，勾选“使用运输工具”，调用拣选员执行拣选作业。货架 C1～C2 放置在地面上，货架 C3～C4 放置在双层电子标签拣选区的二层平台上，其他设置相同，以货架 C1 为例。如图 9-25(b)所示，双击货架 C1 打开参数视窗，在“尺寸表格”选项卡中，将“列数”设置为“6”，

“层数”设置为“5”，“列宽”和“层高”设置为“0.7”和“0.4”，表示单个货位可以存放对应尺寸的整箱货物。

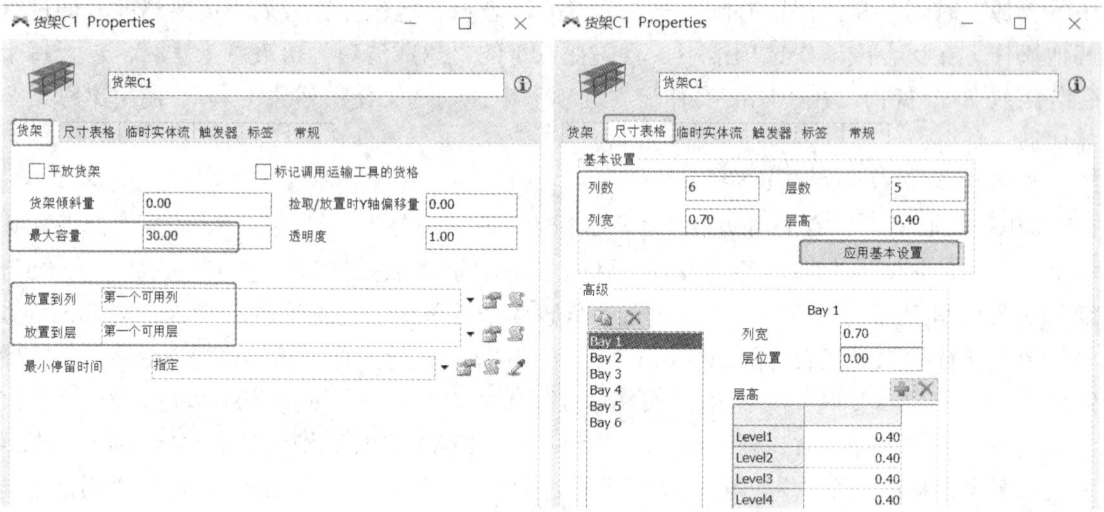

(a)　(b)

图 9-25　货架 C1 参数设置示意图

如图 9-26 所示，点击“触发器”选项卡，在“进入触发”下拉菜单中选择“设置临时实体类型和颜色”，“临时实体类型”值设置为 1，货架 C2、C3 和 C4 的类型值分别设置为 2、3、4。

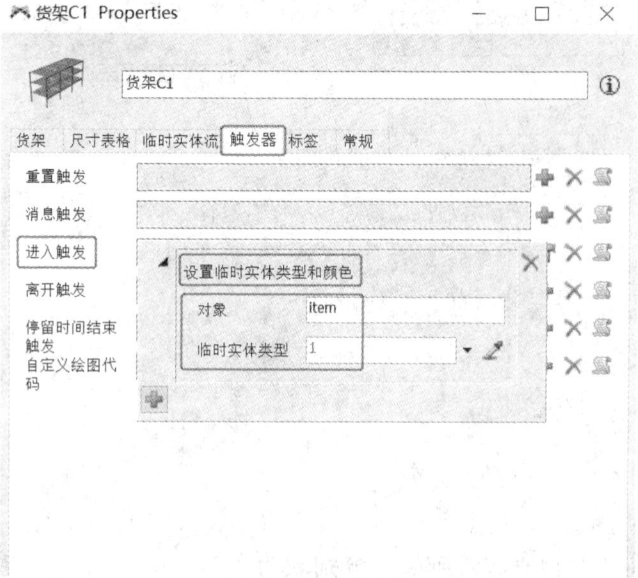

图 9-26　货架 C1“触发器”参数设置示意图

步骤 26：传送带 25～传送带 29 参数设置。

如图 9-27(a)所示，传送带 25～传送带 27 的“常规”参数设置相同，旋转中的“Z”值设置为“–90”，尺寸中的“Y”值设置为“0.7”，“布局”选项卡中的“长度”设置为“3”。

传送带 27 的“临时实体流”选项卡中勾选“使用运输工具”，调用升降机搬运周转箱。

传送带 28 和传送带 29 的“常规”参数设置相同，如图 9-27(b)所示，旋转中的“Z”值设置为“90”，尺寸中的“Y”值设置为“0.7”，“布局”选项卡中的“长度”设置为“3”。

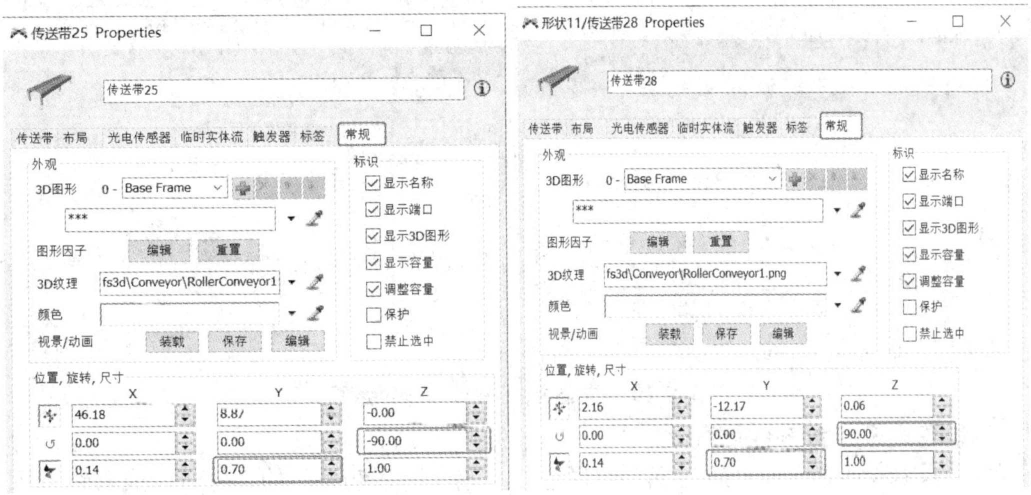

(a)　　(b)

图 9-27　传送带 25 和传送带 28 参数设置示意图

步骤 27：传送带 30 参数设置。

如图 9-28(a)所示，“布局”选项卡中添加 3 段传送带，第 1 段和第 3 段为直线传送带，第 2 段为弯曲传送带，弯曲“角度”为“90”，“半径”为“1”。如图 9-28(b)所示，传送带 30 的“常规”选项卡中，旋转中的“Z”值设置为“90”，尺寸中的“Y”值设置为“0.7”。

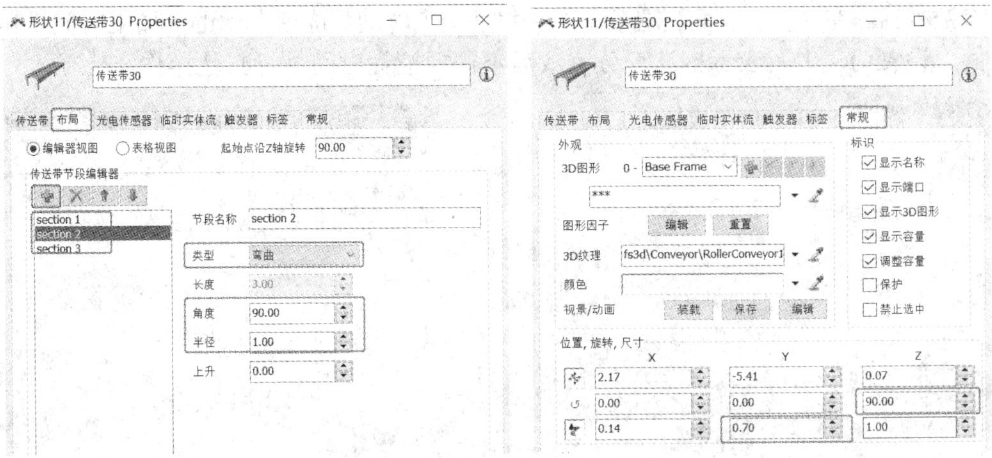

(a)　　(b)

图 9-28　传送带 30 参数设置示意图

步骤 28：传送带 31 参数设置。

如图 9-29(a)所示，在传送带 31 的“常规”选项卡中，旋转中的“Z”值设置为“180”，尺寸中的“Y”值设置为“0.7”，尺寸中的“Z”值设置为“3”。如图 9-29(b)所示，“布局”选项卡中“长度”设置为“5”，“上升”设置为“−1”，表示传送带 31 向前传送过程中高度降低 1 m，与传送带 17 的入口相连。

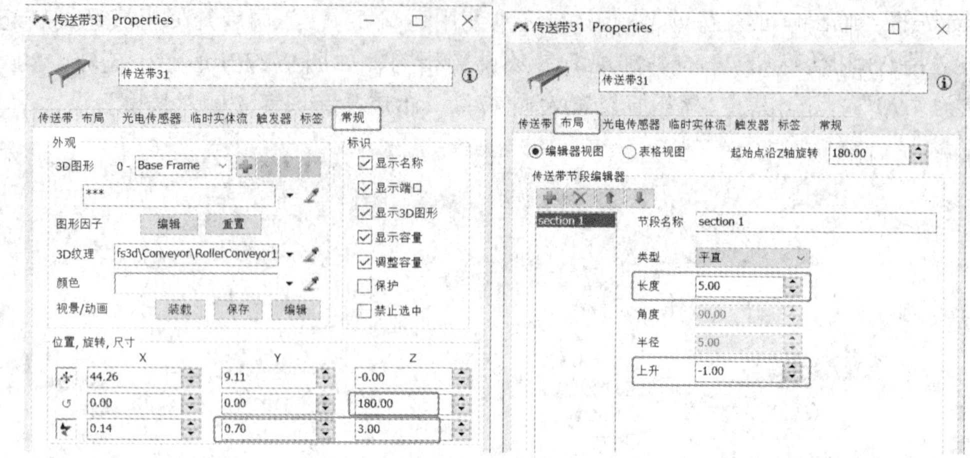

(a)　　　　(b)

图 9-29　传送带 31 参数设置示意图

步骤 29：打包台参数设置。

如图 9-30(a)所示，在“触发器”选项卡中，将“进入触发”的“更新合成器组合列表”设置为“GlobalTable1”，在“常规”选项卡中，将旋转的“Z”值设置为“−90”。拣选台 2 的“更新合成器组合列表”设置为“GlobalTable2”，其他设置与拣选台 1 相同。添加 4 个全局表 GlobalTable 1～GlobalTable 4，GlobalTable 1 参数设置如图 9-30(b)所示，该全局表表示每个订单订购货架 C1 中的商品的数量，其他三个全局表也为 1 行 4 列，分别表示每个订单订购货架 C2、C3、C4 中的商品的数量，具体数值可自行设定。拣选台 1 和 2 在地面放置，拣选台 3 和 4 在二层平台放置。拣选台 1～2 的参数设置相同，双击拣选台 1 打开参数视窗，在“加工时间”选项卡中，将“加工时间”选项卡中的“加工时间”和“预置时间”设置为“0”，表示拣选任务完成后不需要消耗时间进行其他操作。

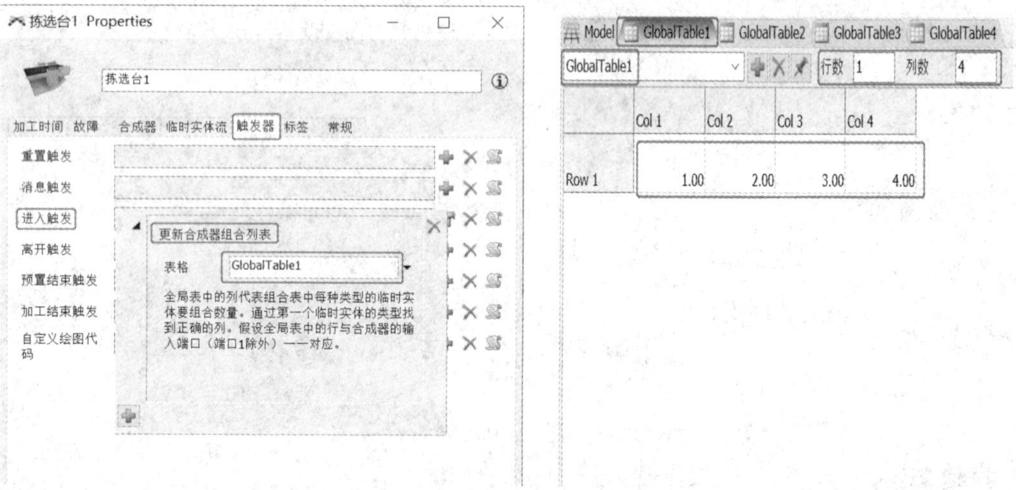

(a)　　　　(b)

图 9-30　拣选台 1 和 Globaltable1 参数设置示意图

拣选台 3～4 的参数设置与拣选台 1～2 基本相同，在“常规”选项卡中，将旋转的“Z”值设置为“90”，“更新合成器组合列表”分别设置为“GlobalTable 3”和“GlobalTable 4”。

步骤 30：精密配件参数设置。

如图 9-31(a)所示，双击精密配件打开参数视窗，在“发生器”选项卡中，设置“临时实体种类”为“Cylinder”，模拟精密配件，“设置到达时间”间隔为“exponential(0，40，0)”。如图 9-31(b)所示，在“触发器”选项卡中，点击“离开触发”，选择“设置位置、旋转、尺寸”，输入图 9-31(b)所示的数据，模拟精密配件包装箱的外尺寸。点击“临时实体流”选项卡，在“发送至端口”的下拉菜单中选择“随机端口”。

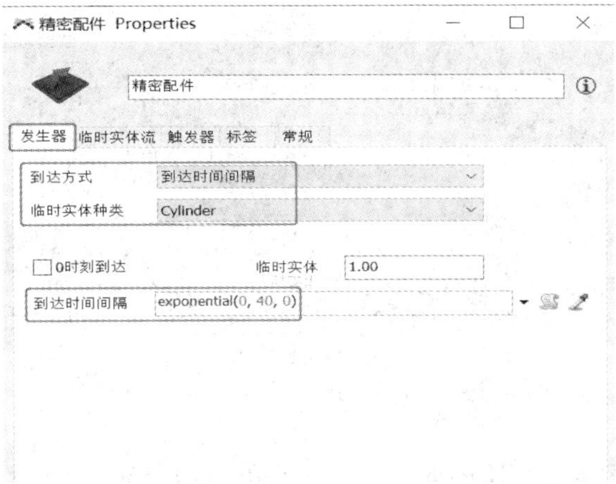

(a)

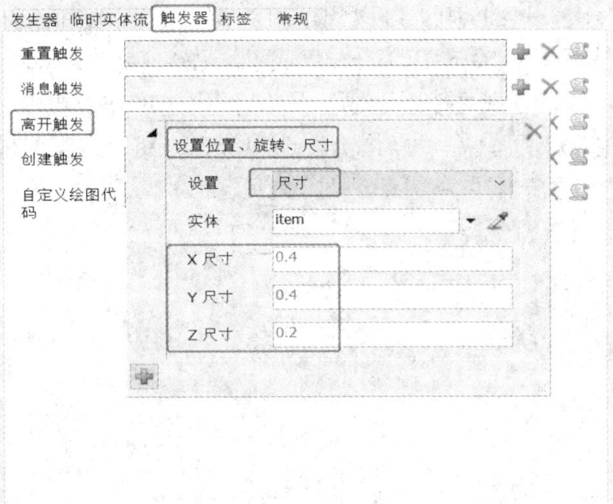

(b)

图 9-31　精密配件参数设置示意图

步骤 31：货架 D1～D2 参数设置。

货架 D1 和 D2 设置相同，以货架 D1 为例。如图 9-32(a)所示，双击货架 D1 打开参数视窗，在“尺寸”表格选项卡中，将“列数”设置为“1”，“层数”设置为“10”，“列宽”和“层高”设置为“2”和“1”，用于模拟自动化货柜的存储空间。如图 9-32(b)所示，“放置到列”和“放置到层”分别改为“第一个可用列”和“第一个可用层”，单个货格容量为 10，表示货柜每层存放 10 箱精密配件，在“货架”选项卡中，将“最大容量”设置为“100”，与该货架货位数一致。点击“临时实体流”选项卡，勾选“使用运输工具”，调用堆垛机执行出库作业。然后用若干个外形为立方体的形状实体将货架和堆垛机外围包裹住，形成自动化货柜的形状，在自动化货柜的出货口放置一个立方体形状，在该立方体上放置暂存区用于模拟取货台。

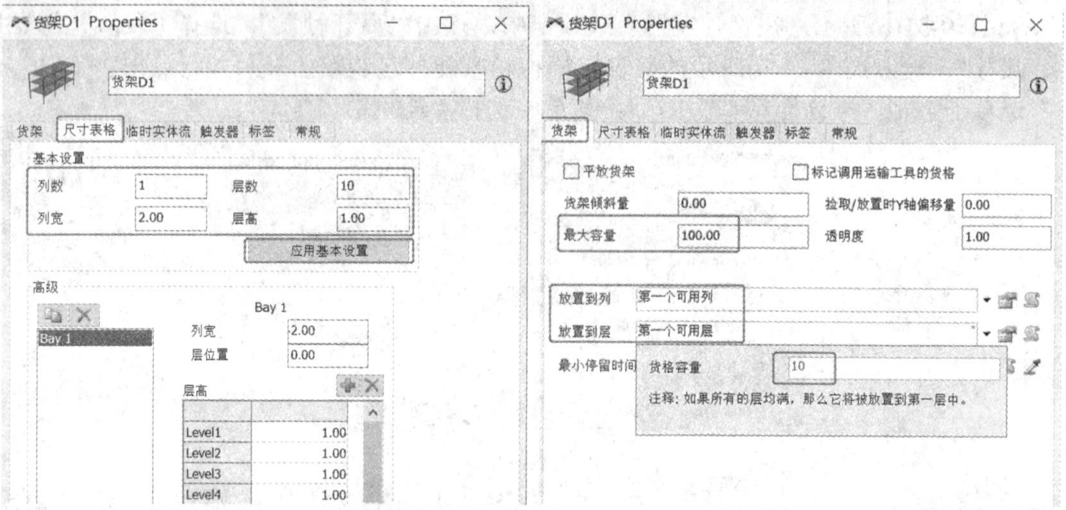

(a)　　(b)

图 9-32　货架 D1 参数设置示意图

步骤 32：取货台和出库作业员参数设置。

取货台 1 和取货台 2 设置相同，以取货台 1 为例。如图 9-33(a)所示，双击取货台 1 打开参数视窗，在“暂存区”选项卡中，勾选“成批操作”，将“目标批量”设置为“3”。点击“临时实体流”选项卡，勾选“使用运输工具”，调用出库作业员取货。如图 9-33(b)所示，双击出库作业员打开参数视窗，在“操作员”选项卡中，将“容量设置”为 3，与取货台的目标批量保持一致，“装载时间”和“卸载时间”设置为“2”。

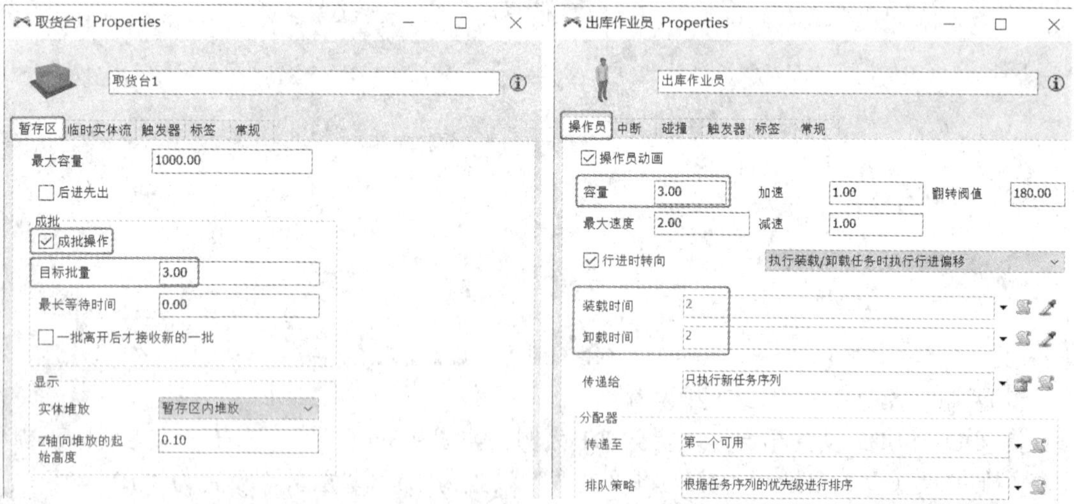

(a)　　(b)

图 9-33　取货台 1 和出库作业员参数设置示意图

步骤 33：网络节点参数设置。

如图 9-34 所示，在包装暂存区和打包台之间放置网络节点，并连接成搬运路线，包装机器人在该路线上完成包装任务，机器人在网络路线上可实现移动作业，如果没有网络路线，机器人只能固定在某一地点进行作业。

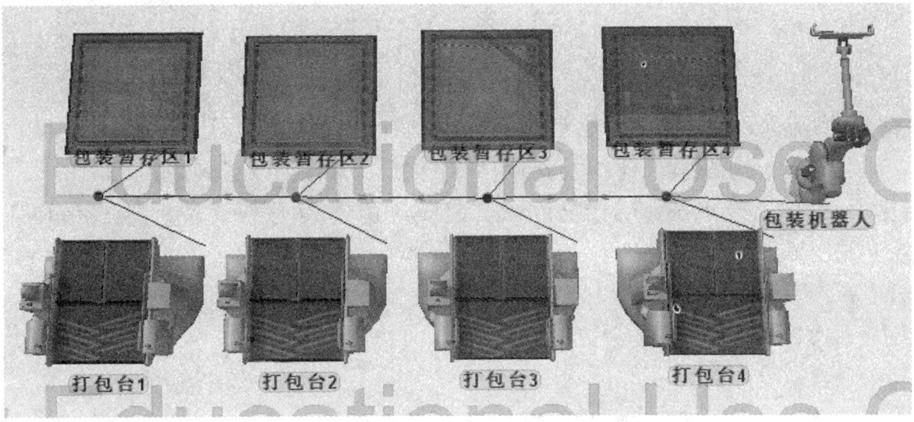

图 9-34 网络节点参数设置示意图

【任务结果与评价】

◇ 结果

(1) 分析项目背景，完成 FlexSim 实体的合理选择；
(2) 根据流程，完成合理的设施设备布局；
(3) 完成一套可以流畅运行的模型；
(4) 根据运行结果对该物流系统的合理性进行分析。

◇ 评价

· 练习任务

本模型整体流程是 L 型布局，试根据该模型参数要求，设计一个 I 型布局的 To B&C 仓配中心模型，并绘制整体布局和流程图。

· 成绩评定标准

对练习模型进行成绩评定，主要评定指标如下：

(1) 实体选择正确性，满分 20 分，每错一个实体扣 5 分，扣完为止；
(2) 布局合理性，满分 30 分，根据功能区的相对位置和面积大小赋分；
(3) 模型运行流畅性，满分 30 分，模型运行过程中停顿 1 次扣 5 分，扣完为止；
(4) 系统合理性分析的正确性，满分 20 分，根据瓶颈环节识别的准确性赋分。

参 考 文 献

[1] 张志强. 物流系统仿真[M]. 北京：中国劳动社会保障出版社，2016.
[2] 鲁晓春，黄帝. 物流系统建模与仿真[M]. 北京：机械工业出版社，2018.
[3] 马向国，梁艳，杨惠惠. 现代物流系统建模、仿真及应用：基于 FlexSim[M]. 北京：机械工业出版社，2017.